Wagner Pagliato

GESTÃO DE EMPRESAS

COM BASE NA ANÁLISE DAS DEMONSTRAÇÕES CONTÁBEIS

EDITORA CIÊNCIA MODERNA

Gestão de Empresas com Base na Análise das Demonstrações Contábeis

Editor: Paulo André P. Marques
Produção Editorial: Dilene Sandes Pessanha
Capa: Daniel Jarra
Diagramação: Daniel Jara
Copidesque: Equipe Ciência Moderna

FICHA CATALOGRAFICA

PAGLIATO, Wagner.

Gestão de Empresas com Base na Análise das Demonstrações Contábeis

Rio de Janeiro: Editora Ciência Moderna Ltda., 2020.

1. Contabilidade
I — Título

ISBN: 978-85-399-1062-5 CDD 657

Editora Ciência Moderna Ltda.
R. Alice Figueiredo, 46 – Riachuelo
Rio de Janeiro, RJ – Brasil CEP: 20.950-150
Tel: (21) 2201-6662/ Fax: (21) 2201-6896
E-MAIL: LCM@LCM.COM.BR
WWW.LCM.COM.BR **02/20**

Dedicatória

Este livro é dedicado à minha família. Com muito amor, ofereço esta obra à minha querida esposa, Rose, que, ao longo de todos estes anos casados, nunca fraquejou no seu irrestrito apoio ao meu trabalho acadêmico, com infinita paciência, amor e compreensão. Dedico também ao meu querido filho, Wagner, que hoje terminando sua terceira pós-graduação, e encaminhando para o seu mestrado, já palestrante e também cuida de sua empresa e se dedica a carreira acadêmica

Sumário

Capítulo 3

Capítulo 4

Capítulo 5

Capítulo 6

Capítulo 7

Capítulo 9

Capítulo 10

Capítulo 11

Capítulo 12

Capítulo 13

Capítulo 1

Conceitos e Características

Contabilidade é um instrumento da função administrativa que tem como finalidade controlar o patrimônio, apurar o resultado e prestar informações aos seus usuários.

DIAGRAMA

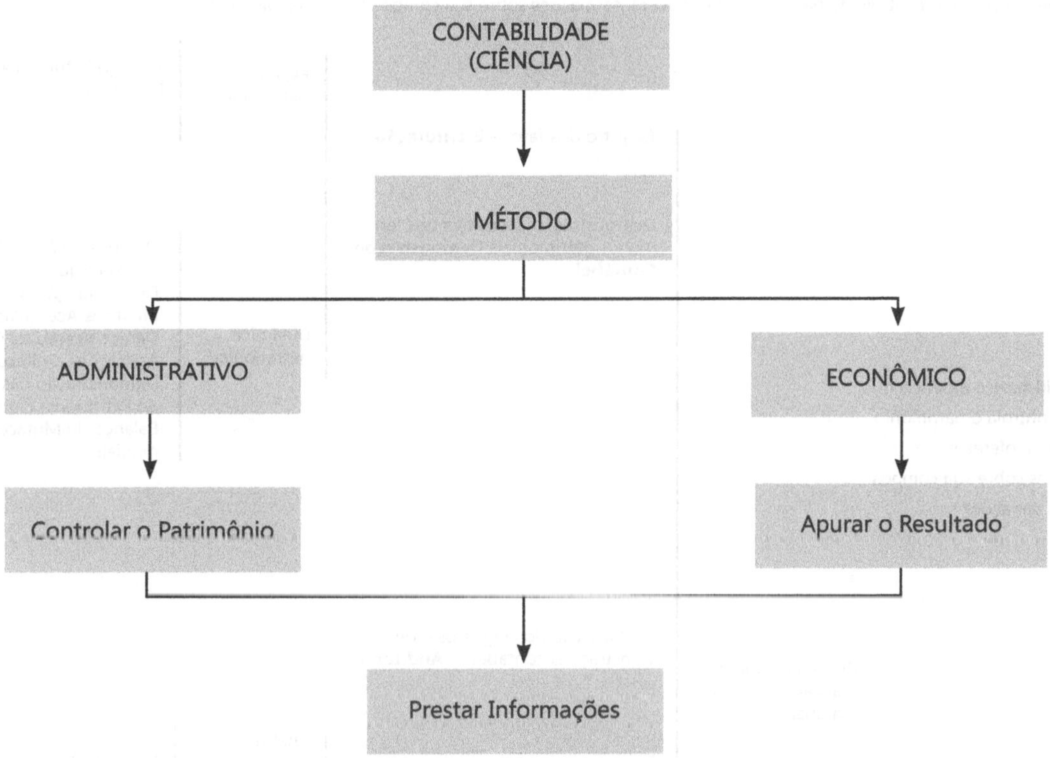

Fonte: Neves & Viceconti – Curso Moderno de Contabilidade, 1995 Pg.1.

1.1 Usuários da Informação Contábil

Segundo Iudícibus *et alii* (1993, p.22) os principais usuários da informação contábil são:

- Sócios, Acionistas e Proprietários de Quotas Societárias de Maneira Geral;
- Administradores, Diretores e Executivos dos mais Variados Escalões;
- Bancos, Capitalistas, Emprestadores de Dinheiro, Fornecedores, Seguradoras;
- Governo e Economistas Governamentais, Corretoras de Valores;
- Pessoas Físicas, Sociedade em Geral, entre outros.

1.2 Processo Contábil

Para o contador a preocupação básica são os registros das operações. Na aquisição de um equipamento, por exemplo, quais os custos de aquisição, qual a taxa de depreciação, qual será a classificação no balanço e sua atualização monetária? O contador procura captar, organizar e compilar dados. Sua matéria-prima são fatos de significado econômico-financeiro expressos em moeda. Seu produto final são as demonstrações financeiras.

Figura 1: O estudo da ciência contábil pode ser resumido no quadro sinótico a seguir:

Objeto: o patrimônio
Campo de Aplicação: o das entidades econômico-administrativas
Finalidade: assegurar o controle do patrimônio e fornecer informações sobre sua composição e suas variações

A **Contabilidade** é a ciência que estuda e controla o patrimônio com o fim de oferecer Informações sobre sua composição e suas variações

Meios para atingir a finalidade (técnicas contábeis)

- Registro dos fatos - **Escrituração**
- Demonstração expositiva dos fenômenos patrimoniais D**emonstrações Contábeis**
  - Estática patrimonial
    - Balanço Patrimonial
    - Inventários
  - Dinâmica patrimonial
    - Demonstração do Resultado do Exercício
    - Demonstração dos Lucros ou Prejuízos Acumulados
    - Demonstração de Origens e Aplicações de Recursos
    - Demonstração das Mutações do Patrimônio Líquido
    - Balanço de Mutações Patrimoniais
- Confirmação dos registros e demonstrações contábeis – **Auditoria**
- Análise, comparação e interpretação das demonstrações contábeis – **Análise de Balanços**
  - Análise
  - Comparações
  - Comparações
    - Coeficientes
    - Quocientes
    - Índices
    - Padrões

Fonte: FRANCO, Hilário. Estrutura, Análise e Interpretação de Balanços. 15ªEd. São Paulo: Editora Atlas, 1992 Pg.19-24.

1.3. Introdução à Contabilidade e Princípios Contábeis

1.3.1 Conceitos e Objetivos

A contabilidade deve ser vista como um sistema de informações, cujo método de trabalho consiste, simplificadamente, em coletar, processar e transmitir dados sobre a situação econômico-financeira de uma entidade em determinado momento e a sua evolução em determinado período.

A entidade, qualquer que seja a sua natureza: indivíduo, empresa com ou sem fins lucrativos, de pequeno, médio ou grande porte, corporações, sociedades civis ou comerciais, exercendo a sua atividade sócio-econômica, gera os fatos econômico-financeiros que devem ser captados pelo sistema de informações contábeis.

Partindo desse enfoque, os seus objetivos sintetizam-se na produção de informações úteis a diversos interessados. Tais interessados podem ser usuários internos e externos à empresa.

Internamente, a contabilidade auxilia no processo de tomada de decisões pela administração através de um fluxo contínuo de informações sobre os mais variados aspectos da gestão econômico-financeira da empresa. De modo geral, essas informações são geradas pelo que se convencionou chamar de contabilidade gerencial.

Externamente, os maiores interessados são investidores, credores e governo. Para os investidores, os relatórios contábeis mostram a situação econômico-financeira da empresa, o resultado de um determinado período e outras informações, tais como os investimentos efetuados e o que lhes cabe em termos de dividendos. Evidentemente, estas e outras informações lhes possibilitam conhecer as vantagens e desvantagens de seu investimento e decidir sobre a conveniência de mantê-lo, desfazer-se dele ou aumentá-lo.

O interesse dos credores é evidente. É, também, através das demonstrações contábeis que eles decidem sobre a conveniência de emprestar ou não recursos para as empresas. As demonstrações contábeis dão uma boa ideia da capacidade da empresa de gerar recursos suficientes para a liquidação de seus compromissos nos prazos estabelecidos.

Finalmente, o governo tem duplo interesse nas informações contábeis. Primeiramente, porque é baseado na contabilidade que se faz a arrecadação de quase todos os tributos. Segundo, a fixação da política econômica, fiscal e mesmo monetária pode ser - e muito - auxiliada pela análise estatística de dados contábeis disponíveis nas demonstrações contábeis. Os instrumentos de política monetária como o redesconto, o tabelamento (ou não) de taxas de juros e a atuação no mercado aberto têm a sua utilização influenciada, em grande medida, pela análise de dados contábeis fornecidos pelas instituições financeiras.

1.3.2. Origens

No texto ***Nossa Herança Oriental***, Will Durant (Durant, Record,1963) cita:

"As contas foram provavelmente uma das mais antigas formas de linguagem... O ato de contar nasceu dos dedos, e daí o sistema decimal. As contas provavelmente precedem a linguagem escrita, a matemática, a física e talvez até a linguagem falada nos termos que a conhecemos hoje."

Ainda no mesmo texto, no capítulo ***"Os Começos Pré–históricos da Civilização"***, são mencionados os primeiros símbolos gráficos encontrados há 7.000 anos:

"Os mais velhos símbolos gráficos são os que Petrie encontrou nos vasos e pedras dos túmulos pré-históricos do Egito, da Espanha e do Oriente Próximo, aos quais ele dá idade de 7.000 anos. Esta Sinária Mediterrânea compunha-se de 300 sinais, em sua maioria os mesmos em todas as localidades, indicando obrigações comerciais de uma extremidade à outra do Mediterrâneo, por volta de 5.000 anos a.C. Não passavam de marcas mercantis de propriedades, de quantidades e outras;"

Embora tenha a sua origem perdida em tempos remotos, a contabilidade começou a tomar corpo no século XIII, na Itália, e tem a sua primeira divulgação na metade do século XV através da obra do Frei Luca Pacioli, intitulada ***"Tractatus de Computis et Scripturis".***

Essa obra contém uma seção sobre registros contábeis segundo o método das partidas dobradas. Embora Luca Pacioli não tenha sido o criador do método das partidas dobradas, seu trabalho muito contribuiu para a sua difusão em toda a Europa. Nos séculos XVI e XVII, vários autores publicaram trabalhos descrevendo o método de maneira similar ao apresentado por Luca Pacioli.

O método das partidas dobradas, evidentemente, teve maior uso e desenvolvimento à medida que o comércio, o crédito e as sociedades cresciam.

Apesar de o método italiano ser à base do método atual, convém ressaltar quatro diferenças entre a contabilidade de hoje e a da época de Luca Pacioli. São elas:

O sistema contábil anterior visava informar apenas o proprietário.
No século XVI, os ativos e passivos do proprietário e do negócio se confundiam.
Não existia a ideia de período contábil nem de continuidade.
Inexistia um denominador comum monetário.

Inicialmente, durante o século XVI, o objetivo mais importante da contabilidade era gerar informações úteis aos proprietários - nas palavras de Pacioli: *"dar ao empresário informações sobre seus ativos e exigibilidades"*. Ela fornecia, também, uma base para a garantia de empréstimos; assim, a contabilidade tinha sua divulgação muito restrita e obviamente, não havia pressões externas para estabelecer critérios definidos para a apresentação de relatórios.

A segunda característica, relacionada com a primeira, era a mistura dos direitos e obrigações do proprietário com os direitos e obrigações do negócio ou da empresa. Todavia, existiam algumas evidências da separação e mesmo, embora não frequentemente, alguns casos de contabilidade separada, uma para o negócio e outra para o proprietário.

A terceira característica consistia na falta do conceito de período contábil ou de continuidade da empresa. Isso ocorria devido ao fato de a maior parte dos empreendimentos comerciais ter um prazo de vida limitado. Assim, o lucro era calculado no momento em que a empresa atingia o objetivo para o qual foi criada.

Sem o conceito de exercício contábil, não havia a necessidade de depreciação, de provisionamento, de diferimento de encargos, etc.

Finalmente, a quarta característica era a inexistência de um padrão monetário único que possibilitasse trazer todos os ativos e passivos a um denominador comum. O método das partidas dobradas exige a mensuração dos fatos contábeis em moeda para que possa ser praticado. Entretanto, com várias moedas, ele era no mínimo de difícil manejo. Como consequência, os relatórios deviam ser extremamente detalhados - inventários eram descritos em relação ao peso, ao tamanho ou à medida, ao preço e, ainda, com respeito à moeda em que foi adquirido.

1.3.3. Evolução

Com a sofisticação do comércio e o seu desenvolvimento em outras partes da terra, o método contábil evoluiu consideravelmente e passou a sofrer influências de outros profissionais da contabilidade com problemas e objetivos diferentes daqueles já constantes da escola italiana. Essa mudança representa, em linhas simplificadas, a decadência da escola italiana e ascensão da escola inglesa, fato que ocorreu a partir da revolução industrial, ocorrida na Inglaterra no século XVIII.

A partir desse momento e até os dias atuais, processa-se um grande crescimento da atividade industrial, que atrai investidores e banqueiros, fazendo crescer continuamente a necessidade de fornecer informações confiáveis e úteis para os novos usuários.

Os problemas ocorridos nos Estados Unidos durante a crise econômica de 1929 a 1932 influíram de maneira significativa no fortalecimento da contabilidade como sistema de informações dos negócios, provocando a ascensão da escola norte-americana através do seu órgão mais notório, o American Institute of Certified Public Accountants - AICPA.

A contabilidade foi influenciada, também, por mudanças na economia e, principalmente, pela mudança dos objetivos e usos da informação contábil. Essa informação, que era dirigida apenas para o empresário, passou a ser requerida pelos investidores, credores e o próprio governo.

O desenvolvimento industrial trouxe consigo a necessidade de possuir ativos fixos de alto valor monetário, o que fez com que o custo de produção fosse, em grande parte, relacionado com o desgaste do ativo fixo e com os métodos de custeio.

Como resposta a essa nova situação, a contabilidade desenvolveu o conceito de depreciação e, também, a contabilidade de custos, cujo objetivo principal era apurar o custo dos produtos fabricados pelas indústrias manufatureiras.

A sofisticação institucional da economia criou usuários externos da informação contábil. Como resposta, a contabilidade criou relatórios contábeis mais ou menos padronizados e estabeleceu critérios uniformes de avaliação e divulgação dos elementos patrimoniais.

O imposto de renda, em todas as nações, também influenciou substancialmente a contabilidade e o mesmo criou (ou institucionalizou) alguns procedimentos contábeis que contribuíram para a formulação de uma teoria contábil.

A contabilidade hoje já possui um corpo teórico e um conjunto de convenções, princípios e procedimentos derivados de necessidades diversas. Em muitos países desenvolvidos, esse corpo vem se formando através de juntas, associações de profissionais independentes e outros órgãos encarregados de adaptar a contabilidade a uma economia complexa e, sobretudo, extremamente dinâmica.

Como não poderia deixar de ser, no Brasil, a primeira menção oficial à escrituração e relatórios contábeis foi emitida pelo governo de D.João VI em 1.808, que orientava a Colônia Brasil para que a Fazenda seguisse a prática semelhante aos países mais adiantados da época, ou seja, determinava a aplicação do método das partidas dobradas conforme rezava o texto da carta:

"Para que o método de escrituração e fórmulas de contabilidade de minha Real Fazenda não fique arbitrário à maneira de pensar de cada um dos contadores gerais, que sou servido criar para o referido Erário: ***ordeno que a escrituração seja mercantil, por partidas dobradas,*** *por ser a única seguida pelas nações mais civilizadas, assim pela sua brevidade, para o manejo de grandes somas como por ser mais clara e a que menos lugar dá a erros e subterfúgios, onde se esconde a malícia e a fraude dos prevaricadores."*

No Brasil, a contabilidade foi demasiadamente influenciada por órgãos governamentais voltados principalmente para a arrecadação de tributos. A influência do fisco foi reduzida com a imposição de normas contábeis pelo Banco Central do Brasil às companhias de capital aberto. Isso foi feito através da Resolução no. 220 e Circular no. 179, de 1972, que, embora representem um marco em nossa história contábil, alcançavam apenas algumas empresas.

O maior avanço contábil, no Brasil, ocorreu com a Lei no. 6.404/76, que, além de estabelecer normas contábeis detalhadas, fez uma separação entre a contabilidade para efeitos comerciais e aquela para efeitos fiscais. De fato, podemos dizer que a contabilidade valorizou-se como atividade a partir da Lei no. 6.404/76, quando passou a ser efetuada tendo em vista, objetivos mais amplos do que o mero atendimento às exigências fiscais.

Embora essa evolução tenha sido proporcionada por órgãos governamentais, no Brasil, é o Instituto Brasileiro de Contadores - IBRACON, por delegação expressa do Conselho Federal de Contabilidade, o encarregado de codificar e estabelecer normas contábeis a serem seguidas pelas empresas.

1.3.4. Princípios Contábeis

Princípios contábeis podem ser conceituados como sendo as premissas básicas acerca dos fenômenos econômicos contemplados pela contabilidade, premissas que são a cristalização da análise e observação da realidade econômica.

O campo de atuação preferencial da contabilidade é constituído pelas entidades, sejam elas de finalidade lucrativa ou não, e procura captar e evidenciar as variações ocorridas na estrutura patrimonial e financeira, em face das decisões da administração e também das variáveis exógenas que escapam ao controle e ao poder de decisão da administração.

Note-se que, dentre as variáveis que mais têm preocupado os administradores, temos, de um lado, a inflação e, de outro, as próprias flutuações de preços atinentes especificamente a cada bem e serviço. No âmbito dessa complexa realidade, o observador analisa as características principais do sistema e chega a certas conclusões quanto ao seu funcionamento. Tais conclusões, se geralmente aceitas pela classe contábil, transformam-se em princípios, aos quais toda a prática contábil e principalmente os processos de auditoria devem ater-se. Por outro lado, o observador, uma vez verificada alteração profunda nas condições que o levaram a estabelecer a primeira série de princípios, tem a incumbência de proceder a uma nova análise da situação e modificar, adaptar ou mesmo substituir os princípios originais por outros mais concordes com a nova realidade.

A função de observador é hoje desempenhada pelas entidades de classe, pelos comitês especialmente designados e, finalmente, pelas comissões especiais de conferências e convenções internacionais.

1.3.5. Quando um princípio é geralmente aceito?

São duas as condições básicas a fim de que um princípio supere a fase de tentativa e se transforme em «geralmente aceito» e, portanto, incorporado à doutrina contábil:

1 Deve ser considerado praticável pelo consenso profissional.
2 Deve ser considerado útil.

Note-se que a ordem de classificação não é fruto do acaso: de fato, muitos contadores - com poder de decisão a respeito desses assuntos - atribuem mais importância à praticabilidade de um princípio do que à sua utilidade intrínseca.

Algumas vezes, atribuiu-se ao termo «praticabilidade» um significado rígido, de forma que tudo o que não for praticável com extrema facilidade será considerado «impraticável» para efeitos contábeis.

Ao continuar aceitando esse significado restrito, a teoria contábil não terá oportunidade de progresso rápido. Evidentemente, sempre que se quiser retratar a realidade com maior precisão, aumentarão as dificuldades práticas e os processos tenderão a ser mais complexos. É esse o caso típico dos processos de ajustamento de relatórios contábeis históricos em face das flutuações de preços.

Alguns contadores não hesitaram em refutar a utilidade dos ajustamentos por considerá-los impraticáveis. Confundiram impraticabilidade com dificuldade. E houve o temor de que os ajustamentos substituíssem os relatórios históricos, sem deixar vestígios destes. Temor infundado, pois ninguém discute a utilidade desses relatórios para certas finalidades, principalmente fiscais.

Por outro lado, algumas das tentativas visando ao ajustamento de dados históricos foram caracterizadas pela improvisação e pela falta de profundidade, pois seus autores tendiam, antes de tudo, a um prestígio rápido e à notoriedade, aproveitando-se das condições existentes de inflação galopante em muitos países. Não se preocuparam com o problema geral da contabilidade, que é o da escolha de uma base de valor global e completa que se adapte a cada configuração isolada e passageira do mercado. Não se preocuparam, tampouco, em estabelecer as bases teóricas, os objetivos visados pelos ajustamentos e, portanto, houve muita confusão quanto às bases de avaliação a serem adotadas e poucos resultados concretos.

1.3.6. Os princípios contábeis geralmente aceitos

Os princípios contábeis geralmente aceitos são classificados em três categorias:

(a) Postulados - referem-se ao ambiente sócio-político-econômico no qual a contabilidade é praticada

1 Entidade (Entity).
2 Continuidade (Going-concern).

(b) Princípios - regras básicas para aplicação da contabilidade

1 Custo como base de valor (Cost basis of valuation).
2 Realização (Realization).
3 Confrontação - Competência dos exercícios (Accrual basis of accounting).
4 Denominador comum monetário (Stability of monetary unit).

(c) Convenções - limitações e regras para aplicação dos postulados e dos princípios

1 Objetividade (Objetivity).
2 Conservadorismo (Conservatism).
3 Relevância ou materialidade (Materiality).
4 Uniformidade ou consistência (Consistency).

Analisaremos, a seguir, o significado de tais postulados, princípios e convenções, procurando, também, verificar sua adequação às condições econômicas atuais:

1.3.7. O postulado da entidade

Pressupõe-se que a contabilidade é executada e mantida para as entidades como pessoas jurídicas, completamente distintas das pessoas físicas (ou jurídicas) dos sócios. Quando uma firma individual paga uma despesa, é o caixa da firma que está desembolsando o dinheiro, e não o dono da empresa, embora materialmente, muitas vezes, as duas coisas se confundem. Esse princípio parece-nos de profunda validade, pois consolida a antiga distinção jurídica entre pessoas físicas e jurídicas. A validade desse princípio continuará intacta através dos tempos, pois independe de critérios de valor.

1.3.8. O postulado da continuidade

«A menos que haja boa evidência em contrário, a contabilidade assume que a empresa continuará operando por um período de tempo indeterminado».

Esse postulado, que tem grande validade do ponto de vista prático, apresenta importantes consequências para a contabilidade. De fato, se aceitarmos a hipótese de que a duração da empresa é indeterminada, a filosofia de avaliação de ativos pelos valores de entrada a ser adotada deverá ser oposta àquela que adotaríamos no caso de liquidação da empresa, quando interessam os valores de liquidação do passivo e de realização do ativo.

1.3.9. O princípio do custo como base de valor

Talvez seja apropriado denominá-lo «O princípio do custo histórico (original) como base de valor», pois são vários os conceitos de custo existentes. Como princípio geralmente aceito, refere-se ao custo original. Na conceituação ortodoxa, os elementos do ativo entram nos registros contábeis pelo valor pago para adquiri-los ou fabricá-los. A não ser para aqueles elementos do ativo sujeitos à amortização, depreciação ou exaustão, uma vez registrados, seu valor inscrito não é alterado, ressalvando-se, ainda, a regra conhecida como «custo ou mercado, o que for mais baixo» e os casos de reavaliação de ativo previstos pelas legislações de alguns países.

É evidente que a aplicação irrestrita desse princípio, mormente em períodos de acentuadas flutuações de preços, restringe as possibilidades informativas da contabilidade.

1.3.10. O princípio da realização

Como norma geral, a receita é reconhecida no período contábil em que é realizada. A realização ocorre quando bens ou serviços são fornecidos a terceiros em troca de dinheiro ou de outro elemento do ativo.

Esse princípio tem sido um dos mais visados, principalmente pelos economistas, por julgarem que o processo de produção adiciona valor aos fatores que estão sendo manipulados, ao passo que, contabilmente, verifica-se apenas uma «integração de fatores», e a receita e, consequentemente, o lucro (ou prejuízo) só ocorrem no ato da venda. O lucro só se realiza no ato da venda. Embora reconheçamos a dificuldade de apurar lucros antes que a venda se efetue, não vemos por que se deva negar o rigor conceitual da economia.

Além disso, a administração pode auferir lucros não só de suas operações típicas, mas também de atividades de estocagem de fatores, isto é, pode-se também obter ganhos de caráter especulativo. Isso é tanto mais verídico, quanto mais acentuadas as flutuações de preços que se verificarem numa economia.

Por outro lado, quando uma empresa comercial vende uma determinada mercadoria por $ 150 e esta lhe custou apenas $ 100, a contabilidade ortodoxa apura imediatamente um lucro bruto de $ 50. Este lucro é, para todos os efeitos, considerado como operacional, mesmo que a mercadoria vendida, para ser reposta, exija um desembolso de $ 130.

Se antes da venda reconhecêssemos um «lucro realizável» de $ 30, isto é, igual à diferença entre o custo original da mercadoria e o de reposição, no ato da venda, somente $ 20 seriam considerados como lucro operacional corrente, o que seria teoricamente o mais correto.

Com esse exemplo, pretendemos demonstrar que o não reconhecimento de lucros (ou perdas) devido às variações de preços de elementos de ativo nos «intervalos de espera» faz com que, mais tarde, tais variações, no momento da «realização», sejam consideradas ganhos ou perdas operacionais, o que, na realidade, é incorreto, pois se verificaram independentemente da vontade da administração, em virtude de movimentos de preços ocorridos durante o tempo em que os ativos permaneceram estocados.

1.3.11. O princípio da confrontação (competência dos exercícios)

Esse princípio demonstra, em resumo, que as receitas e os custos são atribuídos aos períodos de acordo com a real incorrência dos mesmos, isto é, de acordo com a data do fato gerador, e não quando são recebidos ou pagos em dinheiro.

Através desse princípio, a folha de pagamento dos operários relativa ao mês de dezembro, suponhamos, será considerada como despesa de dezembro, mesmo que, na prática, o pagamento só seja efetuado nos primeiros dias de janeiro. O fato gerador da despesa é o serviço prestado pelos operários, e não o pagamento do salário.

1.3.12. O princípio do denominador comum monetário

Esse princípio contribuiu para a teoria contábil sob um duplo aspecto: em primeiro lugar, a contabilidade só contempla aqueles fatos monetariamente avaliáveis; em segundo lugar, a unidade monetária é, para efeitos contábeis, considerada um padrão uniforme e homogêneo de mensuração, independentemente das variações de seu poder de compra.

Quanto ao primeiro aspecto, parece-nos uma limitação inevitável do método contábil; quanto ao segundo, entretanto, sua aceitação implica não considerar a realidade dos fatos. A vulnerabilidade da premissa é manifesta, pois a experiência de quase todos os países tem demonstrado que a unidade monetária está longe de representar um padrão uniforme e homogêneo de medida.

O poder aquisitivo da moeda tem variado consideravelmente no Brasil, e esta é uma realidade que a contabilidade não pode ignorar.

O mínimo que se pode temer de relatórios contábeis que não levam em consideração as variações do poder aquisitivo da moeda é que eles, pela irrealidade dos resultados apresentados, podem induzir os administradores menos avisados a políticas administrativas seriamente comprometedoras.

1.3.13. O que são convenções?

Dentro da ampla margem de liberdade que os princípios permitem ao contador, no registro das operações, as convenções vêm restringir ou limitar, ou mesmo modificar parcialmente, o conteúdo dos princípios, definindo mais precisamente seu significado.

1.3.13.1. A convenção da objetividade

Essa convenção pode ser explicada da melhor forma possível através do exemplo que, a seguir, será relatado. Suponha-se que o contador, para a avaliação de um certo bem, dispusesse de duas fontes: a fatura relativa à compra do bem e o laudo do maior especialista mundial em avaliação. Deverá escolher, como valor de registro, o indicado na fatura. Entre um critério subjetivo de valor, mesmo ponderável, e outro objetivo, o contador deverá optar pela hipótese mais objetiva. A finalidade dessa convenção é eliminar ou restringir áreas de excessivo liberalismo na escolha de critérios, principalmente de valor.

1.3.13.2. A convenção do conservadorismo

Esta convenção manda que, por motivos de precaução, sempre que o contador se defrontar com a alternativa de atribuir valores diferentes a um elemento do ativo ou do passivo, deverá optar pelo mais baixo para o ativo e pelo mais alto para o passivo. Se, por exemplo, o valor de mercado do inventário final de mercadorias for inferior ao valor de custo, deverá ser escolhido o valor de mercado, por ser o mais baixo.

Essa é uma convenção que modifica o princípio geral do custo como base de valor.
Notamos outra implicação da convenção na apuração de resultados. É, frequentemente, citada pelos contadores a seguinte máxima: «Considere para a despesa do exercício o maior montante possível, mas atribua à receita o menor montante possível».

A regra «Custo ou Mercado, dos dois o menor» está intimamente ligada ao conservadorismo. Em outras palavras, o custo é à base de valor para a contabilidade, mas, se o valor de mercado for inferior ao de custo, adotaremos o valor de mercado.

1.3.13.3. A convenção da relevância ou materialidade

Essa convenção reza que, a fim de evitar desperdício de tempo e de dinheiro, deve-se registrar na contabilidade apenas os eventos dignos de atenção e na ocasião oportuna. Por exemplo, sempre que os empregados do escritório utilizam papéis e impressos da empresa, registra-se uma diminuição do ativo da empresa, diminuição essa que poderia, teoricamente, ser lançada nos registros contábeis à medida de sua ocorrência. Entretanto, isto não é feito, pela irrelevância da operação, e a despesa só é apurada no fim do período por diferença de estoques.

1.3.13.4. A convenção da uniformidade ou consistência

A convenção da uniformidade ou consistência nos diz que, uma vez adotado determinado processo, dentre os vários possíveis que podem atender a um mesmo princípio geral, ele não deverá ser mudado com demasiada frequência, pois assim estaria sendo prejudicada a comparabilidade dos relatórios contábeis. Se, por exemplo, for adotado o método FIFO para avaliação de estoques em lugar do LIFO (ambos atendem ao mesmo princípio geral, isto é, «Custo como base de valor»), deverá ser usado sempre o mesmo método nos outros períodos. E, se houver a necessidade inadiável de se adotar outro critério, essa adoção deve ser declarada como nota explicativa dos relatórios, de maneira a cientificar o leitor.

No que consiste	**Validade atual**	**Consequências**	**Observações**
Postulados Ambiente socioeconômico no qual a contabilidade é praticada	Total	Definição dos princípios contábeis	
Entidade Contabilidade executada para entidades como pessoas distintas dos sócios	Total	Proteção contra malversações e confusões	Antigamente, a contabilidade misturava o patrimônio da empresa com o do proprietário
Continuidade Presume-se, em geral, que a empresa operará indefinidamente	Boa	Custo como base de valor	O inverso mudaria a contabilidade
Princípios Premissas básicas sobre fenômenos	Para alguns, há discussão	Forma de ser da prática contábil	Derivam do consenso profissional - útil e prático
Custo histórico Vale o custo de aquisição ou fabricação	Muito discutível, principalmente em regimes de alta inflação	Irrealidade de resultados	Os sistemas de reconhecimento dos efeitos inflacionários amenizam os problemas
Realização Receita de venda somente é reconhecida quando efetivamente realizada	Discutível	Afeta resultados	Aspectos de competência
Confrontação Despesas reconhecidas no período em que são incorridas, independentemente de pagamento	Válido	Apresenta resultados menores	

Denominador Comum Monetário A contabilidade registra eventos que possam ser avaliados em moeda	Limitado em regimes de alta inflação	Distorções nos resultados e no patrimônio	O sistema de CMCAC elimina distorções
Convenções Qualificam e delimitam os princípios	Razoável	Prática contábil	Cautela dos contadores
Objetividade Registros contábeis apoiados em documentos ou critérios objetivos	Boa	Fé da contabilidade perante juízo de terceiros	Inerente à própria finalidade informativa da contabilidade
Conservadorismo Prudência. Menores valores para o ativo e maiores para o passivo	Discutível	Diminui resultados	Favorece a continuidade
Relevância Analisar sempre relação custo benefício. Não se preocupar com insignificâncias	Boa	Economia	Questão de bom senso
Uniformidade Manutenção de critérios contábeis ao longo do tempo	Boa	Possibilita comparabilidade	Favorece auditoria

Capítulo 2

Relatórios Contábeis

2.1. Relatórios Contábeis e seus Objetivos

Os Relatórios Contábeis são: uma exposição resumida dos dados coletados pela contabilidade. Estes relatórios têm por objetivo relatar aos usuários da contabilidade (pessoas que utilizam a contabilidade) os fatos ocorridos na entidade em determinado período.

Também conhecidos como *Informes Contábeis*, os mais importantes são as *demonstrações financeiras* (terminologia utilizada pela Lei das Sociedades Anônimas – Lei 6.404/76) ou *demonstrações contábeis* (terminologia preferida pelos contadores).

A cada exercício social (12 meses), a empresa, com base em sua escrituração contábil, elabora e publica, conforme a Lei das Sociedades Anônimas, as seguintes demonstrações contábeis:

- *Balanço Patrimonial;*
- *Demonstração do Resultado do Exercício;*
- *Demonstração de Lucros ou Prejuízos Acumulados;*
- *Demonstração de Origens e Aplicações de Recursos.* (*)

(*) A lei 11638/07, promulgada em 28 de dezembro de 2007, que entrou em vigor em primeiro de janeiro de 2008 que altera e introduz novos dispositivos à lei das sociedades por ações (lei nº 6404/76), cujo principal objetivo é a alteração das regras contábeis. As principais alterações sofridas pela Lei das Sociedades Anônimas (também aplicável às demais sociedades constituídas em território nacional) referem-se, principalmente, aos aspectos seguintes:

a) Substituição da demonstração das origens e aplicações de recursos (DOAR), pela Demonstração do Fluxo de Caixa (art. 176, IV);

b) As sociedades anônimas de capital fechado deverão publicar as Demonstrações de Fluxo de Caixa e se for sociedade anônima de capital aberto, publicação da Demonstração do Valor Adicionado de acordo coma a NBCT a Demonstração do Valor adicionado é a demonstração contábil destinada a evidenciar, de forma concisa os dados e as informações do valor da riqueza gerada em determinado período e sua distribuição.

Em complementação às demonstrações acima citadas, temos as *notas explicativas*, que são dispostas no rodapé das demonstrações financeiras, e servem para prestar informações que são difíceis de serem indicadas nas demonstrações financeiras, como uma mudança de critério contábil, garantias oferecidas a bancos por ocasião de empréstimos, etc.

O exercício social terá a duração de 12 meses, não havendo necessidade que coincidir com o ano civil (01/01 a 31/12), apesar de as empresas preferirem esta coincidência na maioria das vezes. Para fins de Imposto de Renda (apuração do Lucro para pagamento do Imposto) a lei exige a utilização no ano civil.

2.2. Balanço Patrimonial

O Balanço Patrimonial é o principal relatório gerado pela contabilidade, a principal demonstração contábil. Este relatório reflete a Posição Financeira e Econômica da empresa em determinado momento, normalmente, ao fim de um período ou exercício social.

O Balanço Patrimonial é uma fotografia da empresa, onde nela podemos ver todos os bens, todos os diretos a receber e todas as obrigações a pagar em determinado momento. Esta demonstração é constituída de duas colunas, conforme quadro abaixo:

BALANÇO PATRIMONIAL			
Cia Fabulosa			
ATIVO		**PASSIVO E**	
		PATRIMÔNIO LÍQUIDO	

2.3. Riqueza Líquida

Não medimos a riqueza de uma empresa apenas por seus bens (Máquinas, Mobiliário, Prédios, Veículos). Muitas vezes esta empresa pode ter dívidas com Fornecedores, Bancos, Governo e quaisquer outros terceiros que superam o valor de seus bens, e neste caso não há riqueza líquida.

A Riqueza Líquida nada mais é do que o próprio Patrimônio Líquido, sendo que nele se encontram o Capital Social investido pelos sócios, os Lucros ou, porventura, os Prejuízos Acumulados, e as Reservas de Capital, as Reservas de Lucros e as Reservas de Reavaliação.

Para encontrar a Riqueza Líquida (ou Patrimônio Líquido), basta subtrair do ATIVO (bens + diretos) as dívidas da empresa, ou seja, seu PASSIVO EXIGÍVEL (PE).

Sendo assim, utilizamos a seguinte fórmula, conhecida no universo contábil como Equação Básica da Contabilidade:
PATRIMÔNIO LÍQUIDO = ATIVO – PASSIVO EXIGÍVEL

Supondo que a Indústria de Sorvetes Saborom apresente um Ativo (Bens + Direitos) de $ 450.000, e que seu Passivo Exigível (Obrigações) seja de $ 300.000, qual o valor de seu Patrimônio Líquido, ou seja, sua Riqueza Líquida?

Utilizando a Equação Básica da Contabilidade podemos resolver esta questão:
PATRIMÔNIO LÍQUIDO = ATIVO – PASSIVO EXIGÍVEL
PATRIMÔNIO LÍQUIDO = 450.000 – 300.000
PATRIMÔNIO LÍQUIDO = ***150.000***

2.4. Plano de Contas

Conjunto de contas utilizado pelas empresas para registro de suas operações. Cada empresa tem seu próprio plano de contas adaptado às suas características, entretanto todos respeitam as normas de classificação de contas definidas na legislação societária conforme veremos mais adiante.

Para efeito ilustrativo, apresentaremos a seguir um modelo simplificado de plano de contas.

2.4.1. Plano de contas

Plano de Contas (ou Elenco de Contas) é o conjunto de contas, previamente estabelecido, que norteia os trabalhos contábeis de registro de fatos e atos inerentes à entidade, além de servir de parâmetro para a elaboração das demonstrações contábeis.

A montagem de um Plano de Contas deve ser personalizada, por empresa, já que os usuários de informações podem necessitar de detalhamentos específicos, que um modelo de Plano de Contas geral pode não compreender.

2.4.1.1. Objetivos

Seu principal objetivo é estabelecer normas de conduta para o registro das operações da organização e, na sua montagem, devem ser levados em conta três objetivos fundamentais:

a. atender às necessidades de informação da administração da empresa;
b. observar formato compatível com os princípios de contabilidade e com a norma legal de elaboração do balanço patrimonial e das demais demonstrações contábeis (Lei 6.404/76, a chamada "Lei das S/A");
c. adaptar-se tanto quanto possível às exigências dos agentes externos, principalmente às da legislação do Imposto de Renda.

2.4.1.2. Elenco de Contas e Correspondente Conjunto de Normas

O Plano de Contas, genericamente tido como um simples elenco de contas, constitui, na verdade, um conjunto de normas do qual deve fazer parte, ainda, a descrição do funcionamento de cada conta - o chamado "Manual de Contas", que contém comentários e indicações gerais sobre a aplicação e o uso de cada uma das contas (para que serve, o que deve conter e outras informações sobre critérios gerais de contabilização).

A empresa deve manter escrituração contábil com base na legislação comercial e com observância das Normas Brasileiras de Contabilidade.

O balanço patrimonial é uma das demonstrações contábeis que visa a evidenciar, de forma sintética, a situação patrimonial da empresa e dos atos e fatos consignados na escrituração contábil.

Essa demonstração deve ser estruturada de acordo com os preceitos da Lei 6.404/76 (chamada "Lei das S/A") e segundo os Princípios Fundamentais de Contabilidade.

Tal estrutura de contas, dentro do conceito legal da própria Lei 6.404/76 (artigos 176 a 182 e artigo 187), em síntese, se compõe de:

ATIVO
CIRCULANTE
NÃO CIRCULANTE
REALIZÁVEL A LONGO PRAZO
INVESTIMENTOS
IMOBILIZADO
INTANGÍVEL
PASSIVO
CIRCULANTE
NÃO CIRCULANTE
PATRIMÔNIO LÍQUIDO

Como exemplo, temos a conta "Caixa", que registrará o dinheiro em espécie (papel-moeda) disponível na tesouraria da empresa. Trata-se de uma conta do Ativo Circulante, subgrupo Disponibilidades. Sugiro que o Plano de Contas contenha, no mínimo, 4 (quatro) níveis:

Nível 1:
Ativo, Passivo, Patrimônio Líquido, Receitas, Custos e Despesas.
Nível 2:
Ativo: Circulante, Não Circulante / Passivo e Patrimônio Líquido: Circulante, Não Circulante e Patri-

mônio Líquido. / Receitas: Receita Bruta, Deduções da Receita Bruta, Outras Receitas Operacionais / Custos e Despesas Operacionais.

Nível 3: Contas que evidenciem os grupos a que se referem, por exemplo:
Nível 1 - Ativo
Nível 2 - Ativo Circulante
Nível 3 - Bancos Conta Movimento
Nível 4: Subcontas que evidenciem o tipo de registro contabilizado, por exemplo:
Nível 1 - Ativo
Nível 2 - Ativo Circulante
Nível 3 - Bancos Conta Movimento
Nível 4 - Banco A
Abaixo, segue um exemplo bem simples de uma estrutura de plano de contas em 4 níveis:

1 ATIVO
1.1 ATIVO CIRCULANTE
1.1.1 Caixa
1.1.1.01 Caixa Geral
1.1.2 Bancos C/Movimento
1.1.2.01 Banco Alfa
1.1.3 Contas a Receber
1.1.3.01 Clientes
1.1.3.02 Outras Contas a Receber
1.1.4 Estoques
1.1.4.01 Mercadorias
1.1.4.02 Produtos Acabados
1.1.4.03 Insumos
1.1.4.04 Outros

1.2 NÃO CIRCULANTE
1.2.1 Contas a Receber
1.2.1.01 Clientes
1.2.1.02 Outras Contas
1.2.2 INVESTIMENTOS
1.2.2.01 Participações Societárias
1.2.3 IMOBILIZADO
1.2.3.01 Terrenos
1.2.3.02 Construções e Benfeitorias
1.2.3.03 Máquinas e Ferramentas
1.2.3.04 Veículos

1.2.3.05 Móveis
1.2.3.98 (-) Depreciação Acumulada
1.2.3.99 (-) Amortização Acumulada
1.2.4 INTANGÍVEL
1.2.4.01 Marcas
1.2.4.02 Softwares
1.2.4.99 (-) Amortização Acumulada

2 PASSIVO

2.1 CIRCULANTE
2.1.1 Impostos e Contribuições a Recolher
2.1.1.01 Simples a Recolher
2.1.1.02 INSS
2.1.1.03 FGTS
2.1.2 Contas a Pagar
2.1.2.01 Fornecedores
2.1.2.02 Outras Contas
2.1.3 Empréstimos Bancários
2.1.3.01 Banco A - Operação X

2.2 NÃO CIRCULANTE
2.2.1 Empréstimos Bancários
2.2.1.01 Banco A - Operação X

2.3 PATRIMÔNIO LÍQUIDO
2.3.1 Capital Social
2.3.2.01 Capital Social Subscrito
2.3.2.02 Capital Social a Realizar
2.3.2. Reservas
2.3.2.01 Reservas de Capital
2.3.2.02 Reservas de Lucros
2.3.3 Prejuízos Acumulados
2.3.3.01 Prejuízos Acumulados de Exercícios Anteriores
2.3.3.02 Prejuízos do Exercício Atual

3 CUSTOS E DESPESAS

3.1 Custos dos Produtos Vendidos
3.1.1 Custos dos Materiais

3.1.1.01 Custos dos Materiais Aplicados
3.1.2 Custos da Mão de Obra
3.1.2.01 Salários
3.1.2.02 Encargos Sociais

3.2 Custo das Mercadorias Vendidas
3.2.1 Custo das Mercadorias
3.2.1.01 Custo das Mercadorias Vendidas

3.3 Custo dos Serviços Prestados
3.3.1 Custo dos Serviços
3.3.1.01 Materiais Aplicados
3.3.1.02 Mão de Obra
3.3.1.03 Encargos Sociais

3.4 Despesas Operacionais
3.4.1 Despesas Gerais
3. 4.1.01 Mão de Obra
3.4.1.02 Encargos Sociais
3.4.1.03 Aluguéis

3.5 Perdas de Capital
3.5.1 Baixa de Bens do Ativo Não Circulante
3.5.1.01 Custos de Alienação de Investimentos
3.5.1.02 Custos de Alienação do Imobilizado

4 RECEITAS

4.1 Receita Líquida
4.1.1 Receita Bruta de Vendas
4.1.1.01 De Mercadorias
4.1.1.02 De Produtos
4.1.1.03 De Serviços Prestados
4.1.2 Deduções da Receita Bruta
4.1.2.01 Devoluções
4.1.2.02 Serviços Cancelados
4.2 Outras Receitas Operacionais
4.2.1 Vendas de Ativos Não Circulantes
4.2.1.01 Receitas de Alienação de Investimentos
4.2.1.02 Receitas de Alienação do Imobilizado

Como pode ser observado, a codificação numérica das contas segue uma sequência lógica. O primeiro dígito indica o grupo de conta (Ativo, Passivo, Receita ou Despesa), o segundo indica o subgrupo (Circulante, longo Prazo, etc.), os demais indicam as contas sintéticas e analíticas.

(*)Criação de dois novos grupos de contas (conforme o art. 178 da Lei 11.638 de 28/12/07)
No ativo permanente, a conta de bens intangíveis, que são bens que não possuem existência física, porém representa uma aplicação de capital indispensável aos objetivos da empresa como direitos sobre marcas e patentes, ponto comercial, fundo de comércio e no patrimônio líquido a conta de ajustes de avaliação patrimonial.

2.5. Demonstrações Contábeis ou Financeiras

Ao término de cada exercício social, a administração deve preparar demonstrações contábeis com o objetivo de fornecer aos usuários da contabilidade, informações relativas ao desempenho financeiro e econômico da empresa durante o período e a situação patrimonial ao final do mesmo.

2.5.1. Exercício Social e Ciclo Operacional

Exercício social, geralmente, é o período de um ano, ao término do qual a empresa deverá elaborar demonstrações contábeis.

Ciclo operacional é o intervalo de tempo compreendido entre a aplicação de recursos na produção dos bens ou serviços e o respectivo recebimento, caracterizada pela realização da receita.

2.5.2. Demonstrações Contábeis

As demonstrações contábeis constituem a fase de saída do sistema de informações contábeis.
As demonstrações contábeis estabelecidas na legislação são as seguintes:

1. Balanço Patrimonial – BP;
2. Demonstração do Resultado do Exercício – DRE;
3. Demonstração dos Lucros ou Prejuízos Acumulados - DLPA - Demonstração das Mutações do Patrimônio Líquido – DMPL;
4. Demonstração do Resultado Abrangente
5. Demonstração dos Fluxos de Caixa – DFC;
6. Demonstração do Valor Adicionado - DVA.

2.5.2.1. Demonstrações Contábeis ou Demonstrações Financeiras?

Vamos verificar a seguir o texto da Lei nº 6.404/76 que trata dessas demonstrações. Nesse trabalho, as demonstrações contábeis são denominadas "demonstrações financeiras". Portanto, as expressões demonstrações contábeis e demonstrações financeiras são utilizadas indistintamente, com o mesmo significado.

2.5.3. Notas Explicativas

Para completar dados das demonstrações relacionadas, existem as Notas Explicativas que, na verdade, não são Demonstrações Financeiras; servem apenas para complementá-las.

2.5.4. Empresas LTDA e Sociedades Anônimas de Capital Fechado

Pela legislação do Imposto de Renda, as Sociedades por Quotas de Responsabilidades Limitadas devem seguir parte dos dispositivos da Lei das Sociedades por Ações. Embora não seja necessária a publicação das Demonstrações Financeiras por parte das empresas "LTDAS", essas empresas devem estruturar suas demonstrações nos moldes da Lei das S/A., para melhor atender às exigências do Imposto de Renda. Somente a Demonstração do Valor Adicionado é exigência específica das Sociedades por Ações.

Serão, agora, estudadas as demonstrações financeiras mais relevantes, ou seja:

- Balanço Patrimonial;
- Demonstração do Resultado do Exercício;
- Demonstração de Lucros ou Prejuízos Acumulados.

As sociedades anônimas de capital aberto devem apresentar Demonstrações Contábeis (DC's) intermediárias. Ou seja, as empresas que possuem ações negociadas em Bolsas de Valores, deverão publicar suas Demonstrações Contábeis a cada trimestre.

Pela legislação do IR (Imposto de Renda), as Sociedades por Quotas de Responsabilidade Limitada deverão seguir parte dos dispositivos das Sociedades por Ações. Embora, originalmente, não seja obrigatória a publicação das DC's por parte das LTDA., elas deverão elaborar suas demonstrações nos moldes das Sociedades Anônimas, para melhor atender às exigências do IR. Somente a DOAR é exigência específica para as grandes sociedades anônimas. Atualmente, todas as sociedades limitadas com capital social superior a R$12.000.000,00 (doze milhões) de reais, também estão obrigadas a elaborar a DOAR bem como publicar suas DC's.

2.5.5. Interpretação dos Débitos e Créditos

Antes de iniciar o estudo das demonstrações contábeis básicas (Balanço Patrimonial, Demonstração dos Resultados do Exercício, Demonstração das Mutações do Patrimônio Líquido e Demonstração das Origens e Aplicações de Recursos) faz-se necessário conhecer o funcionamento e a interpretação dos débitos e créditos.

GRUPO	QUANDO DEBITA	QUANDO CREDITA
ATIVO	Existência ou entrada na empresa de bens, dinheiro ou direitos.	Saída de bens, dinheiro ou direitos.
PASSIVO	Redução das Obrigações com Terceiros ou do Capital Próprio	Aumento das Obrigações com Terceiros ou do Capital Próprio
RECEITAS	Cancelamento de vendas	Registro de Vendas
DESPESAS /CUSTOS	Gastos incorridos pelo regime de competência	Transferência de uma despesa para outra ou estorno.

Esquematicamente, para fins de compreensão da regra e não da exceção[1], pode-se representar os efeitos sobre os saldos dos grupos de contas da seguinte forma:

	EFEITO SOBRE O SALDO QUANDO	
GRUPO	**DEBITA/APLICAÇÃO**	**CREDITA/ORIGEM**
ATIVO	Aumenta ⬆	Diminui ⬇
PASSIVO	Diminui ⬇	Aumenta ⬆
RECEITAS	Diminui ⬇	Aumenta ⬆
DESPESAS /CUSTOS	Aumenta ⬆	Diminui ⬇

2.5.6 Contabilização por Partidas Dobradas

Foi por volta de 1494 que frei Luca Pacioli divulgou os princípios básicos do método das partidas dobradas. De acordo com esse método, a cada crédito corresponde um débito de igual valor.

Resumo:

Lado do Débito	Lado do Crédito
Despesas Ativos (incluindo a dívida de clientes) Dinheiro Recebido	Receitas Passivo (incluindo o devido aos fornecedores) Dinheiro desembolsado

[1] As exceções são as contas redutoras dos saldos de determinadas contas dos respectivos grupos. As mais usuais são as Duplicatas Descontadas, Provisão para Devedores Duvidosos, a Depreciação/Amortização Acumulada, Capital a Integralizar, ou seja, todas as contas que são apresentadas como redutoras do saldo de uma conta.

Capítulo 3

Balanço Patrimonial

No balanço de exercícios sociais encerrados a partir de 2008, as contas patrimoniais serão classificadas segundo os elementos do patrimônio que registrem, e agrupadas de modo a facilitar o conhecimento e a análise da situação financeira da companhia.

- Balanço demonstrando a posição da empresa no final do ano civil;
- Para efeitos gerenciais pode ser adotado outro período mais adequado ao ciclo operacional da empresa.

O objetivo básico do Balanço é apresentar o patrimônio da entidade, isto é, seus ativos, passivos e patrimônio líquido em determinado momento.

3.1. Ativo

A RESOLUÇÃO Nº 1121/2008, que aprovou a NBC T 1 - Estrutura Conceitual para a Elaboração e Apresentação das Demonstrações Contábeis.

Ativo é um recurso controlado pela entidade como resultado de eventos passados e do qual se espera que resultem futuros benefícios econômicos para a entidade.

No ATIVO, as contas serão dispostas em ordem decrescente de grau de liquidez dos elementos nelas registrados, nos seguintes grupos:

- ativo circulante; e
- ativo não circulante, composto por ativo realizável a longo prazo, investimentos, imobilizado e intangível.

3.1.1 Ativo circulante

No art. 179, e item I, da Lei nº 6.404/76, consta:

" As contas serão classificadas do seguinte modo:
I - no ativo circulante: as disponibilidades, os direitos realizáveis no curso do exercício social subsequente e as aplicações de recursos em despesas do exercício seguinte."

a) Caixa e equivalentes de caixa, compostos de:

- Caixa.
- Banco conta movimento.
- Aplicações financeiras de curto prazo.

b) Realizáveis ou recebíveis, compostos de:

- Duplicatas a receber
- (-) Provisão para devedores duvidosos
- (-) Duplicatas descontadas
- Adiantamentos
- Aplicações a curto prazo
- Contas a receber
- Outros créditos.

c) Estoques compostos de:

- Produtos acabados
- Mercadorias
- Produtos em elaboração
- Matéria-prima
- Embalagens
- Materiais de consumo
- Importações em andamento

d) Despesas antecipadas:

- Podemos classificar neste grupo também os pagamentos antecipados de:
- assinaturas de jornais e revistas;
- contratos de manutenção;
- encargos financeiros;
- aluguéis pagos antecipadamente;
- prêmio de seguros

3.1.1.1. Critérios de avaliação do ativo circulante

Os elementos do ativo circulante serão avaliados segundo os seguintes critérios:

- As aplicações em instrumentos financeiros:
- pelo seu valor justo, quando se tratar de aplicações destinadas à negociação ou disponíveis para venda; e (Redação dada pela Medida Provisória nº 449, de 2008, hoje Lei nº 11941/2009);
- pelo valor de custo de aquisição ou valor de emissão, atualizado conforme disposições legais ou contratuais, ajustado ao valor provável de realização, quando este for inferior, no caso das demais aplicações e os direitos e títulos de crédito; (Incluída pela Lei nº 11.638, de 2007)

3.1.1.2. Critérios de avaliação dos Estoques

Lei nº 6.404/76 art.183, inciso II, dispõe que os direitos que tiverem por objeto mercadorias e produtos do comércio da companhia, assim como matérias-primas, produtos em fabricação e bens em almoxarifado, pelo custo de aquisição ou produção, deduzido de provisão para ajustá-lo ao valor de mercado, quando este for inferior.

Os estoques de mercadorias, no caso de empresas comerciais, de produtos acabados, em fabricação, material de consumo e matérias-primas, no caso de produtos da indústria, serão avaliados pelo custo de aquisição e de produção. A exceção é por conta da prudência, isto é, se o valor de mercado for menor, deverá ser feito o ajuste ao preço de mercado por meio da provisão.

3.1.1.3. Ajuste a valor presente

Na Lei nº 6.404/76 em seu art. 183, inciso VIII, dispõe que os elementos do ativo decorrentes de operações de longo prazo serão ajustados a valor presente, sendo os demais ajustados quando houver efeito relevante. (Incluído pela Lei nº 11.638 de 2007).

Os procedimentos que devem ser seguidos para o atendimento dessa previsão societária estão detalhados no Pronunciamento Técnico CPC 12, obrigatório para todas as sociedades inclusive para PMEs (Pequenas e Médias Empresas) conforme Resolução CFC nº 1255/2009 que aprovou a NBC T 19.41 - Contabilidade para Pequenas e Médias Empresas.

- **Exemplo de Ajuste a Valor Presente**

Venda pelo valor prefixado de R$ 20.000,00, para ser recebida daqui a 20 meses;
Taxa de juros da operação, 2% ao mês.
Como ficariam os registros contábeis desta operação.

- **Pela transação de venda:**

D – Clientes a receber a longo prazo (não circulante) R$ 20.000,00
C – Receita bruta de vendas (resultado) R$ 20.000,00

- **Pelo registro do ajuste a valor presente no momento em que é realizada a venda:**

D – Receita Bruta de vendas R$ 6.540,60
C – AVP – RF a apropriar (redutora de contas a receber a LP) R$ 6.540,60
VP = 13.459,40
VP = 20.000,00/(1,02^20)
VP = 13.459,40
Receita Financeira a apropriar = R$ 6.540,60
Mês a mês, deve ser feito o recálculo ao valor presente para reconhecimento pelo regime de competência.

Valor presente de clientes no segundo mês.

VP = R$ 13.459,40 x 2% = 269,18

VP = R$ 13.459,40 = R$ 269,18 = R$ 13.728,58

Como acima disposto, os registros contábeis no segundo mês serão:

D – AVP – R.F a apropriar (redutora da conta a receber a L. Prazo) R$ 269,18

C – Receita financeira R$ 269,18

Valor Justo (Fair value)

A avaliação pelo valor justo é aplicada a instrumentos financeiros e títulos de crédito (art. 183 § da Lei nº 6.404/76):

a. pelo seu valor justo quando se tratar de aplicações destinadas à negociação ou disponíveis para venda; e (Redação dada pela Medida Provisória nº 449, de 2008, convertida na Lei nº 11.941, de 2009);
b. pelo valor de custo de aquisição ou valor de emissão, atualizado conforme disposições legais ou contratuais, ajustado ao valor provável de realização, quando este for inferior; no caso das demais aplicações e os direitos e títulos de crédito; (Incluída pela Lei nº 11.638, de 2007).

Para facilitar o entendimento, vamos ver a tabela com resumo dos critérios de avaliação de ativos com indicação da contrapartida de eventuais ajustes ao valor justo.

Considera-se valor justo: (Lei nº 6.404/76 - Artigo 183 - § 1 º alterado pela Lei 11.941/2009)	Avaliação contábil	Contrapartida do ajuste
a) das matérias-primas e dos bens em almoxarifado, o preço pelo qual possam ser repostos, mediante compra no mercado;	Estoque de matéria-prima: Custo de aquisição ou valor justo, dos dois o menor. Exceção para commodities que podem ser ajustadas ao valor de mercado, mesmo que este seja maior	Resultado do exercício
b) dos bens ou direitos destinados à venda, o preço líquido de realização mediante venda no mercado, deduzidos os impostos e demais despesas necessárias para a venda, e a margem de lucro;	Estoque de mercadorias e produtos: Custo de aquisição (mercadorias) ou produção (produtos acabados) ou valor justo, dos dois o menor. Exceção para commodities que podem ser ajustadas ao valor de mercado, mesmo que este seja maior	Resultado do exercício
c) dos investimentos, o valor líquido pelo qual possam ser alienados a terceiros	Investimentos destinados à venda: Custo de aquisição ou valor justo, dos dois o menor	Resultado do exercício
d) dos instrumentos financeiros, o valor que pode se obter em um mercado ativo, decorrente de transação não compulsória realizada entre partes independentes; e, na ausência de um mercado ativo para um determinado instrumento financeiro: (Incluído pela Lei nº 11.638, de 2007)	Instrumentos financeiros destinados à negociação: Valor justo que pode ser maior ou menor que o custo de aquisição	Resultado do exercício
	Instrumentos financeiros disponíveis para venda: Valor justo que pode ser maior ou menor que o custo de aquisição	Patrimônio Líquido - Ajuste de Avaliação Patrimonial
	Instrumentos financeiros mantidos até o vencimento: Valor de custo ajustado de acordo com cláusulas contratuais ou valor justo, dos dois o menor	Resultado do exercício

3.1.2. Ativo não Circulante - Realizável a longo prazo

As contas no ativo realizável a longo prazo **são os direitos realizáveis após o término do exercício seguinte;**

Para a classificação de contas no grupo do realizável a longo prazo, é necessário que os direitos estejam enquadrados em, pelo menos, uma das seguintes situações:

a. Sejam transformados em numerário somente após o término do exercício seguinte, ou após o ciclo operacional da empresa, quando este ultrapassar um exercício social;

b. decorram de situações não relacionadas com as atividades operacionais da empresa que tenham sido praticadas com empresas coligadas ou controladas, diretores, acionistas ou participantes do lucro da empresa.

Conforme disposto, a classificação no realizável a longo prazo depende de dois fatores: tempo e condição do devedor.

3.1.2.1. Despesas antecipadas

Representadas por pagamentos antecipados, cuja prestação de serviço ou os benefícios à empresa ocorrerão a longo prazo.

Podemos classificar neste grupo também os pagamentos antecipados que serão realizados a longo prazo:

- contratos de manutenção;
- encargos financeiros;
- aluguéis pagos antecipadamente;
- prêmio de seguros;
- outros custos ou despesas a longo prazo pagos antecipadamente.

3.1.2.2. Investimentos

São classificados em investimentos:

As participações em outras sociedades poderiam derivar de três hipóteses de participação societária sem o caráter especulativo:

- Investimento em ações de companhia controlada;
- Em companhia coligada;
- Em outras empresas onde não se caracterizariam o controle ou a coligação societária.

Os direitos de qualquer natureza não classificáveis no ativo circulante que não se destinem à manutenção da atividade da empresa seriam:

- Imóveis para renda ou para futuras instalações da empresa;
- Obras de arte;
- Participação em fundos de investimentos fiscais
- (-) Depreciação Acumulada;
- (-) Provisão para perdas em investimentos.

Critérios de avaliação de investimentos
Os critérios de avaliação de investimentos dispostos na legislação societária no art. 183, itens III e II. Os investimentos em geral serão avaliados, como os demais ativos, pelo custo de aquisição, respeitando o princípio do custo histórico como base de valor, ajustado pela provisão, ao valor de mercado se este for o menor, conforme o conservadorismo.

O art. 183, inciso III, ressalva o disposto nos arts. 248 a 250, tratando do critério de avaliação nos casos de avaliação do Investimento em Coligadas e Controladas.

3.1.2.3. Imobilizado

O subgrupo do imobilizado é composto dos direitos de propriedade de bens corpóreos que tenham por objeto a manutenção das atividades da empresa ou que sejam exercidos com essa finalidade.

Os bens e direitos devem possuir as seguintes características:

a. propriedade ou controle da entidade;
b. intenção de permanência;
c. vida útil longa;
d. valor relevante;
e. uso nas atividades operacionais;
f. geração de benefícios futuros.

3.1.2.4. Intangível

No ativo intangível são classificados os direitos que tenham por objeto bens incorpóreos destinados à manutenção da companhia ou exercidos com essa finalidade, inclusive o fundo de comércio adquirido.

Nesse subgrupo devem ser classificados os valores que estavam em outras contas do Ativo Permanente, em conformidade com a legislação anterior, bem como as novas transações que representem bens incorpóreos, como marcas, patentes, direitos de concessão, direitos de exploração, direitos de franquia, direitos autorais, gastos com desenvolvimento de novos produtos, ágio pago por expectativa de resultado futuro (fundo de comércio, ou goodwill).

3.2. Passivo

O Passivo é uma obrigação presente da empresa, derivada de eventos já ocorridos, cuja liquidação se espera que resulte em saída de recursos capazes de gerar benefícios econômicos. O passivo está subdividido em circulante e não circulante.

Na companhia em que o ciclo operacional da empresa tiver duração maior que o exercício social, a classificação no circulante ou não circulante terá por base o prazo desse ciclo.

3.2.1. Passivo Circulante

O Passivo Circulante é representado pelas obrigações exigíveis com vencimentos no curso do exercício social subsequente, ou de acordo com o ciclo operacional da empresa, inclusive financiamentos para aquisição de direitos do ativo não circulante. Ou seja, obrigações com vencimentos até o dia 31 de dezembro do ano posterior ao qual se refere às demonstrações.

Podemos então definir como capital de terceiros.

3.2.1.1. Obrigações Classificadas no Passivo Circulante

As obrigações referentes:

a. compra de mercadorias para revenda, ou compra de matérias-primas a serem usadas no processo produtivo;
b. compra de bens, insumos e outros materiais para uso da empresa;
c. arrendamento financeiro de bens para serem utilizados na atividade operacional da empresa;
d. valores recebidos referente **à** venda para entrega futura;
e. remunerações, comissões e aluguéis devidos pela empresa;
f. despesas apropriadas de acordo com as operações da empresa e ainda não pagas;
g. dividendo a serem pagos aos acionistas;
h. impostos, contribuições e taxas devidos;
i. empréstimos e financiamentos junto a instituições financeiras;
j. provisões efetuadas referente obrigações já incorridas.

3.2.2. Passivo não Circulante

As obrigações exigíveis com vencimentos após o exercício social subsequente, inclusive financiamentos para aquisição de direitos do ativo não circulante. Ou seja, obrigações com vencimentos a partir de 1º de janeiro do ano imediatamente posterior ao ano subsequente ao qual se refere às demonstrações.

3.2.2.1. Obrigações Classificadas no Passivo não Circulante

Obrigações resultantes de:

a. empréstimos e financiamentos de instituições financeiras;
b. empréstimos e financiamentos pela aquisição ou arrendamentos de bens utilizados na atividade operacional da empresa;
c. emissão de debêntures e outros títulos de dívidas;
d. retenções contratuais;
e. impostos de renda e contribuição diferidos para exercícios futuros;

f. provisão para previdência complementar e outras provisões a longo prazo.

Critério de avaliação do passivo

No Balanço patrimonial o passivo é composto de obrigações e tem seu critério de avaliação previsto em lei.

- as obrigações, encargos e riscos, conhecidos ou calculáveis, inclusive imposto de renda a pagar com base no resultado do exercício, serão computados pelo valor atualizado até a data do balanço;
- as obrigações em moeda estrangeira, com cláusula de paridade cambial, serão convertidas em moeda nacional à taxa de câmbio em vigor na data do balanço;
- as obrigações, encargos e riscos classificados no passivo não circulante serão ajustados ao seu valor presente, sendo os demais ajustados quando houver efeito relevante. (Redação dada pela Lei nº 11941/2009)

Ajuste a valor presente – Passivo

A mensuração contábil a valor presente deve ser aplicada no reconhecimento inicial também dos passivos, sendo a quantificação a valor presente realizada em base exponencial pro rata, a partir da origem de cada transação. O ajuste a valor presente será feito mediante criação de conta retificadora (juros a apropriar ou encargos/receitas financeiros a transcorrer) para que não se percam os valores originais.

Para determinação do valor do ajuste, e, portanto, do valor presente de um fluxo de caixa futuro, deve ser observada três informações:

- o valor do fluxo futuro;
- a data que esse fluxo ocorrerá;
- a taxa de desconto que deve ser utilizada.

Exemplo de Ajuste a Valor Presente

Em uma transação de venda de mercadorias a logo prazo, o desconto relativo ao valor presente deverá ser registrado no mesmo momento que for reconhecida a receita de vendas.

Admitindo que uma determinada empresa tenha comprado uma máquina a prazo no valor de $ 80.000,00, a qual será paga em 8 parcelas anuais de $ 10.000,00. A taxa de juros contratada nessa operação é de 15% ao ano.

Exemplo de Ajuste a Valor Presente

A empresa deve contabilizar essa operação da seguinte forma:

D – Máquinas (pelo valor presente no ativo não circulante) 53.848,00

D – Encargos Financeiros a apropriar (redutora do passivo) 26.152,00

C – Financiamento 80.000,00

Memória Matemática:

VP = ((10.000,00) -10.000,00/(1,15^8))*8

No Balanço Patrimonial, a conta Financiamentos deverá ser segregada como segue:

Passivo Circulante	
Financiamentos	$ 10.000,00
Encargos Financeiros a apropriar	$ 1.304,00
Saldo no Passivo Circulante	$ 8.696,00
Passivo não Circulante	
Financiamentos	$ 70.000,00
Encargos Financeiros a apropriar	$ 24.848,00
Saldo no Passivo Circulante	$ 45.152,00

Quando do pagamento da primeira parcela a empresa faria os seguintes lançamentos:

a) Apropriação dos encargos financeiros:

D - Encargos Financeiros (DRE) $ 1.304,00

C - Encargos Financeiros a apropriar $ 1.304,00

Mês a mês, os encargos financeiros a apropriar deverão ser reconhecidos no resultado do período como despesa financeira.

b) Pagamento da parcela do financiamento:

D – Financiamentos $ 10.000,00

C – Caixa ou Bancos $ 10.000,00

3.3. Patrimônio Líquido

Embora o patrimônio líquido seja definido como um valor residual, ele pode ter subclassificações no balanço patrimonial.

Por exemplo, recursos aportados pelos sócios, reservas resultantes de apropriações de lucros e reservas para manutenção do capital podem ser demonstrados separadamente.

Tais classificações podem ser importantes para a tomada de decisão dos usuários das demonstrações contábeis quando indicarem restrições legais ou de outra natureza sobre a capacidade que a entidade apresenta.

3.3.1. Capital social

Representa os recursos aplicados na empresa por seus proprietários.
Com relação ao capital social, dois aspectos merecem destaque:

a. as parcelas do capital pertencentes a pessoas domiciliadas ou com sede no exterior, registradas no Banco Central do Brasil, devem ser apresentadas destacadamente;
b. a conta do capital social discriminará o montante subscrito (já compromissado pelos sócios) e, por dedução, a parcela ainda não realizada, ou seja, ainda não paga pelos sócios.

3.3.1.1. Adiantamento para Futuro Aumento de Capital

Adiantamento ser exclusivamente para aumento de capital e não exigível em qualquer circunstância.
Classificável no patrimônio líquido no subgrupo capital.
Adiantamento com condição de ser devolvido.
Classificável no passivo não circulante.

A Resolução CFC nº 1.159/09 ratificou a classificação dos adiantamentos para futuro aumento de capital no patrimônio líquido, após a conta de capital social, desde que não haja a possibilidade de devolução aos sócios, caso contrário, deverá ser registrado no passivo não circulante.

3.3.2. Reservas

As reservas são oriundas das apropriações de lucros, das subscrições de valores mobiliários e, de modo geral, destinam-se a preservar o capital da empresa e possibilitar sua expansão.

São constituídas por exigência legal, por determinação dos estatutos ou por decisão dos acionistas para atender a certos fins.

As reservas se dividem em dois tipos:

a. Reservas de Capital.
b. Reservas de Lucros.

3.3.3. Reservas de Capital

As reservas de capital são constituídas de valores recebidos pela empresa e que não transitaram pelo resultado como receitas, destinados para reforço do capital social.

As reservas de capital têm sua utilização regulada pela lei e somente poderão ser utilizadas para:

a. absorção de prejuízos que ultrapassem os lucros acumulados e as reservas de lucros;
b. resgate, reembolso ou compra de ações;
c. resgate de partes beneficiárias;
d. incorporação ao capital social;
e. pagamento de dividendo aos titulares de ações preferenciais. (art. 17, § 6º da Lei nº 6404/76, conforme nova redação dada pela Lei 10303/2001)

3.3.4. Ajustes de Avaliação Patrimonial

A conta Ajustes de Avaliação Patrimonial foi introduzida na contabilidade brasileira pela Lei nº 11.638/07 para receber as contrapartidas de aumentos ou diminuições de ativos e passivos a valor justo, enquanto não computadas no resultado do exercício em obediência ao regime de competência.

São registradas nessa conta, por exemplo, as variações de preço de mercado dos instrumentos financeiros, quando destinados à venda futura, e as diferenças no valor de ativos e passivos avaliados a preço de mercado nas reorganizações societárias, podendo o seu saldo ser credor ou devedor.

Ajustes de Avaliação Patrimonial não corresponde a uma reserva uma vez que seus valores não transitaram pelo resultado. Sendo assim, ela não deverá ser considerada quando do cálculo do limite referente à proporção das reservas de lucros em relação ao capital.
Constituição e realização:

a) Atualização do valor dos instrumentos financeiros

Os instrumentos financeiros destinados à venda futura, denominados de disponíveis para venda, terão seus valores atualizados pelo seu valor justo sendo alocados para o resultado quando os ativos forem transferidos para venda imediata.

b) Reorganizações societárias

Assim como ocorre com os instrumentos financeiros, nos casos de cisões, fusões e incorporações os ativos e passivos deverão ser avaliados a valor de mercado, sendo as contrapartidas registradas na conta ajustes avaliação patrimonial, não passando pelo resultado do período.

Exemplo prático

Supondo que determinada empresa tenha adquirido um instrumento financeiro para venda futura, ou seja, classificado como disponível para venda por $ 2.000, que após determinado período renda juros de $ 500 e este instrumento financeiro no mercado esteja valendo o valor de $ 2.800; quando a empresa opta por negociar com terceiros.

	Aquisição do Instrumento Financeiro:	Débito	Crédito
D	Instrumentos Financeiros	2.000	
C	Caixa ou Bancos		2.000
	Registro do juro e atualização a valor de mercado:	Débito	Crédito
D	Instrumentos Financeiros	800	
C	Receitas com juros		500
C	Ajustes de Avaliação Patrimonial		300
	Venda do Instrumento Financeiro:	Débito	Crédito
D	Caixa ou Bancos	2.800	
C	Instrumentos Financeiros		2.800
D	Ajustes de Avaliação Patrimonial	300	
C	GC de Instrumentos Financeiros grupo receitas financeiras		300

VP = 13.459,40

3.3.5. Reservas de lucros

As reservas de lucros são as contas de reservas constituídas pela apropriação de lucros da companhia, como previsto no § 4º do art. 182 da Lei 6.404/76.

No caso de ainda existir lucros após a segregação para pagamentos de dividendos e após a destinação para as diversas reservas de lucros, estes devem ser também distribuídos. (art. 202, § 6º da Lei 6.404/76)

As reservas de lucros subdividem-se nas seguintes:

a) Reserva legal;

b) Reservas estatutárias;

c) Reserva para contingências;

d) Reservas de lucros a realizar;

e) Reserva de incentivos fiscais;

f) Reserva especial para dividendos obrigatórios não distribuídos.

Receita Financeira a apropriar = R$ 6.540,60

Mês a mês, deve ser feito o recálculo ao valor presente para reconhecimento pelo regime de competência.

3.3.6. Reserva legal

A reserva legal será constituída por valor igual a 5% limitada a 20% do capital social.

A companhia pode deixar de constituir reserva legal quando o saldo dessa reserva, acrescido das reservas do capital, exceder a 30% do capital social.

A reserva só poderá ser utilizada para compensar prejuízos ou para aumentar o capital.

O saldo das reservas de lucros, exceto as reservas para contingências e de lucros a realizar, não poderá ultrapassar o capital social; atingindo esse limite, a assembleia deliberará sobre a destinação do excesso. (art. 193 e § 1º do art. 182 da Lei 6404/46)

3.3.7. Reservas estatutárias

As reservas estatutárias deverão seguir as normas do estatuto social, indicando:

- sua finalidade de modo preciso e completo;
- os critérios para determinar a parcela anual dos lucros líquidos que serão destinados à sua constituição.

3.3.8. Reserva para contingências

Constituída através de proposta dos órgãos da administração para:

- destinar parte do lucro líquido à formação de reserva com a finalidade de compensar em exercício futuro diminuição de lucros decorrentes de perdas estimadas futuras.

A reserva será revertida no exercício em que deixarem de existir as razões que justificaram a sua constituição ou em que ocorrer a perda.

3.3.9. Reservas de lucros a realizar

Não é obrigatória. É constituída como uma destinação dos lucros do exercício.

Objetiva evitar que sejam distribuídos lucros ou dividendos obrigatórios sobre a parcela de lucros ainda não realizada financeiramente pela empresa.

Para efeito de constituição poderão ser consideradas as seguintes parcelas:

a. lucro decorrente de aumento do valor do investimento em sociedades coligadas ou controladas e ainda não realizado monetariamente;
b. o lucro, rendimento ou ganho líquidos em operações ou contabilização de ativo e passivo pelo valor de mercado;
c. o lucro em vendas a prazo realizável após o término do exercício seguinte

3.3.10. Reservas de Retenção de Lucros

A empresa para atender a projeto de investimento, poderá reter parte dos lucros do exercício, conforme disciplinado pelo art. 196 da Lei nº 6.404/76, que trata da reserva de Retenção de Lucros.

Essa retenção deverá estar justificada com o orçamento de capital da companhia, ser proposta pela administração e aprovada pela assembleia geral. Entretanto, essa reserva também não pode ser constituída em detrimento do pagamento do dividendo obrigatório (art. 198 da Lei nº 6.404/76).

O orçamento deverá mencionar:

- todas as fontes de recursos e aplicações de capital, fixo ou circulante;
- a duração do projeto que não for superior a cinco exercícios.

3.3.11. Reservas de Incentivos Fiscais

A Reserva de Incentivos Fiscais foi criada pela Lei nº 11.638/07, que adicionou à Lei nº 6.404/76 o artigo 195-A.

Com a inclusão deste artigo, a Lei nº 11.638/07 tem então a extinção da Reserva de Capital Doações e Subvenções para Investimentos.

CPC dispõe que a partir do exercício social de 2008, a Subvenção e Assistência Governamentais, as doações e subvenções recebidas pela companhia deverão transitar pelo resultado, e terão seus registros contábeis determinados em função das condições estabelecidas para recebimento dessas doações e subvenções.

Exemplo:
Determinada empresa recebe uma subvenção de uma prefeitura na forma de um terreno para implantação de seu parque industrial com a condição de geração de 2000 empregos no prazo de 10 anos. Caso a condição seja alcançada no prazo estabelecido, a empresa obterá a propriedade definitiva do imóvel.

Contabilização:

Valor de registro deverá ser pelo valor justo, ou seja, o valor de mercado que a empresa normalmente pagaria para adquirir este imóvel.

D – Imóveis (Imobilizado – Ativo Não Circulante)	$ 300.000
C – Subvenções Sociais Condicionais (Passivo Não Circulante)	$ 300.000

A obtenção do valor justo deverá preferencialmente ser feita com consulta a terceiros, como a registros em cartórios, corretoras de imóveis, entre outros, desde que esteja tudo devidamente documentado e justificado.

Como esta doação está condicionada, deve ser registrada a sua contrapartida no passivo até que sejam implementadas as condições contratuais da subvenção concedida.

Desta forma, ao final dos 10 anos caso tenha atendido às condições estabelecidas a empresa poderá registrar a receita com subvenção.

A obtenção do valor justo deverá preferencialmente ser feita com consulta a terceiros, como a registros em cartórios, corretoras de imóveis, entre outros, desde que esteja tudo devidamente documentado e justificado.

Como esta doação está condicionada, deve ser registrada a sua contrapartida no passivo até que sejam implementadas as condições contratuais da subvenção concedida.

Desta forma, ao final dos 10 anos, caso tenha atendido às condições estabelecidas, a empresa poderá registrar a receita com subvenção.

D – Subvenções Sociais Condicionais (Passivo)	$ 300.000
C – Outras Receitas (Resultado)	$ 300.000

Reservas de Incentivos Fiscais – Tratamento na Realização

Lucro líquido sem a Subvenção	**1.000.000**
Subvenção recebida	**300.000**
LUCRO CONTÁBIL	**1.300.000**
LALUR	
Lucro contábil a ser ajustado no Lalur	**1.300.000**
Ajuste no Lalur – Exclusão	**300.000**
Lucro tributável apurado antes da CSLL	**1.000.000**
(-) Provisão da CSLL	**-90.000**

Adição da CSLL no Lalur	**910.000**
(=) Lucro Líquido antes PIR	**1.000.000**
(-) Provisão IRPJ	**-150.000**
(-) Adicional do IRPJ	**-76.000**

Reservas de Incentivos Fiscais – Tratamento na Realização

Voltando a DRE	
= Lucro Contábil do Exercício	**1.300.000**
(-) Provisão da CSLL	**-90.000**
(-) Total da Provisão para o IRPJ	**-226.000**
= Lucro líquido do Exercício	**984.000**

Destinação para Reserva de Incentivos Fiscais:

D – Lucros Acumulados	**$ 300.000**
C – Reserva de Incentivos Fiscais	**$ 300.000**

Do lucro líquido do exercício ($ 984.000) extrair o valor de $ 300.000 na DMPL e obrigatoriamente constituir uma "Reserva de Incentivos Fiscais" (PL), para efeito de manter o benefício fiscal do imposto de renda previsto no art. 545 do RIR/1999.

3.3.12. Reserva especial para dividendos obrigatórios não distribuídos

A companhia deverá constituir essa Reserva de Lucros quando tiver dividendo obrigatório a distribuir, mas sem condições financeiras para seu pagamento, situação em que se utilizará do previsto nos §§ 4° e 5° do art. 202 da Lei 6.404/76.

Nesse caso, o dividendo deixa de ser pago naquele exercício e, para tanto, já no balanço, dever-se-á apurar o valor do dividendo obrigatório e apropriá-lo para essa reserva especial de lucros a débito de lucros acumulados. Os dividendos serão pagos quando a empresa tiver disponibilidade financeira.

3.3.13. Ações em tesouraria

São denominadas Ações em Tesouraria as aquisições de ações da própria companhia que forem adquiridas pela própria sociedade e sua alienação são transações de capital da companhia com seus sócios, não devendo afetar o resultado. Esta regra pode ser aplicada às sociedades limitadas em relação as suas quotas.

Não é permitido às companhias (abertas ou fechadas) adquirirem suas próprias ações a não ser quando houver:

a. operações de resgate, reembolso ou amortizações de ações;
b. aquisição para permanência em tesouraria ou cancelamento, desde que até o valor do saldo de lucros ou reservas (exceto a legal) e sem diminuição do capital social ou recebimento dessas ações por doação;
c. aquisição para diminuição do capital (limitado às restrições legais).

A Instrução CVM nº 10/80 vedada **à** aquisição das próprias ações, quando:

a. importar diminuição do capital social;
b. requerer a utilização de recursos superiores ao saldo de lucros ou reservas disponíveis, constantes do último balanço;
c. criar, por ação ou omissão, direta ou indiretamente, condições artificiais de demanda, oferta ou preço das ações ou envolver práticas não equitativas;
d. tiver por objeto ações não integralizadas ou pertencentes ao acionista controlador;
e. estiver em curso oferta pública de aquisição de suas ações.

Ações em tesouraria estão limitadas a 10% de cada classe de ações em circulação no mercado, incluindo aquelas mantidas na tesouraria de controladas e coligadas.

Classificação contábil

Para fins de apresentação de Balanço deve ser deduzido da conta de capital ou de reserva, cujo saldo tiver sido utilizado para tal operação durante o período em que tais ações permanecem em tesouraria. Por exemplo:

CAPITAL SOCIAL	
100.000 ações de valor nominal de $ 10,00 cada uma, subscritas e integralizadas.	1.000.000
Menos: Ações em Tesouraria - 5.000 ações, ao custo.	50.000
Capital líquido	950.000

O balanço patrimonial poderá apresentar as ações em tesouraria reduzindo a reserva que for escolhida para tal operação. Sendo optado pela companhia, por exemplo, a aquisição com a utilização da Reserva Estatutária o balanço patrimonial no seu grupo patrimônio líquido poderá ser apresentado como segue.

PATRIMÔNIO LÍQUIDO	
100.000 ações de valor nominal de $ 10,00 cada uma, subscritas e integralizadas.	1.000.000
RESERVA DE CAPITAL	100.000
Reserva legal	25.000
Reserva Estatutária	200.000
Menos: Ações em Tesouraria - 5.000 ações, ao custo.	(50.000)
Patrimônio Líquido	1.275.000

3.3.14. Lucro ou Prejuízos acumulados

Representa a interligação entre Balanço Patrimonial e Demonstração do Resultado do Exercício,

- Utilizada pelas companhias para receber o resultado do período, se positivo, e destiná-la de acordo com as políticas da empresa;

Servirá de contrapartida para as constituições e reversões de reservas de lucros, assim como para a distribuição de dividendos.

Mas, no balanço patrimonial das SAs e SGP, não aparecerá mais.

Nas demais sociedades a conta poderá aparecer também com saldo positivo e terá seu nome completo de Lucros ou Prejuízos Acumulados ou simplesmente Lucros Acumulados.

Modelo do Balanço Patrimonial

EMPRESA MODELO LTDA BALANÇO PATRIMONIAL CNPJ: 00.000.000/0001-91	
1. ATIVO	2. PASSIVO
11. CIRCULANTE	21. CIRCULANTE
111. Disponível	211. Fornecedores
112. Clientes	212. Contas a pagar
113. Estoques	213. Outras Obrigações
114. Despesas antecipadas	214. Provisões
115. Outros Créditos	
	22. NÃO-CIRCULANTE
12. NÃO-CIRCULANTE	
	23. PATRIMÔNIO LÍQUIDO
121. Realizável a Longo Prazo	
131. Investimentos	231. Capital Social
132. Imobilizado	232. Reservas de Capital
133. Intangível	233. Ajustes Avaliação Patrimonial
	234. Reservas de Lucros
	235. (-) Ações em Tesouraria
	236. Prejuízos Acumulados

Capítulo 4

Demonstração de Resultado do Exercício

A Demonstração do Resultado do Exercício (DRE) discriminará (Art. 187 da Lei6.404/76):

I. a receita bruta das vendas e serviços, as deduções das vendas, os abatimentos e os impostos;
II. a receita líquida das vendas e serviços, o custo das mercadorias e serviços vendidos e o lucro bruto;
III. as despesas com as vendas, as despesas financeiras, deduzidas das receitas, as despesas gerais e administrativas, e outras despesas operacionais;
IV. o lucro ou prejuízo operacional, as outras receitas e as outras despesas;
V. o resultado do exercício antes do Imposto sobre a Renda e a provisão para o imposto;
VI. as participações de debêntures, empregados, administradores e partes beneficiárias, mesmo na forma de instrumentos financeiros, e de instituições ou fundos de assistência ou previdência de empregados, que não se caracterizem como despesa;
VII. o lucro ou prejuízo líquido do exercício e o seu montante por ação do capital social.

Vale ressaltar que na determinação do resultado do exercício serão computados:

a. as receitas e os rendimentos ganhos no período, independentemente da sua realização em moeda; e
b. os custos, despesas, encargos e perdas, pagos ou incorridos, correspondentes a essas receitas e rendimentos.

A seguir, temos um exemplo simplificado de Demonstração do Resultado nos moldes legais:

EMPRESA MODELO LTDA DEMONSTRAÇÃO DO RESULTADO DO EXERCÍCIO CNPJ: 00.000.000/0001-91
RECEITA BRUTA
Venda de Mercadorias
Venda de Serviços
(-) DEDUÇÕES DA RECEITA
Tributos sobre vendas
Devoluções de vendas
Descontos Incondicionais
(=) RECEITA LÍQUIDA DAS VENDAS
(-) CUSTOS DAS VENDAS
CMV / CPV / CSP
(=) RESULTADO BRUTO
(-) DESPESAS OPERACIONAIS
Despesas com Vendas
Despesas Administrativas
Resultado Financeiro
Outras Despesas Operacionais
(=) RESULTADO OPERACIONAL LÍQUIDO
(+) OUTRAS RECEITAS
(-) OUTRAS DESPESAS
(=) RESULTADO ANTES DO IRPJ e CSLL
(-) PROVISÃO PARA O IMPOSTO DE RENDA
(-) PROVISÃO PARA CONTRIBUIÇÃO SOCIAL
(=) RESULTADO DEPOIS DO IRPJ e CSLL
(-) PARTICIPAÇÕES
(=) RESULTADO LÍQUIDO DO EXERCÍCIO
RESULTADO POR AÇÃO

4.1. Demonstração do Resultado conforme exigência do CPC

Conforme dispõe o CPC 26, as entidades devem apresentar todos os itens de receita e despesa reconhecidos no período em duas demonstrações: demonstração do resultado do período e demonstração do resultado abrangente do período; esta última começa com o resultado líquido e inclui os outros resultados abrangentes.

A demonstração do resultado do período deve, no mínimo, incluir as seguintes rubricas, obedecidas também as determinações legais:

a. receitas;
b. ganhos e perdas decorrentes de baixa de ativos financeiros mensurados pelo custo amortizado;
c. custos de financiamento;
d. parcela dos resultados de empresas investidas reconhecida por meio do método da
e. equivalência patrimonial;
f. tributos sobre o lucro;
g. um único valor para o total de operações descontinuada;
h. em atendimento à legislação societária brasileira vigente, a demonstração do
i. resultado deve incluir ainda as seguintes rubricas:

g1. custo dos produtos, das mercadorias ou dos serviços vendidos;
g2. lucro bruto;
g3. despesas com vendas, gerais, administrativas e outras despesas e receitas operacionais;
g4. resultado antes das receitas e despesas financeiras;
g5. resultado antes dos tributos sobre o lucro;
g6. resultado líquido do período;

Alguns Pronunciamentos, Interpretações e Orientações especificam se e quando itens anteriormente registrados como outros resultados abrangentes devem ser reclassificados para o resultado do período. Tais ajustes de reclassificação são incluídos no respectivo componente dos outros resultados abrangentes no período em que o ajuste é reclassificado para o resultado líquido do período. Por exemplo, o ganho realizado na alienação de ativo financeiro disponível para venda é reconhecido no resultado quando de sua baixa. Esse ganho pode ter sido reconhecido como ganho não realizado nos outros resultados abrangentes do período ou de períodos anteriores. Dessa forma, os ganhos não realizados devem ser deduzidos dos outros resultados abrangentes no período em que os ganhos realizados são reconhecidos no resultado líquido do período, evitando que esse mesmo ganho seja reconhecido em duplicidade.

As despesas devem ser subclassificadas a fim de destacar componentes do desempenho que possam diferir em termos de frequência, potencial de ganho ou de perda e previsibilidade. Essa análise dever ser proporcionada em uma das duas formas descritas a seguir, obedecidas às disposições legais.

A primeira forma de análise é o **método da natureza da despesa**. As despesas são agregadas na demonstração do resultado de acordo com a sua natureza (por exemplo, depreciações, compras de materiais, despesas com transporte, benefícios aos empregados e despesas de publicidade), não sendo realocados entre as várias funções dentro da entidade. Esse método pode ser simples de aplicar porque não são necessárias alocações de gastos a classificações funcionais. Um exemplo de classificação que usa o método da natureza do gasto é o que se segue:

MÉTODO DA NATUREZA DO GASTO		
Receitas		X
Outras Receitas		X
Variação do estoque de produtos acabados e em elaboração	X	
Consumo de matérias-primas e materiais	X	
Despesa com benefícios a empregados	X	
Depreciações e amortizações	X	
Outras despesas	X	
Total da despesa		(X)
Resultado antes dos tributos		X

A segunda forma de análise é o **método da função da despesa** ou do "custo dos produtos e serviços vendidos", classificando-se as despesas de acordo com a sua função como parte do custo dos produtos ou serviços vendidos ou, por exemplo, das despesas de distribuição ou das atividades administrativas. No mínimo, a entidade divulga o custo dos produtos e serviços vendidos segundo esse método separadamente das outras despesas. Esse método pode proporcionar informação mais relevante aos usuários do que a classificação de gastos por natureza, mas a alocação de despesas às funções pode exigir alocações arbitrárias e envolver considerável julgamento. Um exemplo de classificação que utiliza o método da função da despesa é o seguinte:

MÉTODO DA FUNÇÃO DA DESPESA OU CUSTO DOS PRODUTOS E SERVIÇOS VENDIDOS	
Receitas	X
Custo dos produtos e serviços vendidos	(X)
Lucro bruto	X
Outras receitas	X
Despesas de vendas	(X)
Despesas administrativas	(X)
Outras despesas	(X)
Resultado antes dos tributos	X

As entidades que classifiquem os gastos por função devem divulgar informação adicional sobre a natureza das despesas, incluindo as despesas de depreciação e de amortização e as despesas com benefícios aos empregados.

A escolha entre o método da função das despesas e o método da natureza das despesas depende de fatores históricos e setoriais e da natureza da entidade. Ambos os métodos proporcionam uma indicação das despesas que podem variar, direta ou indiretamente, com o nível de vendas ou de produção da entidade. Dado que cada método de apresentação tem seu mérito conforme as características de diferentes tipos de entidade, este pronunciamento estabelece que, cabe à administração eleger o método de apresentação mais relevante e confiável, atendidas as exigências legais. Entretanto, dado que a informação sobre a natureza das despesas é útil ao prever os futuros fluxos de caixa, é exigida divulgação adicional quando for usada a classificação com base no método da função das despesas.

4.2. Encerramento das contas de resultado

O encerramento das contas de receitas e despesas consiste em fazer um lançamento em todas as contas envolvidas de modo a deixá-las com saldo igual a zero, em contrapartida "Resultado do exercício".

- lucro, ser for credor;
- prejuízo, se for devedor.

Exemplo

	Saldo devedor	Saldo credor
Ativo Circulante		
Caixa	700	
Bancos	17.880	
Aplicações de liquidez imediata	900	
Clientes	33.030	
Estoques	11.950	
Despesas antecipadas	1.000	

Exemplo

Ativo Não Circulante		
Carteira de Investimentos	15.500	
Ativo imobilizado	11.910	
Depreciação acumulada		7.060

Exemplo

Passivo + Patrimônio Liquido		
Fornecedores		22.940
Salários e outras remunerações a empregados		10.000
Encargos sociais a pagar		4.900
Capital social		30.000
Contas de Resultado		
Receita de Vendas		100.000
Receitas de Juros		500
Receitas financeiras		150

Exemplo

Custos dos produtos vendidos	50.000	
Comissões e corretagens	5.000	
Salários e Ordenados	5.000	
Encargos sociais	4.900	
Propaganda e Promoções	800	
Serviços profissionais pagos à pessoas jurídicas	1.500	
Remuneração a Dirigentes	8.000	
Programa de Alimentação do Trabalhador	800	
Transporte de Empregados	600	
Arrendamento e Aluguéis	2.000	
Impostos e Contribuições	3.000	
Encargos de depreciação	1.000	
Despesas com juros	80	
Total	175.550	175.550

	Receitas de Vendas	
		100.000
(1)	100.000	
		-

	Receitas de Juros	
		500
(2)	500	
		-

	Receitas Financeiras	
		150
(3)	150	
		-

Custo dos Produtos Vendidos		
50.000		
	50.000	(4)
-		

Comissões e Corretagens		
5.000		
	5.000	(5)
-		

Salários e Ordenados		
5.000		
	5.000	(6)
-		

Encargos Sociais		
4.900		
	4.900	(7)
-		

Propaganda e Promoções		
800		
	800	(8)
-		

Serviços Profissionais PJ		
1.500		
	1.500	(9)
-		

Remunerações Dirigentes		
8.000		
	8.000	(10)
-		

Programa de Alim. do Trabalhador		
800		
	800	(11)
-		

Transporte de Empregados		
600		
	600	(12)
-		

Arrendamento e Aluguéis		
2.000		
	2.000	(13)
-		

Impostos e Contribuições		
3.000		
	3.000	(14)
-		

Encargos de Depreciação		
1.000		
	1.000	(15)
-		

Despesa com Juros		
80		
	80	(16)
-		

	Resultado do Exercício		
		100.000	(1)
		500	(2)
		150	(3)
(4)	50.000		
(5)	5.000		
(6)	5.000		
(7)	4.900		
(8)	800		
(9)	1.500		
(10)	8.000		
(11)	800		
(12)	600		
(13)	2.000		
(14)	3.000		
(15)	1.000		
(16)	80	-	

	Saldo devedor	Saldo credor
Ativo Circulante		
Caixa	700	
Bancos	17.880	
Aplicações de liquidez imediata	900	
Clientes	33.030	
Estoques	11.950	
Despesas antecipadas	1.000	
Ativo Não Circulante		
Carteira de Investimentos	15.500	
Ativo imobilizado	11.910	
Depreciação acumulada		7.060
Passivo + Patrimônio Liquido		
Fornecedores		22.940
Salários e outras remunerações a empregados		10.000
Encargos sociais a pagar		4.900
Capital social		30.000
Lucros Acumulados		17.970
Total	92.870	92.870

Capítulo 5

Demonstração de Lucros ou Prejuízos Acumulados

5.1. Objetivo

Essa demonstração visa apresentar, de forma clara, o resultado líquido do período, sua distribuição e a movimentação ocorrida no saldo da conta de lucros ou prejuízos acumulados.

Essa demonstração, apesar de não ser obrigatória para as empresas fechadas, é de muita utilidade, pois fornece a movimentação ocorrida durante o exercício nas diversas contas componentes do patrimônio líquido, faz clara indicação do fluxo de uma conta para outra e indica a origem e o valor de cada acréscimo ou diminuição no patrimônio líquido durante o exercício.

5.2. Movimentação da conta lucros ou prejuízos acumulados

A conta de lucros ou prejuízos acumulados pode sofrer débitos e créditos de diversas origens.

Os créditos podem ser originados de:

- ajustes de exercícios anteriores;
- reversões de reservas;
- lucro líquido do exercício.

Os débitos que, em geral, representam apropriação dos lucros podem ser dos seguintes tipos:

- ajustes de exercícios anteriores;
- transferência para reservas;
- dividendos obrigatórios;
- prejuízo do exercício.

Ao final do período, a empresa apresentará lucro ou prejuízo, mas nunca ambos ao mesmo tempo.

5.3. Ajustes de exercícios anteriores

Os ajustes de exercícios anteriores podem ser oriundos de duas fontes:

- mudança de critério contábil;
- erro não imputável ao exercício corrente.

Tais ajustes devem ser contabilizados diretamente na conta de lucros acumulados, de maneira a aumentá-los ou diminuí-los.

Critérios contábeis somente devem ser alterados quando essa mudança ocasionar uma melhora na informação contábil.

5.3.1. Exemplo

Contabilização de despesa com garantias na data de seu pagamento (regime de caixa);

Muda o procedimento passando a contabilizar esse gasto segundo o regime de competência, fazendo a correspondente provisão para garantias.

O pagamento, nesse exercício, das garantias referentes a vendas do exercício anterior deve ser lançado na conta de lucros acumulados e não no resultado do exercício, evitando, assim, elevar o gasto indevidamente nesse resultado.

Supondo que a empresa vem depreciando - taxa de 25% a.a.,

Altera a taxa de depreciação para 20% a.a. em função de nova estimativa do prazo de vida útil do bem.

Se relevante, deve ser indicado em notas explicativas, porém não será contabilizado na demonstração de lucros acumulados e sim no resultado do período.

5.4. Reversão de reservas

As reversões de reservas são importantes porque algumas delas alteram o montante que servirá de base para a apuração do dividendo obrigatório. É o caso, por exemplo, da reserva de contingência.

No caso de Reserva de Contingência não ocorreu o fato gerador na perda, mas há uma probabilidade que venha ocorrer no futuro, como uma enchente.

5.4.1. Transferências para reservas

As transferências para reservas são efetuadas de acordo com as disposições estatutárias, que se baseiam em normas legais e são propostas pela administração.

As reservas estatutárias são aquelas cujos critérios de apuração, finalidades e limites máximos encontram-se claramente definidos nos estatutos.

Temos ainda a reserva legal que deverá ser constituída à base de 5% do lucro líquido (antes de qualquer outra destinação), até o montante de 20% do capital social.

5.5. Destinação dos lucros – dividendos

A apuração do dividendo obedece, na atual legislação, a critérios bem definidos que limitam o poder da administração e das controladoras com relação ao montante a ser distribuído.

O total dos dividendos a serem distribuídos e o montante por ação deverão ser indicados na Demonstração de Lucros ou Prejuízos Acumulados.

Demonstração de Lucros ou Prejuízo Acumulado – Período: --/--/--/ a --/--/--	$
1. Saldo inicial em 01/01- (do período anterior)	
2. (±) Ajuste de exercícios anteriores	
- Efeitos de mudanças de critério contábil – Art. 177 - § 1º	
- Retificação de erros de cálculo de exercícios anteriores	
3. = Saldo Ajustado	
4. (+) Reversão da Reserva para contingência não utilizada	
5. (±) Lucro Líquido ou Prejuízo do Período	
6. (-) Destinação do Lucro:	
- Reserva Legal – Art. 194 – 5% do Lucro Líquido até 20% do capital social	
- Reserva Estatutária – Art. 194 – Critérios Estabelecidos no Estatuto	
- Reserva para contingências – Art. 195	
- Reserva de Lucros a Realizar – Art. 197	
- Lucros Retidos – Art. 196 – para aumento de capital	
- Dividendos obrigatórios – Art. 202	
7. = Saldo final	
8. Dividendo por ação do capital social – art. 186, § 2º.	

5.5.1. Exemplo de elaboração da DLPA

BALANCETE DE VERIFICAÇÃO	$	$
CONTAS DE RESULTADO	DÉBITO	CRÉDITO
Vendas		105.000
Comissões sobre vendas	5.700	
Impostos sobre vendas	18.000	
Publicidade e Propaganda	1.300	
Descontos incondicionais concedidos	1.000	
Receitas Financeiras		900
Custo das Vendas	36.000	
Honorários da Diretoria	12.000	
Salários e Encargos	5.000	
Impostos e Taxas	300	
Depreciações e amortizações	300	
Despesas Administrativas	1.500	
Despesas Financeiras	1.800	
Prejuízo na Venda de Imobilizado	4.000	
Prejuízo na avaliação de controladas	2.400	
Despesa com Imposto de Renda	7.000	
Outras Receitas		5.000
Outras Despesas	1.800	
Receita de dividendos		6.000
Lucro na venda de bens móveis		1.000
Baixa de ativos obsoletos	500	
Total	98.600	117.900

5.6. Vamos elaborar, a título de ilustração

- Demonstração do Resultado do Exercício;
- Demonstração dos Lucros ou Prejuízos Acumulados;
- Demonstração do cálculo dos dividendos e das participações societárias.

Informações adicionais:

Em X08 a provisão para o Imposto de Renda foi calculada a maior em $ 300 por motivos de erro de cálculo. Este erro deverá ser ajustado este ano.

Em X07 foi constituída uma reserva para contingências. Em X09 a causa foi julgada, sendo favorável à empresa. O saldo em 31-12-X08 da reserva para contingências era de $ 4.000.

O estatuto da companhia prevê a constituição da reserva legal e da reserva estatutária (ambas na base de 5% do lucro do exercício).

As participações estatutárias são:

- Empregados 5%
- Administradores 10%

Os prejuízos acumulados no início do exercício de X09 eram de $ 2.900.
Estatuto da companhia prevê a distribuição de um dividendo anual, na base de 30% do Lucro Líquido do exercício, depois das participações e compensações.

O saldo de lucros apurado após ajustes previstos e lei e regras estatutárias foram transferidos para Lucros Retidos – Art. 196 – para aumento de capital.

5.6.1. Apuração do resultado de X09:

DEMONSTRAÇÃO DO RESULTADO DO EXERCÍCIO X09	
RECEITA BRUTA DO OPERACIONAL	105.000
(-) Deduções da Receita Bruta	19.000
Imposto sobres vendas	18.000
Abatimentos e descontos incondicionais	1.000
= RECEITA OPERACIONAL LÍQUIDA	86.000
(-) CUSTOS DAS VENDAS	
Custos das mercadorias	36.000
= RESULTADO OPERACIONAL BRUTO	50.000
(-) DESPESAS OPERACIONAIS	26.100
Despesas Com Vendas	-7.000
Despesas Administrativas	-19.100
(-) DESPESAS FINANCEIRAS LÍQUIDAS	3.300
Despesas Financeiras 1.800	-900
Receitas financeiras 900	-2.400
Resultado da Equivalência Patrimonial	
LUCRO DA ATIVIDADE OPERACIONAL	20.600

OUTRAS RECEITAS E DESPESAS	5.700
Prejuízo na Venda de Imobilizado	-4.000
Outras receitas	5.000
Receitas de dividendos	6.000
Lucro na venda de bens imóveis	1.000
Outras despesas	-1.800
Baixa de ativos obsoletos	-500
= RESULTADO OPERACIONAL ANTES DO IMPOSTO DE RENDA E DA CSLL	26.300
(-) Provisão para Imposto de Renda e Contribuição Social Sobre o Lucro	7.000
= LUCRO LÍQUIDO ANTES DAS PARTICIPAÇÕES	19.300
(-) Participações de Empregados	-835
(-) Participações de Administradores	-1.586
(=) RESULTADO LÍQUIDO DO EXERCÍCIO	16.879

5.6.2. Cálculo das participações nos lucros e os dividendos a distribuir:

CÁLCULO DOS DIVIDENDOS E PARTICIPAÇÕES	PARTICIPAÇÕES	DIVIDENDOS
Saldo inicial de prejuízos acumulados	-2.900	-2.900
Ajuste de exercício anterior	300	300
Prejuízo Acumulado Ajustado	-2.600	-2.600
Reversão da Reserva para Contingência		4.000
Lucro Antes das Participações	19.300	
Lucro Líquido do Exercício		16.879
Reserva Legal		-844
Base de Cálculo	16.700	16.035
Participação de empregados 5%	-835	
Subtotal	15.865	16.035
Participação de administradores 10%	-1.586	
Dividendos - 30%		-4.810

5.6.3. Demonstração de Lucros Acumulados:

DEMONSTRAÇÃO DE LUCROS OU PREJUÍZOS ACUMULADOS - Período X09	
Saldo inicial em 01-01-X09 - (do período anterior)	-2.900
Ajuste de exercícios anteriores	300
Saldo ajustado	-2.600
Reversão da reserva para contingência não utilizada	4.000
lucro líquido do exercício – X09	16.879
(-) Destinação dos lucros:	
Reserva legal	-844
Reserva estatutária	-844
Dividendos obrigatórios	-4.810
Lucros retidos	-10.380
Saldo final	0

Capítulo 6

Demonstração da Mutação do Patrimônio Líquido e Demonstração do Resultado Abrangente do Exercício

De acordo com o Pronunciamento Técnico CPC 26 - Apresentação das Demonstrações Contábeis, as empresas devem apresentar todas as mutações do patrimônio líquido reconhecidas em cada exercício que não representem transações entre a empresa e seus sócios em duas demonstrações:

a. Demonstração do Resultado do Período;
b. Demonstração do Resultado Abrangente do Período;

6.1. Resultados Abrangentes do Exercício

São as mutações do patrimônio líquido que não representam receitas e despesas realizadas;

Alterações que poderão afetar o resultado do período futuramente ou que às vezes permanecerão sem esse trânsito.

A avaliação de um instrumento financeiro avaliado pelo seu valor justo, mas destinado apenas à venda futura tem seu ajuste a esse valor justo reconhecido diretamente no patrimônio líquido, representando outro resultado abrangente, mas um dia transitará para o resultado.

Transferência de saldo da reserva de reavaliação para lucros ou prejuízos acumulados quando permitida;

A realização de um ajuste a valor justo para o resultado;

As duas situações acima não representam mais mutações do valor total do patrimônio líquido, e por isso precisam de evidenciação específica.

A Demonstração do Resultado Abrangente do Exercício (DRA) é elaborada a partir da soma do resultado líquido apresentado na DRE com os outros resultados abrangentes.

Portanto, o Resultado Abrangente Total corresponde à total modificação no patrimônio líquido que não seja constituída pelas transações de capital entre a empresa e seus sócios (aumento ou devolução de capital social, distribuição de lucros ou compra e venda de ações e quotas próprias dos sócios).

Essa demonstração apresenta as receitas, despesas e outras mutações que afetam o patrimônio líquido, mas que não foram reconhecidas ainda na Demonstração do Resultado do Exercício.
Como "outros resultados abrangentes" e, de acordo com o CPC 26 temos:

a. variações na reserva de reavaliação quando permitidas legalmente CPC 27 que trata do Ativo Imobilizado e CPC 04 – que dispõe sobre o Ativo Intangível;
b. ganhos e perdas atuariais em planos de pensão com benefício definido reconhecidos conforme item "93ª" do CPC 33 - Benefícios a Empregados;
c. ganhos e perdas derivados de conversão de demonstrações contábeis de operações no exterior (CPC 02 - Efeitos das Mudanças nas Taxas de Câmbio e Conversão de Demonstrações Contábeis);
d. ajuste de avaliação patrimonial relativo aos ganhos e perdas na remensuração de ativos financeiros disponíveis para venda (ver Pronunciamento Técnico CPC 38 - Instrumentos Financeiros: Reconhecimento e Mensuração);
e. ajuste de avaliação patrimonial relativo à efetiva parcela de ganhos ou perdas de instrumentos de hedge em hedge de fluxo de caixa (ver também CPC 38)".

A Demonstração do Resultado Abrangente pode ser apresentada dentro da DMPL, ou através de relatório próprio. O CPC sugere que se faça uso da apresentação na DMPL.

a. Estrutura mínima da Demonstração do Resultado Abrangente estabelecida pelo CPC 26:
b. resultado líquido do período;
c. cada item dos outros resultados abrangentes classificados conforme sua natureza exceto montantes relativos **à** letra "c";
d. parcela dos outros resultados abrangentes de empresas investidas reconhecidas por meio do método de equivalência patrimonial; e
e. resultado abrangente do período.

6.2. Demonstração das Mutações do Patrimônio Líquido

Não estava incluída entre as demonstrações obrigatórias pela Lei ° 6.404/76, a própria reconhecia a importância dessa demonstração, conforme podemos verificar no § 2° do art. 186, onde fica estabelecido que a Demonstração de Lucros ou Prejuízos Acumulados "poderá ser incluída na Demonstração das Mutações do Patrimônio Líquido."

Sua publicação foi exigida pela CVM em sua Instrução nº 59/86, para as companhias abertas;

Com Deliberação CVM nº 595/09 e Resolução CFC nº 1.185/09, a Demonstração das Mutações do Patrimônio Líquido (DMPL) passa a fazer parte do conjunto completo de demonstrações contábeis. Faz clara indicação do fluxo de uma conta para outra e indica origem e o valor de cada acréscimo ou diminuição do Patrimônio Líquido durante o exercício.

Portanto, para as empresas que avaliam seus investimentos permanentes em coligadas e controladas pelo método da equivalência patrimonial, torna-se de muita utilidade receber dessas empresas investidas tal demonstração, para permitir adequado tratamento contábil das variações patrimoniais no exercício.

O CPC 26 incluiu no conjunto completo de demonstrações contábeis a DMPL cujo conteúdo deverá ser o seguinte:

a. o resultado abrangente do período, apresentando separadamente o montante total atribuível aos proprietários da entidade controladora e o montante correspondente à participação de não controladores;
b. para cada componente do patrimônio líquido, os efeitos das alterações nas políticas contábeis e as correções de erros reconhecidas de acordo com o CPC 23 - Políticas Contábeis, Mudança de Estimativa e Retificação de Erro;
c. para cada componente do patrimônio líquido, a conciliação do saldo no início e no final do período, demonstrando-se separadamente as mutações decorrentes:

1. do resultado líquido;
2. de cada item dos outros resultados abrangentes; e
3. de transações com os proprietários realizadas na condição de proprietário, demonstrando separadamente suas integralizações e as distribuições realizadas, bem como modificações nas participações em controladas que não implicaram perda do controle.

6.2.1. Demonstração das Mutações do Patrimônio Líquido

O CPC 26 estabelece também que deve ser divulgado no Balanço Patrimonial, na Demonstração das Mutações do Patrimônio Líquido ou nas Notas Explicativas:

a) para cada classe de ações do capital:

- a quantidade de ações autorizadas;
- a quantidade de ações subscritas e inteiramente integralizadas, e subscritas, mas não integralizadas;
- o valor nominal por ação, ou informar que as ações não têm valor nominal;

- a conciliação da quantidade de ações em circulação no início e no fim do período;
- os direitos, preferências e restrições associados a essa classe de ações;
- ações ou quotas da entidade mantidas em tesouraria;
- ações reservadas para emissão em função de opções e contratos para a venda;

b) uma descrição da natureza e da finalidade de cada reserva dentro do patrimônio líquido.

De acordo com o mesmo Pronunciamento, deverá ainda ser apresentado na DMPL ou em Notas Explicativas, «o montante de dividendos reconhecidos como distribuição aos proprietários durante o período e o respectivo montante por ação".

O CPC 26 estabelece também que deve ser divulgado no Balanço Patrimonial, na Mutações nas contas patrimoniais.

As contas que formam o Patrimônio Líquido podem sofrer variações por inúmeros motivos, tais como:

a) Itens que afetam o patrimônio total
1. Acréscimo pelo lucro ou redução pelo prejuízo líquido do exercício.
2. Redução por dividendos.
3. Redução por pagamento ou crédito de juros sobre o capital próprio.
4. Acréscimo por reavaliação de ativos (quando permitida por Lei).
5. Acréscimo por doações e subvenções para investimentos recebidos (após transitarem pelo resultado).
6. Acréscimo por subscrição e integralização de capital.
7. Acréscimo pelo recebimento de valor que exceda o valor nominal das ações integralizadas ou o preço de emissão das ações sem valor nominal.
8. Acréscimo pelo valor da alienação de partes beneficiárias e bônus de subscrição.
9. Acréscimo por prêmio recebido na emissão de debêntures (após transitar pelo resultado).
10. Redução por ações próprias adquiridas ou acréscimo por sua venda.
11. Acréscimo ou redução por ajustes de exercícios anteriores.
12. Redução por reversão da Reserva de Lucros a Realizar para a conta de dividendos a pagar.
13. Acréscimo ou redução por outros resultados abrangentes.
14. Redução por gastos na emissão de ações.
15. Ajuste de avaliação patrimonial.
16. Ganhos ou perdas acumulados na conversão etc.

b) Itens que não afetam o total do patrimônio
1. Aumento de capital com utilização de lucros e reservas.
2. Apropriações do lucro líquido do exercício, por meio da conta de Lucros Acumulados, para a for-

mação de reservas, como Reserva Legal, Reserva de Lucros a Realizar, Reserva para Contingência e outras.

3. Reversões de reservas patrimoniais para a conta de Lucros ou Prejuízos Acumulados (conta transitória).
4. Compensação de Prejuízos com Reservas etc.

O CPC 26 – Com seu anexo Retificado nº 1, indica um exemplo de mutação do patrimônio líquido que evidencia a demonstração da conta de Lucros ou Prejuízos Acumulados e apresenta também a demonstração do resultado abrangente trazendo uma nova forma de agrupar as mutações patrimoniais.

Agrupa-as em dois blocos:

a. transações de capital com os sócios;
b. resultados abrangentes.

O grupo dos resultados abrangentes aparece com seus três componentes básicos:

a. resultado líquido do período;
b. outros resultados abrangentes; e
c. reclassificações para o resultado.

No CPC 26, temos a conceituação do Resultado Abrangente.

Resultado abrangente é a mutação que ocorre no patrimônio líquido durante um período que resulta de transações e outros eventos que não derivados de transações com os sócios na sua qualidade de proprietários.

O Pronunciamento determina a separação entre o que pertence aos sócios da entidade controladora e quanto pertence aos sócios não controladores nas controladas como:

Transações de capital com os sócios:

- Aumentos de capital com novos recursos;
- Devolução de capital, distribuição de lucros;
- Gastos com emissão de novo capital;
- Compra de ações ou quotas da própria entidade (ações ou quotas em tesouraria);
- Venda de ações ou quotas em tesouraria;

Os resultados abrangentes, composto pelo resultado líquido do período:

- Demais resultados abrangentes (como os ajustes de avaliação patrimonial por ajustes de certos instrumentos financeiros, as variações cambiais e investimentos no exterior entre outros).
- Reclassificações de resultados abrangentes para o resultado.

6.3. Exemplo:

Um instrumento financeiro disponível para venda ajustado a valor justo;

Teve uma perda, perda essa que não foi reconhecida no resultado e sim diretamente no patrimônio líquido;

Na venda desse instrumento, essa perda é transferida para o resultado:

Debita-se resultado e credita-se a conta de ajuste de avaliação patrimonial onde estava contabilizada a perda.

Podemos verificar de fato que o patrimônio líquido como um todo não se modifica, mas modifica-se o valor do resultado líquido do período.

Desta forma, como o resultado nesse caso foi diminuído, é necessário mostrar o crédito contabilizado na mutação patrimonial para haver a devida compensação e o patrimônio líquido como um todo não se modifica.

6.3.1. Técnica de preparação

A preparação da Demonstração das Mutações do Patrimônio Líquido contemplará de forma sumária e coordenada, a movimentação ocorrida durante o exercício nas diversas contas ou subgrupos do Patrimônio Líquido, isto é, Capital, Reservas de Capital, Reservas de Lucros, Ajustes de Avaliação Patrimonial, Lucros ou Prejuízos Acumulados etc. Essa movimentação deve ser extraída dos registros contábeis.

O CPC 26 introduziu a necessidade de apresentação de pelo menos mais três colunas na estrutura da DMPL, a saber:

- Outros Resultados Abrangentes;
- Patrimônio Líquido dos Sócios da Companhia;
- Participação dos Não Controladores no Patrimônio Líquido das Controladas.

6.3.2. Procedimentos a serem seguidos

A preparação consiste no seguinte:

a. abrir um papel de trabalho, ou uma planilha eletrônica, dividido em colunas;
- no topo de cada coluna, os nomes das contas ou subgrupos;
- reservando espaço na primeira coluna para descrição da natureza das transações;

- reservando outra coluna final para o patrimônio líquido total.

Na Demonstração consolidada há a coluna da subsoma das contas que representam o patrimônio líquido dos sócios da controladora, o que como regra é o patrimônio líquido da própria controladora;

b. saldo de abertura – valor do Balanço final do exercício anterior;
c. adicionar ou subtrair os movimentos ocorridos nas referidas contas, no período;
d. adicionar ou subtrair os movimentos ocorridos nas contas próprias relativas aos resultados abrangentes, começando pelo resultado líquido do período, depois os demais resultados abrangentes e, finalmente, as reclassificações para o resultado;
e. adicionar ou subtrair os movimentos das demais mutações internas do patrimônio líquido;
f. totalizar, ao final, as colunas, cujos saldos devem coincidir com os saldos do Balanço Patrimonial, e totalizar também as linhas.

Descrição das Operações	Capital Social integralizado	Reservas de Capital Opções Outorgadas e ações em tesouraria	Reservas de lucro	Lucros ou prejuízos acumulados	Outros Resultados Abrangentes	Patrimônio Líquido dos sócios da Controladora	Participação dos Não controladores no Pat. Líquido da Controladas	Patrimônio Líquido
Saldos Inicias	1.000.000	80.000	300.000	0	270.000	1.650.000	158.000	1.808.000
Aumento de Capital	500.000	-50.000	-100.000			350.000	32.000	382.000
Gasto com Emissão de Ações		-7.000				-7.000		-7.000
Outorgadas Reconhecidas		30.000				30.000		30.000
A em Tesouraria Adquiridas		-20.000				-20.000		-20.000
A em Tesouraria Vendidas		60.000				60.000		60.000
Dividendos				-162.000		-162.000	-13.200	-175.200
Transações de Capital com os Sócios	500.000					251.000	18.800	269.800
Lucro Líquido do Período				250.000		250.000	22.000	272.000
Ajustes de Inst. Financeiras					-60.000	-60.000		-60.000
Tributos sobre Ajustes Instrumentos Financeiros					20.000	20.000		20.000
Equivalência Patrim. Sobre Ganhos Abrang. De Coligadas					24.000	24.000	6.000	30.000
Ajustes de Conversão do Período					260.000	260.000		260.000
Tributos sobre Ajustes de Conv. Do Período					-90.000	-90.000		-90.000
Outros Res. Abrangentes					154.000	154.000	6.000	160.000
Reclassificação para Resultado - Ajustes de Instrumentos Financeiros					10.600	10.600		10.600
Resultado Abrandente Total					10.600	10.600	28.000	10.600
Constituição de Reservas			140.000	-140.000		0		0
Real da Reserva Reavaliação				78.800	-78.800	0		0
Trubutos sobre Realização da reserva de Reavaliação				-26.800	26.800	0		0
Saldos Finais	1.500.000	93.000	340.000	0	382.600	2.315.600	232.800	2.520.400

6.3.2.1. Em nosso exemplo temos:

O patrimônio líquido consolidado (última coluna):

- $ 1.808.000 para $ 2.520.400 em função de apenas dois conjuntos de fatores:

I - as transações de capital com os sócios, $ 269.800 e o resultado abrangente $ 442.600.

II - Resultado abrangente é formado de três componentes:

a. resultado líquido do período $ 272.000;
b. outros resultados abrangentes $ 160.000;
c. uma reclassificação $ 10.600, para resultado.

É interessante notar que as reclassificações para o resultado do período não alteram, na verdade, o patrimônio líquido total da entidade, mas, por aumentarem ou diminuírem o resultado líquido, precisam ter a contrapartida evidenciada.

No exemplo dado, há uma transferência de $ 10.600 de prejuízo que constava como outros resultados abrangentes para o resultado do período.

- Resultado líquido antes da transferência era de $ 260.600;
- Menos prejuízos de outros resultados abrangentes de $ 10.600 que foram para o resultado;
- Resultado líquido de $ 250.000;
- Saldo dos outros resultados abrangentes, que estava em $ 404.000, passou para $ 414.600.

Transferência do prejuízo de $ 10.600 dos outros resultados abrangentes para o resultado do período não muda, efetivamente, o total do patrimônio líquido, mas como resultado líquido é mostrado pelo valor diminuído dessa importância, é necessário recolocá-la na mutação do patrimônio líquido.

A última linha deverá ser mostrada por $ 272.000, mostrando o lucro líquido consolidado do período.

Devendo ser demonstrado o que pertencente aos sócios da controladora e o pertencente aos que são sócios apenas nas controladas:

No exemplo CPC 26, temos $ 250.000 + $ 22.000, respectivamente nas antepenúltimas e penúltimas colunas.

Mesmo critério de ser adotado em relação ao resultado abrangente total:

No exemplo apresentado: $ 414.600 é a parte dos sócios da controladora e $ 28.000 a parte dos sócios não controladores nas controladas, totalizando $ 442.600 para o período.

- As mutações que aparecem após o resultado abrangente total correspondem a mutações internas do patrimônio líquido, que não alteram, efetivamente, seu total.

Os saldos referentes às mutações internas do patrimônio líquido podem, alternativamente, serem evidenciados em quadros, com suas mutações analiticamente evidenciadas.

Reservas de Capital, Opções Outorgadas e Ações em tesouraria. (1)	Reserva de Excedente de Capital	Gastos com Emissão de Ações	Reserva de Subvenção para investimentos	Ações em Tesouraria	Opções Outorgadas Reconhecidas	Contas do Grupo (1)
Saldos Iniciais	50.000	-5.000	100.000	-70.000	5.000	80.000
Aumento de Capital	-35.000		-15.000			-50.000
Gastos com Emissão de Ações		-7.000				-7.000
Opções Outorgadas Reconhecidas					30.000	30.000
Ações em Tesouraria Adquiridas				-20.000		-20.000
Ações em Tesouraria Vendidas				60.000		60.000
Ações em Tesouraria Vendidas						
Saldos Finais	15.000	-12.000	85.000	-30.000	35.000	93.000

Os saldos referentes às mutações internas do patrimônio líquido podem, alternativamente, serem evidenciados em quadros, com suas mutações analiticamente evidenciadas.

Reservas de Lucros (2)	Reserva legal	Reserva *p/* Expansão	Reserva de Incentivos Fiscais	Contas do Grupo (2)
Saldos Iniciais	110.000	90.000	100.000	300.000
Aumento de Capital			-100.000	-100.000
Constituição de Reservas	12.500	108.500	19.000	140.000
Saldos Finais	122.500	198.500	19.000	340.000

Os saldos referentes às mutações internas do patrimônio líquido podem, alternativamente, serem evidenciados em quadros, com suas mutações analiticamente evidenciadas.

Outros Resultados Abrangentes (3)	Reservas de Reavaliação	Ajustes de Avaliação Patrimonial	Ajustes de Conversão Acumulados	Contas do Grupo (3)
Saldos Iniciais	195.000	125.000	(50.000)	270.000
Ajustes Instrumentos Financeiros		(60.000)		(60.000)
Tributos sobre Ajustes Instrumentos Financeiros		20.000		20.000
Equiv. Patrimonial sobre Ganhos Abrang. de Coligadas		24.000		24.000
Ajustes de Conversão do Período			260.000	260.000
Tributos s/Ajustes de Conversão do Período			(90.000)	(90.000)
Reclassificação Para Resultado – Ajuste de Instrumentos Financeiros.		10.600		10.600
Realização da Reserva Reavaliação	(78.800)			(78.800)
Tributos sobre a Realização da Reserva de Reavaliação	26.800			26.800
Saldos Finais	143.000	119.600	120.000	382.600

Outra versão da mutação patrimonial, onde a demonstração do resultado abrangente global está apresentada na última coluna Modelo também do CPC 26

	Capital Social integral	R. de Capital, Opções Outorgadas e ações em tes.	Reserva de Lucros	Lucros ou prejuízos acumulados	Outros R Abrangente	P. Líquido dos sócios das Controladora	Part dos Não controladores no Pat. Líquido da Controlada	P. Líquido consolidado	DRA Total da Cia.
Saldos Iniciais	1.000.000	80.0000	300.000	-	270.000	1.650.000	158.000	1.808.000	-
Aumento de Capital	500.000	(50.000)	(100.000)	-	-	350.000	32.000	382.000	-
Gastos com Emissão de Ações	-	(7.000)	-	-	-	(7.000)	-	(7.000)	-
Opções Outorgadas Reconhecidas	-	30.000	-	-	-	30.000	-	30.000	-
Ações em Tesouraria Adquiridas	-	(20.000)	-	-	-	(20.000)	-	(20.000)	-
Ações em Tesouraria Vendidas	-	60.000	-	-	-	60.000	-	60.000	-
Dividendos				(162.000)		(162.000)	(13.200)	(175.200)	
Transações de Capital com os Sócios						251.000	18.800	269.800	
Ajustes Inst.Financeiro	-	-	-	-	(60.000)	(60.000)	-	(60.000)	(60.000)
Tributos s/ Ajustes Instrumentos Financeiros					20.000	20.000	-	20.000	20.000
Equiv. Patrim. s/ Ganhos Abrang. de Coligadas	-	-	-	-	24.000	24.000	6.000	30.000	30.000
Ajustes de Conversão do Período	-	-	-	-	260.000	260.000	-	260.000	260.000
Tributos s/Ajustes de Conversão do Período					(90.000)	(90.000)	-	(90.000)	(90.000)
Outros R.Abrangentes					154.000	154.000	6.000	160.000	160.000
Ajustes de Inst. Financ. Reclassificado para resultado	-	-	-	-	10.600	10.600	-	10.600	10.600
Realização da Reserva Reavaliação	-	-	-	78.800	(78.800)		0	-	-
Tributos sobre Real. Res de Reavaliação				(26.800)	26.800		0	-	-
Reclassificações de R. Abrangentes						10.600		10.600	10.600
L. Líquido do Período				260.000		260.000	22.000	272.000	272.000
Const. de Reservas	-	-	140.000	(140.000)	-		0	-	-
Saldos Finais	1.500.000	93.000	340.000	0	382.600	2.315.600	204.800	2.520.400	442.600
Resultado Abrangente dos Não Controladores (6.000 + 22.000)								28.000	
Resultado Abrangente dos Sócios da Controladora									414.600

Capítulo 7

Demonstração do Fluxo de Caixa (DFC)

A Demonstração dos Fluxos de Caixa (DFC) substituiu a Demonstração das Origens e Aplicações de Recursos (DOAR) a partir do exercício encerrado em 31 de dezembro de 2008.

O CPC emitiu o Pronunciamento Técnico CPC 03

Demonstração dos Fluxos de Caixa base para este trabalho, o qual foi complementado com comentários e exemplos.

A Demonstração dos Fluxos de Caixa (DFC), já comprovou ser de extrema utilidade para diversos fins, dada sua simplicidade e abrangência, principalmente no que diz respeito aos aspectos financeiros que envolvem o dia a dia da entidade.

Independente do porte e da natureza operacional da empresa, grande ou pequena, indústria, comércio ou prestadora de serviços, não é possível gerenciá-la sem o acompanhamento do fluxo de caixa.

7.1. A Obrigatoriedade da DFC - 176 da Lei nº 6.404/76:

As seguintes demonstrações financeiras deverão evidenciar com clareza a situação do patrimônio da companhia e as mutações ocorridas no exercício:

I. balanço patrimonial;
II. demonstração dos lucros ou prejuízos acumulados;
III. demonstração do resultado do exercício; e
IV. demonstração dos fluxos de caixa; e (Redação dada pela Lei nº 11.638, de 2007);
V. se companhia aberta, demonstração do valor adicionado. (Incluído pela Lei nº 11.638, de 2007).

A companhia fechada e limitada com patrimônio líquido, na data do balanço, inferior a R$ 2.000.000,00 (dois milhões de reais) não será obrigada à elaboração e publicação da demonstração dos fluxos de caixa. (Redação dada pela Lei nº 11.638, de 2007).

Também estão obrigadas a elaborar a DFC as sociedades limitadas consideradas de grande porte conforme Lei nº 11.638/07 e outras entidades exploradoras de atividades sujeitas a órgãos reguladores, tais como, instituições financeiras, seguradoras, entre outras.

Deve-se entender a movimentação das contas que representam disponibilidades imediatas, como caixa, banco conta movimento disponível, e também aquelas aplicações com vencimento em até 90 dias.

7.2. O Pronunciamento CPC 3 define os seguintes principais termos

- Caixa numerário em espécie e depósitos bancários disponíveis.

- Equivalentes de caixa aplicações financeiras de curto prazo de alta liquidez que são prontamente convertidos em dinheiro;

- Fluxos de caixa
  são as entradas e saídas de caixa e equivalentes de caixa.

- Atividades operacionais:
  São as principais atividades geradoras de receita da entidade e outras atividades diferentes das de investimento e de financiamento.

- Atividades de investimento:
  São as referentes à aquisição e à venda de ativos de longo prazo e de outros investimentos não incluídos nos equivalentes de caixa.

- Atividades de financiamento:
  São aquelas que resultam em mudanças no tamanho e na composição do capital próprio e no endividamento da entidade não classificadas como atividade operacional.

7.3. Relação entre DFC, DRE e Balanço Patrimonial

A DFC segue o regime de caixa, enquanto as demais demonstrações contábeis são elaboradas respeitando-se o regime da competência de exercícios.

7.3.1. Métodos de Elaboração da DFC

Existem dois métodos de elaboração do fluxo de caixa:
- método direto;
- método indireto.

7.3.1.1. Método Direto

Demonstra todos os pagamentos e recebimentos decorrentes da atividade operacional das empresas:

as compras **à** vista, o pagamento das duplicatas decorrentes das compras a prazo, o pagamento das despesas operacionais com salários, encargos, demais despesas administrativas, gerais e comerciais; as vendas **à** vista, o recebimento das duplicatas por vendas a prazo e outros recebimentos decorrentes das atividades sociais da empresa.

As empresas, ao utilizarem o método direto, devem detalhar os fluxos das operações, no mínimo, nas classes seguintes:

1. recebimentos de clientes, incluindo os recebimentos de arrendatários, concessionários e similares;
2. recebimentos de juros e dividendos;
3. outros recebimentos das operações, se houver;
4. pagamentos a empregados e a fornecedores de produtos e serviços, aí incluídos segurança, propaganda, publicidade e similares;
5. juros pagos, impostos pagos e outros pagamentos.

Notas Explicativas: No caso de ser utilizado o método direto deverá ser evidenciado, em notas explicativas, a conciliação deste método com o lucro do período, refletindo de forma segregada, as variações nos saldos das contas Clientes, Fornecedores e Estoques.

7.3.1.2. Método Indireto

Parte do resultado das operações sociais, isto é, o lucro líquido do período, ajustado pelas despesas e receitas que não interferem diretamente no caixa ou disponibilidades da entidade, tais como depreciações, amortizações, exaustões.

É a conciliação entre o lucro líquido e o caixa gerado pelas operações da empresa, devendo:

1. remover do lucro líquido os diferimentos de transações que foram caixa no passado, como gastos antecipados, crédito tributário etc. e todas as alocações no resultado de eventos que podem ser caixa no futuro, como as alterações nos saldos das contas a receber e a pagar do período;

2. remover do lucro líquido as alocações ao período do consumo: depreciação, amortização de intangível e ganhos e perdas na venda de imobilizado; e ganhos e perdas na baixa de empréstimos (atividades de financiamento).

No caso do método indireto, é exigida a evidenciação em Notas Explicativas dos montantes de juros pagos (exceto as parcelas capitalizadas) e os valores do imposto de renda e da contribuição social sobre o lucro líquido pago durante o período.

7.4. Elaboração da DFC - Regra básica para elaboração do método indireto segue

1. registrar o lucro líquido (transcrever da DRE);
2. somar (ou subtrair) os lançamentos que afetam o lucro, mas que não têm efeito no caixa, ou cujo efeito no caixa se reconhece em outro lugar da demonstração ou num prazo muito longo (depreciação, amortização, resultado de equivalência patrimonial despesa financeira de longo prazo etc.);
3. somar (ou subtrair) os lançamentos que, apesar de afetarem o caixa, não pertencem às atividades operacionais (por exemplo, ganho e perda na venda, **à** vista, de imobilizado ou de outro ativo não pertencente ao grupo circulante);
4. somar as reduções nos saldos das contas do Ativo Circulante e Realizável a Longo Prazo vinculadas às operações;
5. subtrair os acréscimos nos saldos das contas do Ativo Circulante e Realizável a Longo Prazo vinculados às operações;
6. somar os acréscimos nos saldos das contas do Passivo Circulante e Exigível a Longo Prazo vinculados às operações;
7. subtrair as reduções nos saldos das contas do Passivo Circulante e Exigível a Longo Prazo vinculadas às operações.

7.4.1. Saldos das contas do AC e RLP vinculadas às operações

- redução nas contas do Ativo Circulante e Realizável a Longo Prazo - o caixa aumenta pelo valor dessa variação negativa em relação ao registro constante na DRE. (SOMA-SE NA DFC)

Exemplo, uma redução em Contas a Receber mostra que foi recebida dos clientes toda a receita de vendas lançada na DRE mais parte das duplicatas já registradas naquela conta (se não tiverem sido baixadas contra as perdas estimadas em créditos de liquidação duvidosa);

- aumento nas contas do Ativo Circulante e Realizável a Longo Prazo - o caixa diminui pelo valor dessa variação positiva em relação ao registro constante na DRE. (DIMINUI-SE NA DFC)

Exemplo, um aumento em Contas a Receber mostra que só foi recebida parte das receitas de vendas.

A outra parte foi vendida a prazo e ativada naquela conta.

7.4.2. Saldos das contas do PC e PELP vinculadas às operações

- aumento nas contas do Passivo Circulante e Exigível a Longo Prazo - significa que os pagamentos em dinheiro foram menores que as respectivas despesas lançadas na DRE. (SOMA-SE NA DFC)

Exemplo, se Fornecedores aumenta é porque não houve desembolso de dinheiro para pagar esse passivo. Logo, foram compradas mais mercadorias a prazo do que as que foram pagas e esse excesso de despesa em relação ao caixa está no CMV. A diferença é compensada indiretamente por meio de seu acréscimo ao lucro;

- redução nas contas do passivo circulante raciocínio inverso ao aumento nas contas do PC e PELP. No caso, o desembolso é maior que a despesa lançada na DRE, devendo o lucro ser abatido da diferença correspondente.(DIMINUI-SE NA DFC))

7.4.3. Estrutura da Demonstração dos Fluxos de Caixa (DFC)

Métodos direto e indireto.

DEMONSTRAÇÃO DOS FLUXOS DE CAIXA **FLUXO DE CAIXA**	
1. Das Atividades Operacionais	
MÉTODO DIRETO	**MÉTODO INDIRETO**
+ Recebimentos de:	Lucro antes dos impostos
Clientes ▪ Vendas a vista	Receitas e Despesas não financeiras + Depreciação
▪ Duplicatas de Vendas a prazo Dividendos de invest. avaliados pelo MEP	+ Amortização + Devedores duvidosos
(-) Pagamentos a: Fornecedores	(-) Receita de equivalência + Despesa de equivalência
▪ Compras a vista ▪ Duplicatas de Compras a prazo	+ Baixa de imobilizado Receitas e despesas não operacionais
Salários e encargos sociais	+ Despesas não operacionais
Despesas diversas	(-) Receitas não operacionais
Impostos indiretos e diretos:	= Lucro líquido financeiro
IPI, ICMS, 155, PIS, Cofins, IRCS Despesas financeiras decorrentes de empréstimos para financiamento de capital de giro.	Acréscimos ou decréscimos em ativos e passivos operacionais # Duplicatas a receber, Estoques, contas diversas, despesas antecipadas, Fornecedores, Impostos e contribuições, salários e encargos e outros
2. Das atividades de Investimentos	
+ Recebimentos de: + Dividendos de investimentos avaliados pelo método de custo + Receitas financeiras + Receita da venda de: Imobilizado Intangíveis Investimentos (-) Pagamentos por aquisição de: Imobilizado Intangíveis Investimentos Despesas financeiras referentes a financiamento de investimento	
3. das Atividades de Financiamentos	
Dos sócios + Integralização de capital (-) Pagamento de dividendos (-) Pagamento de juros sobre capital próprio	
De terceiros: + Novos empréstimos e financiamentos (-) Amortização de empréstimos e financiamentos + Lançamento de debêntures (-) Despesas financeiras não identificadas como atividades operacionais ou de investimentos	
1 + 2 + 3 = aumento ou diminuição de caixa e equivalentes de caixa	
+ Saldo inicial de caixa e equivalentes de caixa + Saldo final de caixa e equivalentes de caixa	

7.4.4 Exemplo

Empresa XYZ S/A, apresentou as seguintes demonstrações, Balanço Patrimonial em X0 e XI e DRE do período XI:

BALANÇO PATRIMONIAL DA IFRS COMÉRCIO LTDA			
	X0	XI	Variação
1. ATIVO	**212.000,00**	**341.750,00**	**129.750,00**
1.1 Ativo Circulante	**195.000,00**	**326.750,00**	**131.750,00**
Caixa e Equivalentes	9.000,00	6.750,00	2.250,00
Duplicatas a Receber	121.000,00	135.000,00	14.000,00
Estoques	65.000,00	185.000,00	120.000,00
1.2 Ativo Não-Circulante	**17.000,00**	**15.000,00**	**- 2.000,00**
Imobilizado	21.000,00	21.000,00	-
(-) Depreciação	4.000,00	6.000,00	2.000,00
2. PASSIVO	**212.000,00**	**341.750,00**	**129.750,00**
2.1 Passivo Circulante	**151.000,00**	**186.840,00**	**35.840,00**
Fornecedores	89.000,00	134.000,00	45.000,00
Financiamentos	25.000,00	12.500,00	12.500,00
Contas a Pagar	18.000,00	2.000,00	16.000,00
IRPJ e CSLL a pagar	19.000,00	23.340,00	4.340,00
PIS e COFINS a pagar	-	5.500,00	5.500,00
ICMS a pagar	-	9.500,00	9.500,00
2.2 Passivo Não-Circulante			
2.3 Patrimônio Líquido	**61.000,00**	**154.910,00**	**93.910,00**
Capital Social	39.000,00	94.000,00	55.000,00
Reservas de Capital	2.000,00	2.000,00	-
Reservas de Lucros	20.000,00	58.910,00	38.910,00

Informações complementares	$
1.Compras:	770.000,00
2. Aumento de Capital com Lucros Acumulados em 30-06-X1:	35.000,00
3. Aumento de Capital em dinheiro em 30-06-X1:	20.000,00
4.Vendas a vista no período de	1.146.000,00
5. Recebimentos de clientes no período	100.000,00
6. Receitas financeiras recebidas	900,00
7. Receitas de investimentos recebidos no período	7.000,00
8. Vendas a prazo no período de	114.000,00
9. Impostos e contribuições pagas no período.	334.750,00
10. Pagamentos de fornecedores	725.000,00
10. Financiamento pago no período	12.500,00
11. Títulos de outras contas pagos no período	16.000,00
12. Despesas administrativas pagas no período	185.100,00
13. Pagamento com despesas de juros	2.800,00

DEMONSTRAÇÃO DO RESULTADO DO EXERCÍCIO	
Receita Operacional Bruta	1.260.000,00
(-) Deduções da Receita Bruta	
Impostos e Contribuições s/ Vendas	330.750,00
= Receita Operacional Líquida	929.250,00
Custos das Mercadorias Vendidas	650.000,00
= Resultado Operacional Bruto	279.250,00
(-) Despesas Operacionais	
Despesas com Vendas	25.000,00
Despesas Administrativas	160.100,00
Encargos de Depreciação	2.000,00
(-) Despesas Financeiras Líquidas	
Despesas Financeiras (900 - 2.800)	1.900,00
Lucro da Atividade Operacional	90.250,00
Outras Receitas e Despesas	
Outras Receitas de Investimentos	7.000,00
= Resultado Op. Antes do IRPJ e CSLL	97.250,00
(-) Provisão para IRPJ e CSLL	23.340,00
= Resultado Líquido do Exercício	73.910,00

Considerando essas duas demonstrações e as informações complementares acima, vamos elaborar a Demonstração do Fluxo de Caixa pelo método direto.

DEMONSTRAÇÃO DO FLUXO DE CAIXA PELO MÉTODO DIRETO	X1
Fluxo de caixa das atividades operacionais	
Recebimentos de clientes	1.246.000,00
Recebimentos de juros	900,00
Pagamentos a fornecedores e empregados	(910.100,00)
Pagamentos de "contas a pagar"	(16.000,00)
Pagamentos de Juros	(2.800,00)
Pagamentos de Tributos	(334.750,00)
Caixa líquido das atividades operacionais (1)	**(16.750,00)**
Fluxos de caixa das atividades de investimento	
Recebimentos relativos à investimento	7.000,00
Caixa líquido usados nas atividades de investimento (2)	**7.000,00**
Fluxo de caixa das atividades de financiamento	
Aumento de capital em dinheiro pelos sócios	20.000,00
Pagamentos de empréstimos	(12.500,00)
Caixa líquido usados nas atividades de financiamentos (3)	**7.500,00**
Aumento líquido de caixa e equivalentes de caixa (1 + 2 + 3)	**(2.250,00)**
Caixa e equivalentes de caixa no início do período	**9.000,00**
Caixa e equivalentes de caixa ao fim do período	**6.750,00**
Variação das contas caixa e equivalentes de caixa	**(2.250,00)**

Considerando essas duas demonstrações e as informações complementares acima, vamos elaborar a DFC pelo método indireto.

DEMONSTRAÇÃO DO FLUXO DE CAIXA PELO MÉTODO INDIRETO	X1
Fluxos de caixa das atividades operacionais	
Lucro líquido do exercício	73.910,00
Ajustes por:	
Depreciação	2.000,00
Resultado não operacional	(7.000,00)
Lucro líquido ajustado	**68.910,00**
Aumento nas contas a receber de clientes e outros	(14.000,00)
Aumento nos estoques	(120.000,00)
Aumento em fornecedores	45.000,00
Diminuição de contas a pagar	(16.000,00)
Aumento de Tributos a Pagar	19.340,00
Caixa líquido proveniente das atividades operacionais	**(10.750,00)**
Fluxos de caixa das atividades de investimento	
Recebimentos relativos à investimento	7.000,00
Caixa líquido proveniente das atividades de investimento	**7.000,00**
Fluxos de caixa das atividades de financiamento	
Aumento de capital social	20.000,00
Pagamentos de empréstimos	(12.500,00)
Caixa líquido proveniente das atividades de financiamento	**7.500,00**
Aumento (diminuição) do caixa e equivalente de caixa (1 + 2 + 3)	**(2.250,00)**
Caixa e equivalente de caixa no início do período	9.000,00
Caixa e equivalente de caixa ao fim do período	6.750,00
Variação das contas caixa e equivalentes de caixa	**(2.250,00)**

Capítulo 8

Demonstração do Valor Adicionado (DVA)

- Identifica a capacidade de geração de riqueza da empresa
- Como essas riquezas foram distribuídas.

Valor Adicionado

- diferença entre o valor das vendas da empresa
- dos insumos adquiridos de terceiros. Assim,
- DRE é a fonte de informação principal para a elaboração da DVA.

A partir das demonstrações de valor adicionado das empresas pode-se obter, dentre outras, as seguintes principais informações:

a. a contribuição da empresa na formação do Produto Interno Bruto (PIB);
b. o nível de contribuição de uma empresa para a riqueza regional ou setorial;
c. verificar a contribuição da empresa à sociedade em geral através de pagamentos de impostos ao governo;
d. as empresas podem medir o nível de participação da mão de obra na geração de sua riqueza.

8.1. Enfoque legal

Várias empresas já vinham divulgando a DVA de forma espontânea. A partir de 2008, essa demonstração passa a ser obrigatória para as companhias abertas em função da Lei nº 11.638/2007 que alterou a Lei nº 6.404/76.

8.2. Enfoque legal e societário

Demonstrações Financeiras, para as companhias abertas e sugerida as demais sociedades e empresários individuais:

I. balanço patrimonial;
II. demonstração dos lucros ou prejuízos acumulados dentro da DMPL;
III. demonstração do resultado do exercício; e

IV. demonstração dos fluxos de caixa; e (Redação dada pela Lei nº 11.638, de 2007)
V. se companhia aberta, demonstração do valor adicionado. (Incluído pela Lei nº 11.638, de 2007)
VI. Demonstração do Resultado Abrangente – DRA – poderá ser incluída dentro da DMPL

8.3. Definições e Conteúdo da DVA - CPC 09

A DVA deve informar aos usuários:

- riqueza criada pela empresa em determinado período;
- a forma como tais riquezas foram distribuídas.

A distribuição da riqueza criada deve ser detalhada:

a. pessoal e encargos;
b. impostos, taxas e contribuições;
c. juros e aluguéis;
d. juros sobre o capital próprio e dividendos;
e. lucros retidos/prejuízos do exercício.

8.3.1. DVA é dividida em duas partes

A primeira demonstra a formação da riqueza;
A segunda a distribuição dessa riqueza.

8.3.2. Formação da riqueza

A riqueza pode ser criada pela própria empresa ou recebida em transferência de outras empresas. Riqueza criada pela própria entidade

Riqueza produzida pela entidade por meio dos seguintes componentes:

- vendas de mercadorias, produtos e serviços;
- outras receitas;
- constituição ou reversão da provisão para créditos de liquidação duvidosa;
- diminuídas dos insumos adquiridos de terceiros:
- custos das matérias-primas, embalagens;
- outros materiais;
- mercadorias, energia, outras utilidades;
- serviços e outros.

8.3.3. Valor adicionado recebido em transferência

Neste item serão incluídas as receitas e resultados gerados por outras entidades e transferidas na forma de resultado de equivalência patrimonial, receitas financeiras, dividendos de investimentos avaliados ao custo, aluguéis, royalties, direitos de franquia, entre outros.

8.3.3.1. Distribuição da riqueza

A segunda parte da DVA deve apresentar de forma detalhada como a riqueza obtida pela entidade foi distribuída.

Principais componentes da distribuição da riqueza gerada:

- Remuneração dos Recursos Humanos - salários e encargos sociais, exceto INSS.
- Remuneração dos Emprestadores de Capital - juros e aluguéis.
- Governo - Impostos, Taxas e contribuições ao INSS.
- Remuneração do Capital Próprio - juros sobre o capital próprio (JSCP), dividendos e lucros.
- Retenções destinadas às reservas.

DESCRIÇÃO	Em milhares R$ 20X1	Em milhares R$ 20X0
1 – RECEITAS		
1.1) Vendas de mercadorias, produtos e serviços		
1.2) Outras receitas		
1.3) Receitas relativas à construção de ativos próprios		
1.4) Provisão para créditos de liquidação duvidosa - Reversão / (Constituição)		
2 - INSUMOS ADQUIRIDOS DE TERCEIROS (inclui os valores dos impostos - ICMS, IPI, PIS e COFINS)		
2.1) Custos dos produtos, das mercadorias e dos serviços vendidos		
2.2) Materiais, energia, serviços de terceiros e outros		
2.3) Perda / Recuperação de valores ativos		
2.4) Outras (especificar)		
3 - VALOR ADICIONADO BRUTO (1-2)		
4 - DEPRECIAÇÃO, AMORTIZAÇÃO E EXAUSTÃO		
5 - VALOR ADICIONADO LÍQUIDO PRODUZIDO PELA ENTIDADE (3-4)		
6 - VALOR ADICIONADO RECEBIDO EM TRANSFERÊNCIA		
6.1) Resultado de equivalência patrimonial		
6.2) Receitas financeiras		
6.3) Outras		
7 - VALOR ADICIONADO TOTAL A DISTRIBUIR (5+6)		

8 - DISTRIBUIÇÃO DO VALOR ADICIONADO (*)		
8.1) Pessoal		
8.1.1 - Remuneração direta		
8.1.2 – Benefícios		
8.1.3 - F.G.T.S		
8.2) Impostos, taxas e contribuições		
8.2.1 – Federais		
8.2.2 – Estaduais		
8.2.3 – Municipais		
8.3) Remuneração de capitais de terceiros		
8.3.1 - Juros		
8.3.2 - Aluguéis		
8.3.3 – Outras		
8.4) Remuneração de capitais próprios		
8.4.1 - Juros sobre o capital próprio		
8.4.2 - Dividendos		
8.4.3 - Lucros retidos / Prejuízo do exercício		

8.4. Instruções para Elaboração

1 – Receitas

1.1 - Venda de mercadorias, produtos e serviços

- inclui os valores dos tributos incidentes sobre essas receitas (por exemplo, ICMS, IPI, PIS e COFINS), ou seja, corresponde ao ingresso bruto ou faturamento bruto, mesmo quando na demonstração do resultado tais tributos estejam fora do cômputo dessas receitas.

1.2 - Outras receitas

- da mesma forma que o item anterior, inclui os tributos incidentes sobre essas receitas.

8.4.1. Receitas relativas à construção de ativos próprios

- inclui os valores relativos à construção de ativos para uso próprio da empresa tais como: materiais, mão de obra, aluguéis, serviços terceirizados entre outros. Para evitar que a depreciação tenha que ser dividida em diversas partes do ativo imobilizado construído, os valores gastos na construção são reconhecidos como receitas na construção de ativos próprios. Simultaneamente, os gastos relativos a essa construção devem ser apropriados na DVA obedecendo-se a natureza de cada um deles.

1.3 - Provisão para créditos de liquidação duvidosa – Constituição/Reversão

- inclui os valores relativos à constituição e reversão dessa provisão.

2 - Insumos adquiridos de terceiros

2.1 - Custo dos produtos, das mercadorias e dos serviços vendidos

- inclui os valores das matérias-primas adquiridas junto a terceiros e contidas no custo do produto vendido, das mercadorias e dos serviços vendidos adquiridos de terceiros; não inclui gastos com pessoal próprio.

2.2 - Materiais, energia, serviços de terceiros e outros

- inclui valores relativos às despesas originadas da utilização desses bens, utilidades e serviços adquiridos junto a terceiros incluindo o, ICMS, IPI, PIS e COFINS, recuperáveis ou não.

2.3 - Perda e recuperação de valores ativos

- inclui valores relativos a ajustes por avaliação a valor de mercado de estoques, imobilizados, investimentos, entre outros.

Também devem ser incluídos os valores reconhecidos no resultado do período, tanto na constituição quanto na reversão de provisão para perdas por desvalorização de ativos, da NBC T 19.10 - Redução ao Valor Recuperável de Ativos (se no período, o valor líquido for positivo, deve ser somado).

3 - Valor adicionado Bruto (1 – 2)

4 - Depreciação, amortização e exaustão

- inclui a despesa ou o custo contabilizado no período.

5 - Valor adicionado líquido produzido pela Entidade (3 – 4)

6 - Valor adicionado recebido em transferência

Representa a riqueza gerada por outras empresas, no entanto recebida em transferências.

6.1 - Resultado de equivalência patrimonial

- o resultado da equivalência pode representar receita ou despesa; se despesa, deve ser considerado como redução ou valor negativo.

6.2 - Receitas financeiras - inclui todas as receitas financeiras, inclusive as variações cambiais ativas, independentemente de sua origem.

6.3 - Outras receitas - inclui os dividendos relativos a investimentos avaliados ao custo, aluguéis, direitos de franquia, etc.

7 – Valor adicionado total a distribuir (5 + 6)

8 - Distribuição do valor Adicionado (soma dos itens 8.1 a 8.4)

8.1 - Pessoal

Este item apresenta de forma detalhada como a riqueza obtida pela entidade foi distribuída, podendo seu valor está apropriado como custo ou despesa na DRE. Os principais componentes dessa distribuição estão apresentados a seguir:

8.1.1 - Remuneração direta

- representada pelos valores relativos a salários, 13° salário, honorários da administração (inclusive os pagamentos baseados em ações), férias, comissões, horas extras, participação de empregados nos resultados, etc.

8.1.2 - Benefícios

- representados pelos valores relativos à assistência médica, alimentação, transporte, planos de aposentadoria, etc.

8.1.3 - FGTS

- representado pelos valores depositados em conta vinculada dos empregados.

8.2 - Impostos, taxas e contribuições

- valores relativos ao imposto de renda, contribuição social sobre o lucro, contribuições ao INSS;
- Para os impostos compensáveis, tais como ICMS, IPI, PIS e COFINS, devem ser considerados apenas os valores devidos ou já recolhidos.

8.2.1 – Federais - inclui os tributos devidos à União,

8.2.2 - Estaduais - inclui os tributos devidos aos Estados;

8.2.3 - Municipais - inclui os tributos devidos aos Municípios.

8.3 - Remuneração de capitais de terceiros

- valores pagos ou creditados aos financiadores externos de capital devendo ser demonstrado na DVA da seguinte forma.

8.3.1 - Juros

- inclui as despesas financeiras, inclusive as variações cambiais passivas, relativas a quaisquer tipos de empréstimos e financiamentos junto a instituições financeiras, empresas do grupo ou outras formas de obtenção de recursos. Inclui os valores que tenham sido capitalizados no período.

8.3.2 – Aluguéis

- inclui os aluguéis (inclusive as despesas com arrendamento operacional) pagos ou creditados a terceiros, inclusive os acrescidos aos ativos.

8.3.3 - Outras

- inclui outras remunerações que configurem transferência de riqueza a terceiros, mesmo que originadas em capital intelectual, tais como royalties, franquia, direitos autorais, etc.

8.4 - Remuneração de capitais próprios

- valores relativos à remuneração atribuída aos sócios e acionistas.

8.4.1 - Juros sobre o capital próprio (JCP)

- inclui os valores pagos ou creditados aos sócios e acionistas por conta do resultado do período

8.4.2 – Dividendos

- inclui os valores distribuídos, pagos ou creditados, aos acionistas e sócios com base no resultado do exercício.

8.4.3 - Lucros retidos e prejuízos do exercício

- inclui os valores relativos ao lucro do exercício destinados às reservas, nos casos de prejuízo, esse valor deve ser incluído com sinal negativo.

8.4.4 – Participação dos não controladores nos lucros retidos

Este item é exclusivo para a DVA consolidada e evidencia a parcela de riqueza obtida pela empresa e destinada aos sócios não controladores.

8.5. Casos Especiais

8.5.1. Depreciação, amortização e exaustão

Como a depreciação, amortização e exaustão incorporam custos ou despesas da empresa, sendo realizada mensalmente e imputada ao resultado deve ser tratada de acordo com os mesmos critérios adotados aos insumos.

8.5.2. Ativos reavaliados ou avaliados ao valor justo

A reavaliação de ativos quando permitida pela legislação e a avaliação de ativos ao seu valor justo provocam alterações na estrutura patrimonial da empresa e, por isso, normalmente requerem o registro contábil dos seus efeitos tributários.

No momento da realização da reavaliação ou da avaliação ao valor justo, deve-se incluir esse valor como "outras receitas" na DVA, bem como se reconhecem os respectivos tributos na linha própria de impostos, taxas e contribuições.

8.5.3. Receitas relativas à construção de ativos próprios

Inclui os valores relativos à construção de ativos para uso próprio da empresa tais como: materiais, mão de obra, aluguéis, serviços terceirizados entre outros. Para evitar que a depreciação tenha que ser dividida em diversas partes do ativo imobilizado construído, os valores gastos na construção são reconhecidos como receitas na construção de ativos próprios. Simultaneamente, os gastos relativos a essa construção devem ser apropriados na DVA obedecendo-se a natureza de cada um deles.

8.5.3.1. Exemplo

Supondo que uma determinada empresa tenha um gasto de $ 300.000 com a construção de um ativo para uso próprio, sendo $ 180.000 referente a materiais adquiridos de terceiros, $ 100.000 de mão de obra e $ 20.000 de juros vinculados **à** obra.

Nesse exemplo, deverá ser computado como receita relativa à construção de ativos próprios o valor de $ 300.000. Simultaneamente $ 180.000 serão informados na DVA como insumos adquiridos de terceiros, desta forma o valor adicionado a distribuir ($300.000 - $ 180.000) será de $ 120.000, sendo o valor de $ 100.000 para pessoal que foi aplicado na obra e $ 20.000 como remuneração de capitais de terceiros.

8.5.4. Distribuição de lucros relativos a exercícios anteriores

A Demonstração do Valor Adicionado está estruturada para ser elaborada a partir da Demonstração do Resultado do período. Dessa forma, comparando as duas demonstrações, comprovamos a consistência entre elas.

No entanto, na DVA, os dividendos distribuídos relativos a lucros de períodos anteriores não são considerados, pois já figuraram como lucros retidos naqueles respectivos períodos.

8.5.5. Substituição tributária

A legislação brasileira, por meio de dispositivos legais próprios, permite a transferência de responsabilidade tributária a um terceiro, desde que vinculado ao fato gerador do tributo. Essa transferência de responsabilidade, que pode ser total ou parcial e tem como finalidade precípua a garantia de recolhimento do tributo, é efetivada de duas formas:

8.5.5.1. Progressiva/Regressiva

8.5.5.2. Regressiva

Na DVA o valor dos impostos incidentes sobre as vendas deve ser considerado pelo valor total, uma vez que foi recolhido pelo próprio comerciante; se o comerciante não fizer jus ao crédito do tributo, o valor recolhido deve ser tratado como custo dos estoques.

Empresa XYZ S/A, apresentou as seguintes demonstrações, Balanço Patrimonial em X0 e XI e DRE do período XI.

BALANÇO PATRIMONIAL DA IFRS INDÚSTRIA E COMÉRCIO LTDA			
	X0	XI	VARIAÇÃO
1. ATIVO	**318.500,00**	**707.133,00**	
1.1 Ativo Circulante	**193.500,00**	**392.533,00**	
Caixa e Equivalentes	9.000,00	93.033,00	+ 84.033,00
Duplicatas a Receber	119.500,00	119.500,00	0,00
(-) PECLD		-5.000,00	- 5.000,00
Estoques	65.000,00	185.000,00	+ 120.000,00
			0,00
1.2 Ativo Não-Circulante	**125.000,00**	**314.600,00**	
Investimentos (MEP)	35.000,00	36.600,00	+ 1.600,00
Imóveis		200.000,00	
Máquina e equipamentos	120.000,00	120.000,00	0,00
(-) Depreciação	-30.000,00	-42.000,00	- 12.000,00
2. PASSIVO	**318.500,00**	**707.133,00**	
2.1 - Passivo Circulante	**257.500,00**	**637.865,00**	
Fornecedores	116.000,00	400.638,00	- 284.638,00
Financiamentos	25.000,00	12.500,00	12.500,00
IPI a Pagar	14.000,00	18.976,00	- 4.976,00
ICMS a pagar	3.500,00	32.259,00	- 28.759,00
IRPJ e CSLL a pagar	19.000,00	35.222,00	- 16.222,00
Dividendos a Pagar	15.000,00	103.270,00	- 88.270,00
Empréstimos	65.000,00	35.000,00	30.000,00
2.2 Passivo Não-Circulante			
2.3 Patrimônio Líquido	**61.000,00**	**69.268,00**	- 8.268,00
Capital Social	39.000,00	39.000,00	0,00
Reservas de Capital	2.000,00	2.000,00	0,00
Reservas de Lucros	20.000,00	28.268,00	- 8.268,00

Informações complementares	$
1.Compras:	894.578,00
2. Icms sobre as compras (894.578,00-81325,27) x 0,17	138.253,00
3. IPI incluído na nota fiscal (894.578,00 – 81.325,00) x 0,10 ou regra de três (894.578,00 x 100/110) x 0,10	81.325,00
Compras líquidas	675.000,00
4. Para simplificar não vamos considerar o pis e cofins, uma vez que se recuperáveis terão o mesmo tratamento do ICMS e IPI.	
5. Vendas 75% das mercadorias disponíveis para venda	1.103.313,00
6. ICMS sobre venda	170.512,00
7. IPI sobre vendas	100.301,00
Vendas liquidas	832.500,00
8. Durante o ano a empresa iniciou uma obra com término em dezembro, sendo $ 160.000,00 materiais aplicados na e 40.000,00 de mão de obra	200.000,00
9. Pagamento de salários	80.000,00
10. INSS	20.640,00
11. FGTS	6.400,00
12. Despesas com energia elétrica.	5.500,00
13. Pagamentos de fornecedores	609.940,00
14. Constituição de provisão para devedores duvidosos	5.000,00
15. Pagamento IPI	14.000,00
16. Pagamento de IRPJ e CSLL	19.000,00
17. Financiamento pago no período	12.500,00
18. Pagamento com despesas de juros	2.800,00
19. Pagamento de dividendos no período	15.000,00
20. Pagamento de empréstimos no período	30.000,00
21. Ganho relativo ao MEP	1.600,00
22. Pagamento do ICMS no período	3.500,00

DEMONSTRAÇÃO DO RESULTADO DO EXERCÍCIO	
Receita Operacional Bruta	1.103.313,00
(-) IPI faturado	100.301,00
Receita Bruta de vendas	1.003.012,00
(-) Deduções da Receita Bruta	
Impostos e Contribuições s/ Vendas	170.512,00
= Receita Operacional Líquida	832.500,00
Custos das Mercadorias Vendidas	555.000,00
= Resultado Operacional Bruto	277.500,00
(-) Despesas Operacionais	132.340,00
Despesas com Salários	80.000,00
Encargos Previdenciários	20.640,00
FGTS	6.400,00
Energia Elétrica	5.500,00
Depreciação do período	12.000,00
Devedores duvidosos	5.000,00
(-) Despesas Financeiras Líquidas	2.800,00
Lucro da Atividade Operacional	145.160,00
Outras Receitas e Despesas	
Outras Receitas de Investimentos	1.600,00
= Resultado Op. Antes do IRPJ e CSLL	146.760,00
(-) Provisão para IRPJ e CSLL	35.222,00
= Resultado Líquido do Exercício	111.538,00
(-) Dividendos a distribuir	103.270,00
= Lucro do Exercício	8.268,00

DESCRIÇÃO	Milhares R$ X1	Milhares R$ X0
1 – RECEITAS	R$ 1.298.313,00	
1.1) Vendas de mercadorias, produtos e serviços	R$ 1.103.313,00	
1.2) Outras receitas	R$ 0,00	
1.3) Receitas relativas à construção de ativos próprios	R$ 200.000,00	
1.4) Provisão para créditos de liquidação duvidosa - Reversão / (Constituição)	-R$ 5.000,00	
2 - INSUMOS ADQUIRIDOS DE TERCEIROS (inclui os valores dos impostos - ICMS, IPI, PIS e COFINS)	901.042,00	
2.1) Custos dos produtos, das mercadorias e dos serviços vendidos	R$ 735.542,00	
2.2) Materiais, energia, serviços de terceiros e outros	R$ 5.500,00	
2.3) Perda / Recuperação de valores ativos		
2.4) Outras (insumos investido no imobilizado)	R$ 160.000,00	
3 - VALOR ADICIONADO BRUTO (1-2)	R$ 397.271,00	
4 - DEPRECIAÇÃO, AMORTIZAÇÃO E EXAUSTÃO	R$ 12.000,00	
5 - VALOR ADICIONADO LÍQUIDO PRODUZIDO PELA ENTIDADE (3-4)	R$ 385.271,00	
6 - VALOR ADICIONADO RECEBIDO EM TRANSFERÊNCIA	R$ 1.600,00	
6.1) Resultado de equivalência patrimonial	R$ 1.600,00	
6.2) Receitas financeiras		
6.3) Outras		
7 - VALOR ADICIONADO TOTAL A DISTRIBUIR (5+6)	R$ 386.871,00	
8 - DISTRIBUIÇÃO DO VALOR ADICIONADO (*)	R$ 386.871,00	
8.1) Pessoal	R$ 126.400,00	
8.1.1 - Remuneração direta	R$ 120.000,00	
8.1.2 – Benefícios		
8.1.3 - F.G.T.S	R$ 6.400,00	
8.2) Impostos, taxas e contribuições	R$ 146.133,00	
8.2.1 – Federais	R$ 89.296,00	
8.2.2 – Estaduais	R$ 56.837,00	
8.2.3 – Municipais		
8.3) Remuneração de capitais de terceiros	R$ 2.800,00	
8.3.1 - Juros	R$ 2.800,00	
8.3.2 - Aluguéis		
8.3.3 – Outras		
8.4) Remuneração de capitais próprios	R$ 111.538,00	
8.4.1 - Juros sobre o capital próprio		
8.4.2 - Dividendos	R$ 103.270,00	
8.4.3 - Lucros retidos / Prejuízo do exercício	R$ 8.268,00	
8.4.4 - Participação dos não-controladores nos lucros retidos (só p/ consolidação)		

8.6. Análise dos Valores Apresentados na DVA

8.6.1 – Receitas

- Venda produção própria, corresponde na DRE, ao faturamento bruto (1.103.313,00), ou seja, o valor da venda incluído o IPI e o ICMS.
- Outras receitas
- Aplicação de capital na construção, ou seja, como na venda de um ativo caracteriza a obtenção de uma receita, (R$ 160.000,00 de insumos e materiais aplicados na obra e R$ 40.000,00 referente parte da folha que foi inserida como custo da obra)
- Perdas estimadas em crédito de liquidação duvidosa – valor da despesa com perdas conforme provisão realizada no período, demonstrada na DRE. (R$ 5.000,00)

8.6.2 - Insumos adquiridos de terceiros

- Custos dos produtos evidenciados de forma diferente da DRE, na DVA acrescidos dos impostos incidentes sobre as compras (IPI, ICMS,PIS e COFINS).
- Custos dos produtos vendidos de $ 555.000,00, constante da DRE, dever**ão** ser acrescidos do ICMS de ($ 555.000,00 x 0,17/0,83) = $ 113.675 e do IPI ($ 555.000,00/0,83 x 10) = $ 66.867,00, totalizando o valor de ($ 555.000,00 + $ 113.675,00 + $ 66.867,00) = $ 735.542,00.
- Materiais, energia, e serviços de terceiros e outros, em nosso exemplo o valor de $ 5.500,00 de energia elétrica, extraído as DRE referente ao consumo no período.

8.6.3 - Valor adicionado bruto

- chega-se ao valor adicionado bruto evidenciando a diferença entre a receita, de $ 1.298.313,00 e os insumos adquiridos de terceiros no valor de $ 901.042,00.
- DEPRECIAÇÃO, AMORTIZAÇÃO E EXAUSTÃO – Em nosso exemplo representa a despesa de depreciação do período de $ 12.000,00.
- VALOR ADICIONADO LÍQUIDO PRODUZIDO PELA ENTIDADE - Diferença entre o valor adicionado bruto menos a depreciação do período registrada como despesa, em nosso exemplo:

3 - VALOR ADICIONADO BRUTO (1-2)	397.271,00
4 - DEPRECIAÇÃO, AMORTIZAÇÃO E EXAUSTÃO	12.000,00
5 - VALOR ADICIONADO LÍQUIDO PRODUZIDO PELA ENTIDADE (3-4)	385.271,00

- VALOR ADICIONADO RECEBIDO EM TRANSFERÊNCIA
- Resultado de equivalência patrimonial - $ 1.600,00, valor extraído da DRE, corresponde à riqueza gerada por outra entidade e recebida em transferência.

8.6.4. – Valor adicionado total a distribuir

Refere-se à riqueza passível de distribuição, ou seja, a riqueza gerada pela empresa acrescida da riqueza recebida em transferência. (5 + 6, que neste exemplo corresponde a R$ 385.271,00 + R$ 1.600,00 = 386.871,00).

8.7. Distribuição do Valor Adicionado

Nada mais é que uma demonstração de como a empresa distribui a riqueza disponível, o somatório da riqueza gerada com a recebida de outras empresas.

8.7.1. Impostos, taxas e contribuições Federais

IRPJ e CSLL, em nosso exemplo o valor de $ 35.222,00, conforme DRE;
INSS de $ 20.640,00;

IPI líquido de $ 33.434,00;

Diferença entre o IPI incidente nas vendas, $ 100.301,00, e o IPI incidente sobre os produtos vendidos no período, $ 33.434,00 ($ 555.000/0,83 x 10% = $ 66.867,00).

Estaduais – ICMS líquido de $ 56.838,00

Diferença entre o ICMS incidente nas vendas, no nosso exemplo o valor de $ 170.512,00, e o ICMS incidente no custo dos produtos vendidos ($ 555.000,00 x 0,17/0,83 = $ 113.675,00) no valor de $ 56.837,00.

Cabe salientar que para a elaboração da DVA, deve ser utilizado o regime de competência, assim os impostos incidentes sobre a venda devem ser confrontados com os impostos incidentes sobre os produtos vendidos e não sobre as compras.

8.7.2. Remuneração de capital de terceiros

8.7.2.1. Juros

Refere-se à despesa financeira do exercício no valor de $ 2.800,00, extraído da DRE, e corresponde ao montante devido a terceiros pela remuneração de capital emprestado.

8.7.2.2. Remuneração de capital próprio

Distribuição de lucros e dividendo correspondente à remuneração dos sócios, em nosso exemplo o valor de $ 103.270,00.

8.7.2.3. Lucros Retidos

Valor correspondente **à** parcela do lucro que não foi distribuída aos proprietários, R$ 111.538,00 – 103.270,00 = $ 8.268,00

8.8. Análise da DVA

A DVA não difere das demais demonstrações contábeis, logo também, então podemos analisar:

Podemos verificar alguns exemplos sobre indicadores de geração de riqueza que podem medir a capacidade da empresa gerar riqueza:

- quociente entre valor adicionado e o ativo total;
- quociente entre valor adicionado e número de empregados;
- quociente entre valor adicionado e patrimônio líquido.

Os indicadores de distribuição de riqueza demonstram como e a quem a riqueza gerada pela empresa foi destinada. São exemplos:

- quociente entre gastos com pessoal e valor adicionado;
- quociente entre gastos com impostos e valor adicionado;
- quociente entre gastos com remuneração de capital de terceiros e valor adicionado;
- quociente entre dividendos e valor adicionado;
- quociente entre lucros retidos e valor adicionado.

8.9. Notas Explicativas

Evidenciar de forma clara e precisa a qualidade e a quantidade de informações que atendam às necessidades dos usuários das demonstrações contábeis, principalmente os externos, em determinado momento.

A publicação de notas explicativas às Demonstrações Contábeis está prevista no § 4º do art. 176 da Lei das Sociedades por Ações. A Lei das Sociedades por Ações mencionou a possibilidade de que quaisquer informações, que são também explicações, estejam expressas por outros quadros analíticos, ou mesmo por outras demonstrações contábeis.

Notas previstas pela lei

O § 5º do art. 176 da Lei das Sociedades por Ações menciona, sem esgotar o assunto, as bases gerais e as notas a serem inclusas nas demonstrações contábeis.

8.10. Notas recomendadas pelo CPC

O CPC 26 - Apresentação das Demonstrações Contábeis, aprovado pela Deliberação CVM nº 595/09 e pela Resolução CPC nº 1.185/09, exigido para os profissionais de contabilidade das entidades não sujeitas a alguma regulação contábil específica, dispõe que as notas explicativas devem:

- apresentar informação acerca da base para a elaboração das demonstrações contábeis e das políticas contábeis específicas utilizadas;
- divulgar a informação requerida pelos Pronunciamentos, Orientações e Interpretações que não tenha sido apresentada nas demonstrações contábeis; e
- prover informação adicional que não tenha sido apresentada nas demonstrações contábeis, mas que seja relevante para sua compreensão.

8.11. CVM

A Comissão de Valores Mobiliários, embasada no § 3º do art. 177 da Lei nº 6.404/76, em complementação às notas explicativas previstas por essa Lei, apresenta exigências sobre a divulgação de diversos assuntos relevantes para efeito de melhor entendimento das demonstrações contábeis:

- Ações em tesouraria
- Adoção de nova prática contábil e mudança de política contábil
- Ajuste a valor presente CPC N. 12
- Arrendamento mercantil (leasing) CPC n. 06
- Ativo biológico e produto agrícola
- Ativo imobilizado
- Ativo intangível

Capítulo 9

Exercício Prático

CAIXA	
R$ 700,00	R$ 25.150,00
49.840,00	R$ 7.560,00
	R$ 1.000,00
	R$ 1.400,00
	R$ 1.965,00
	R$ 1.000,00
	R$ 485,00
	R$ 100,00
	R$ 1.000,00
R$ 50.540,00	R$ 6.837,27
	R$ 46.497,27
	R$ 4.042,73

ESTOQUES	
R$ 11.950,00	
R$ 23.046,90	R$ 18.996,90
R$ 34.996,90	R$ 16.000,00

ICMS A RECUPERAR	
R$ 5.312,50	R$ 5.312,50

PIS E COFINS A RECUPERAR	
R$ 2.890,60	R$ 2.890,60

BANCOS	
R$ 2.000,00	
R$ 600,00	
R$ 2.400,00	
R$ 485,00	
R$ 5.485,00	

APLIC. DE LIQU. IMEDIATA	
R$ 900,00	
R$ 100,00	
R$ 1.000,00	

INVESTIMENTOS	
R$ 15.500,00	
R$ 1.000,00	
R$ 16.500,00	

DUPLICATAS A RECEBER	
R$ 17.690,00	R$ 49.840,00
R$ 50.235,00	
R$ 67.925,00	R$ 18.085,00

DESP. ROYALTIES ANTECIPADOS	
R$ 1.000,00	R$ 1.000,00
R$ 1.000,00	

IMOBILIZADO	
R$ 11.910,00	
R$ 11.820,00	
R$ 23.730,00	

DEPRECIAÇÃO	
	R$ 7.060,00
	R$ 4.390,00
	R$ 11.450,00

PIS S COFINS A PAGAR	
R$ 2.890,60	R$ 4.646,74
	R$ 1.756,14

DIVIDA A LONGO PRAZO	
R$ 1.040,00	R$ 11.040,00
	R$ 10.000,00

IRPJ E CSLL	
R$ 1.400,00	R$ 1.400,00
	R$ 2.159,14

CAPITAL SOCIAL	
	R$ 21.100,00
	R$ 2.400,00
	R$ 23.500,00

FORNECEDORES	
R$ 25.150,00	R$ 8.800,00
	R$ 31.250,00
	R$ 40.050,00
	R$ 14.900,00

ICMS A PAGAR	
R$ 5.312,50	R$ 8.539,95
	R$ 3.227,45

JUROS A PAGAR	
R$ 1.000,00	R$ 1.000,00
	R$ 2.300,00
	R$ 2.300,00

DIVIDA A CURTO PRAZO	
	R$ 4.260,00
	R$ 1.040,00
	R$ 5.300,00

LUCROS ACUMULADOS	
R$ -	R$ 11.250,00
	R$ -

CONTAS DE RESULTADOS

CUSTO DOS PRODUTOS VENDIDOS	
R$ 18.996,90	R$ 18.996,90

ICMS DEDUÇÃO	
R$ 8.539,95	R$ 8.539,95

PIS E COFINS DEDUÇÃO	
R$ 4.646,74	R$ 4.646,74

RECEITA BRUTA DE VENDAS	
R$ 50.235,00	R$ 50.235,00

DESPESAS COM JUROS	
R$ 2.300,00	R$ 2.300,00

DESP. ROYALTIES ANT. REALIZ.	
R$ 1.000,00	R$ 1.000,00

DESPESAS ADMINI9STRATIVAS	
R$ 1.965,00	R$ 1.965,00

GANHOS COM INVESTIMENTOS	
R$ 600,00	R$ 600,00
0	

DESPESAS DEPRECIAÇÃO	
R$ 4.390,00	R$ 4.390,00

APURAÇÃO DO RESULTADO	
R$ 18.996,90	R$ 50.235,00
R$ 8.539,95	R$ 600,00
R$ 4.646,74	
R$ 2.300,00	
R$ 1.965,00	
R$ 1.000,00	
R$ 4.390,00	
R$ 41.838,59	R$ 50.835,00
	R$ 8.996,41
	R$ 2.159,14
LUCRO	R$ 6.837,27

ATIVO X2	PASSIVO X2
R$ 4.042,73	R$ 14.900,00
R$ 5.485,00	R$ 3.227,45
R$ 1.000,00	R$ 1.756,14
R$ 16.000,00	R$ 2.300,00
R$ 16.500,00	R$ 5.300,00
R$ 18.085,00	R$ 10.000,00
R$ 1.000,00	R$ 2.159,14
R$ 23.730,00	R$ 11.250,00
R$ (11.450,00)	R$ 23.500,00
R$ 74.392,73	**R$ 74.392,73**

ATIVO X1	PASSIVO X1
R$ 700,00	R$ 8.800,00
R$ 2.000,00	R$ 1.000,00
R$ 900,00	R$ 1.400,00
R$ 17.690,00	R$ 11.040,00
R$ 11.950,00	R$ 21.100,00
R$ 1.000,00	R$ 11.250,00
R$ 15.500,00	R$ -
R$ 11.910,00	R$ -
R$ (7.060,00)	R$ -
R$ 54.590,00	**R$ 54.590,00**

DCF - METODO DIRETO

Fluxo de Caixa das Atividades Operacionais (valores que realmente refletiram no caixa/equivalente)		X2
(+) Recebimentos de clientes	R$	49.840,00
(-) Pagamentos a fornecedores de mercadorias	R$	(25.150,00)
(-) Pagamentos de Despesas antecipadas	R$	(1.000,00)
(-) Pagamentos de tributos	R$	(1.400,00)
(-) Pagamentos de juros	R$	(1.000,00)
(-) Pagamentos de despesas com vendas e administrativas	R$	(1.965,00)
1. Caixa líquido Proveniente das Atividades Operacionais	**R$**	**19.325,00**
Fluxo de caixa das atividades de investimentos (valores refletidos na conta Caixa caracterizados como financiamento)		
(+) Recebimentos relativos à Investimento	R$	600,00
(-) Compra de ativo imobilizado	R$	(11.820,00)
(-) Aplicação em investimentos	R$	(1.000,00)
2. Caixa Líquido usados nas Atividades de Investimentos	**R$**	**(12.220,00)**
Fluxo de caixa das atividades de financiamento (valores refletidos na conta caixa caracterizados como financiamento)		
(+) Empréstimos obtidos	R$	4.260,00
(+) Aumento de capital em dinheiro pelos sócios	R$	2.400,00
(-) Pagamentos de dividendos/lucros as sócios	R$	(6.837,27)
3. Caixa Líquido usados nas atividades de financiamentos	**R$**	**(177,27)**
Aumento Líquido ao Caixa e Equivalentes de caixa (1 + 2 + 3)	**R$**	**6.927,73**
Caixa e equivalente de caixa no início do período	**R$**	**3.600,00**
Caixa e equivalente de caixa no fim do período	**R$**	**10.527,73**
Variação das contas caixa/bancos/equivalentes	**R$**	**6.927,73**

DCF MÉTODO INDIRETO		
DEMONSTRAÇAO DO FLUXO DE CAIXA PELO METODO INDIRETO		x2
Fluxos de caixa das atividades operacionais		
Lucro líquido do exercício	R$	6.837,27
Ajustes por:		
Depreciação	R$	4.390,00
Resultado não operacional	R$	(600,00)
Lucro liquido ajustado	**R$**	**10.627,27**
Aumento nas contas a receber de clientes e outros	R$	(395,00)
Aumento nos estoques	R$	(4.050,00)
Aumento em fornecedores	R$	6.100,00
Aumento em contas a pagar	R$	1.300,00
Aumento de Tributos a Pagar	R$	5.742,73
Caixa líquido proveniente das atividades operacionais	**R$**	**19.325,00**
Fluxos de caixa das atividades de investimento		
Compra de ativo imobilizado	R$	(11.820,00)
Investimentos realizados	R$	(1.000,00)
Recebimentos relativos à investimento	R$	600,00
Caixa líquido proveniente das atividades de investimento	**R$**	**(12.220,00)**
Fluxos de caixa das atividades de financiamento		
Aumento de capital social	R$	2.400,00
Empréstimos realizados	R$	4.260,00
Pagamento de lucros ao sócios	R$	(6.837,27)
Caixa líquido proveniente das atividades de financiamento	**R$**	**(177,27)**
Aumento (dimuição) do caixa e equivalente de caixa (1 + 2 + 3)	**R$**	**6.927,73**
Caixa e equivalente de caixa no início do período	R$	3.600,00
Caixa e equivalente de caixa ao fim do período	R$	10.527,73
Variação das contas caixa e equivalentes de caixa	**R$**	**6.927,73**

9.1. Análise da DFC

O QUE DO LUCRO FOI INTERNALIZADO PELA EMPRESA

Pelo método indireto, observa-se que apesar de a empresa ter tido um lucro líquido de $ 6.837,27 ela conseguiu internalizar $ 10.627,27 de recursos (lucro líquido + depreciação do lucro na venda de imobilizado) para girar em seus negócios.

CAIXA DAS ATIVIDADES OPERACIONAIS

Nossa conta de Clientes, líquida da PECLD, aumentou $ 395,00. Isso significa que, desses $ 10.627,27 contábeis, apenas $ 395,00 não viraram caixa; assim, estamos com (+) $ 10.232,27. Como houve um aumento em Fornecedores, ou seja, deixamos de pagar $ 6.100,00, chegando no caixa de $ 16.332,27. Tivemos aumento em estoque no valor de $ 4.050,00 e, neste caso, reduzindo nosso caixa para $ 12.282,27, o aumento em contas a pagar de $ 1.300,00 bem como aumento de tributos a pagar de R$ 5.742,73, desta forma o caixa das atividades operacionais foi de $ 19.325,00.

EQUILÍBRIO FINANCEIRO

Podemos concluir que a atividade operacional está sendo financiada dentro do ciclo financeiro da empresa. Desta forma não existe desequilíbrio nos prazos do ciclo financeiro da empresa, já que o aumento de Fornecedores de $ 6.100,00 poderá ser garantido com nossos estoques e contas a receber, pois temos financiado apenas $ 1.655,00 de fornecedores (6.100 - 395 + 4.050 = 1.655,00).

Caixa líquido das atividades de investimentos

Por outro lado, nossas atividades de investimento apresentaram déficit líquido de caixa, de $ 12.220,00, sendo comum, nesta situação, uma vez que a empresa está expandindo seu imobilizado. No entanto, a empresa ainda fez um investimento de $ 1.000,00, recebendo o valor de $ 600,00 referente ao investimento.

Caixa líquido das atividades de Financiamentos

O investimento realizado no imobilizado exigiu da empresa um financiamento junto a terceiros no valor de $ 4.260,00, para a realização desta operação, obtendo, ainda, dos sócios, o valor de $ 2.400,00, referente ao aumento de capital.

Com esta operação, a empresa pode ainda pagar lucros aos sócios no valor de $ 6.837,27, uma vez que ainda possui uma reserva de lucro no seu PL.

Podemos observar que pelo método direto, e os juros pagos, de $ 1.000, foram classificados nas atividades operacionais. Se essa transação fosse reclassificada para as atividades de financiamento ($ 1.000), como faculta a norma do IASB, a movimentação líquida de caixa dos três grupos seria diferente.

Devemos estar cientes que o caixa líquido gerado pelas operações, assim como o lucro, independe de como os ativos são financiados; logo, a classificação dos juros pagos no grupo das operações pode não ser o procedimento mais adequado.

Do mesmo modo, nos casos de juros recebidos por aplicação em títulos patrimoniais ou não patrimoniais de outras entidades estariam melhores classificados nas atividades de investimento.

Desta forma, a não consideração desses aspectos pode levar a uma análise distorcida do desempenho financeiro da empresa.

Aumento das Disponibilidades

O aumento líquido das disponibilidades no período, de $ 6.927,73, parece adequado aos negócios da empresa. A gestão financeira está boa, pois a empresa apenas obteve um empréstimo para aquisição de imobilizado. Portanto, **não usou outro tipo de captação, de investidores e credores.**

Deve ser observado que a empresa manteve em caixa de banco, dinheiro parado, no valor de $ 9.527,73, deixando de ser aplicado para compensar os juros referentes ao financiamento do imobilizado ou até mesmo quitando o financiamento.

Das Informações obtidas através da DFC

As informações obtidas através da DFC, seja pelos volumes brutos de dinheiro movimentados nas operações, conforme demonstrado no método direto, ou pelas variações nas contas operacionais ativas e passivas, como mostrado no método indireto, isoladas ou em conjunto com a DRE, permitem aos usuários da contabilidade estimativas claras dos fluxos futuros de caixa da entidade, estimativas serão fundamentais para as tomadas de decisões econômicas sobre a empresa.

DEMONSTRAÇÃO DO VALOR ADICIONADO	
DESCRIÇÃO	Em milhares R$ 20X2
1 – RECEITAS	
1.1) Vendas de mercadorias, produtos e serviços	50.235,00
1.2) Outras receitas	
1.3) Receitas relativas à construção de ativos próprios	0
1 4) Provisão para créditos de liquidação duvidosa - Reversão / (Constituição)	0
2 - INSUMOS ADQUIRIDOS DE TERCEIROS (inclui os valores dos impostos - ICMS, IPI, PIS e COFINS)	
2.1) Custos dos produtos, das mercadorias e dos serviços vendidos	27.200,00
2.2) Materiais, energia, serviços de terceiros e outros	
2.3) Perda / Recuperação de valores ativos	
2.4) Outras (especificar)	
3 - VALOR ADICIONADO BRUTO (1-2)	23.035,00
4 - DEPRECIAÇÃO, AMORTIZAÇÃO E EXAUSTÃO	4.390,00
5 - VALOR ADICIONADO LÍQUIDO PRODUZIDO PELA ENTIDADE (3-4)	18.645,00
6 - VALOR ADICIONADO RECEBIDO EM TRANSFERÊNCIA	
6.1) Resultado de equivalência patrimonial	
6.2) Receitas financeiras	600,00
6.3) Outras	
7 - VALOR ADICIONADO TOTAL A DISTRIBUIR (5+6)	19.245,00

8 - DISTRIBUIÇAO DO VALOR ADICIONADO (*)	19.245,00
8.1) Pessoal	
8.1.1 - Remuneração direta	1.965,00
8.1.2 – Benefícios	
8.1.3 - F.G.T.S	
8.2) Impostos, taxas e contribuições	
8.2.1 – Federais	3.915,28
8.2.2 – Estaduais	3.227,45
8.2.3 – Municipais	
8.3) Remuneração de capitais de terceiros	
8.3.1 - Juros	2.300,00
8.3.2 - Aluguéis	
8.3.3 – Outras	1.000,00
8.4) Remuneração de capitais próprios	
8.4.1 - Juros sobre o capital próprio	
8.4.2 - Dividendos	6.837,27
8.4.3 - Lucros retidos / Prejuízo do exercício	
8.4.4 - Participação dos não-controladores nos lucros retidos (só p/ consolidação)	

Das Informações obtidas através da DFC

As informações obtidas através da DFC, seja pelos volumes brutos de dinheiro movimentados nas operações, conforme demonstrado no método direto, ou pelas variações nas contas operacionais ativas e passivas, como mostrado no método indireto, isoladas ou em conjunto com a DRE, permitem aos usuários da contabilidade estimativas claras dos fluxos futuros de caixa da entidade, as estimativas serão fundamentais para as tomadas de decisões econômicas sobre a empresa.

Seja pelos volumes brutos de dinheiro movimentados nas operações, conforme demonstrado no método direto;

Ou pelas variações nas contas operacionais ativas e passivas, como mostrado no método indireto;
A DVA pode ser analisada isoladamente ou em conjunto com a DRE, permitindo aos usuários da contabilidade estimativas claras dos fluxos futuros de caixa da entidade, estimativas que serão fundamentais para as tomadas de decisões econômicas sobre a empresa.

As informações contidas na DVA são úteis para entender a relação da empresa com a sociedade por meio da sua participação da formação de riqueza e como foi distribuída esta riqueza entre empregados, financiadores, governo e detentores de capital.

Com base em nosso exercício vamos calcular alguns indicadores de geração de riqueza que fornecem informações sobre a capacidade da empresa em gerar riqueza.

9.2. Análise da DVA – Indicadores de Geradores de Riquezas

Valor adicionado e ativo total

- valor adicionado = 19.245,00
- valor do ativo total = 74.392,73

Q = 19.245,00/74.392,73 = 0,2586

Em nosso exemplo, nosso ativo participa com 26% na geração da riqueza gerada neste período.

Quociente entre valor adicionado e número de empregados (em nosso exemplo não temos número de empregados);

Quociente entre valor adicionado e patrimônio líquido.

- valor adicionado = 19.245,00
- valor do ativo total = 34.750,00

Q = 19.245,00/34.750,00 = 0,5538

Em nosso exemplo, nosso Patrimônio Líquido participa com 56% na geração da riqueza gerada neste período.

Quociente entre valor adicionado e número de empregados (em nosso exemplo não temos número de empregados);

Quociente entre valor adicionado e patrimônio líquido.

- valor adicionado = 19.245,00
- valor do ativo total = 34.750,00

Q = 19.245,00/34.750,00 = 0,5538

Em nosso exemplo, nosso Patrimônio Líquido participa com 56% na geração da riqueza gerada neste período.

Os indicadores de distribuição de riqueza demonstram como e a quem a empresa destina a riqueza criada.

Quociente entre gastos com pessoal e valor adicionado;

- valor adicionado = 19.245,00
- valor gasto com pessoal = 1.965,00

Q = 1.965,00/19.245,00 = 0,1021

Em nosso exemplo, o gasto com pessoal consome 10% da riqueza gerada pela empresa neste período.

Quociente entre gastos com impostos e valor adicionado;

- valor adicionado = 19.245,00
- valor gasto com impostos = 7.142,73

Q = 7.142,73/19.245,00 = 0,3711

Em nosso exemplo, o gasto com impostos consome 37% da riqueza gerada pela empresa neste período.

Quociente entre gastos com remuneração de capital de terceiros e valor adicionado;

- valor adicionado = 19.245,00
- valor gasto com remuneração de capital de terceiros = 4.300,00

Q = 4.300,00/19.245,00 = 0,2234

Em nosso exemplo, o gasto com remuneração de capital de terceiros consome 22% da riqueza gerada pela empresa neste período.

Quociente entre dividendos e valor adicionado;

- valor adicionado = 19.245,00
- valor gasto com pagamento de dividendos = 6.837,27

Q = 6.837,27/19.245,00 = 0,3552

Em nosso exemplo, o gasto com pagamento de lucros e dividendos consome 35% da riqueza gerada pela empresa neste período.

Quociente entre lucros retidos e valor adicionado.

Em nosso exemplo, no período, **não tivemos lucros retidos.**

Capítulo 10

Notas Explicativas e outras Evidenciações

As Notas explicativas contêm informações adicionais em relação às apresentadas nas demonstrações contábeis. As notas explicativas oferecem descrições narrativas ou segregações e aberturas de itens divulgados nessas demonstrações e informação acerca de itens que não se enquadram nos critérios de reconhecimento nas demonstrações contábeis.

10.1. Notas Explicativas Conforme Exigência Legal

I. Obedecendo ao que dispõem o parágrafo 5º do artigo 176 da Lei 6.404/76, as Notas Explicativas devem:

II. apresentar informações sobre a base de preparação das demonstrações financeiras e das práticas contábeis específicas selecionadas e aplicadas para negócios e eventos significativos;

III. divulgar as informações exigidas pelas práticas contábeis adotadas no Brasil que não estejam apresentadas em nenhuma outra parte das demonstrações financeiras;

IV. fornecer informações adicionais não indicadas nas próprias demonstrações financeiras e consideradas necessárias para uma apresentação adequada; e

V. indicar:
   a. os principais critérios de avaliação dos elementos patrimoniais, especialmente estoques, dos cálculos de depreciação, amortização e exaustão, de constituição de provisões para encargos ou riscos, e dos ajustes para atender a perdas prováveis na realização de elementos do ativo;
   b. os investimentos em outras sociedades, quando relevantes;
   c. o aumento de valor de elementos do ativo resultante de novas avaliações;
   d. os ônus reais constituídos sobre elementos do ativo, as garantias prestadas a terceiros e outras responsabilidades eventuais ou contingentes;
   e. a taxa de juros, as datas de vencimento e as garantias das obrigações a longo prazo;
   f. o número, espécies e classes das ações do capital social;
   g. as opções de compra de ações outorgadas e exercidas no exercício;
   h. os ajustes de exercícios anteriores; e
   i. os eventos subsequentes à data de encerramento do exercício que tenham, ou possam vir a ter, efeito relevante sobre a situação financeira e os resultados futuros da companhia.

10.2. Notas Explicativas conforme exigência do CPC

De maneira geral, os CPCs recomendam que todas as informações relevantes para o entendimento das demonstrações contábeis devem constar em notas explicativas.

Segundo o CPC 26, as notas explicativas devem:

a. apresentar informação acerca da base para a elaboração das demonstrações contábeis e das políticas contábeis específicas utilizadas;
b. divulgar a informação requerida pelos Pronunciamentos, Orientações e Interpretações que não tenha sido apresentada nas demonstrações contábeis; e
c. prover informação adicional que não tenha sido apresentada nas demonstrações contábeis, mas que seja relevante para sua compreensão.

As notas explicativas devem ser apresentadas, tanto quanto seja praticável, de forma sistemática. Na determinação de forma sistemática, a entidade deve considerar os efeitos sobre **e comparabilidade** das suas demonstrações contábeis. Cada item das demonstrações contábeis deve ter referência cruzada com a respectiva informação apresentada nas notas explicativas.

As notas explicativas devem ser agrupadas no sentido de auxiliar os usuários a compreender as demonstrações contábeis e a compará-las com demonstrações contábeis de outras entidades. Exemplos de ordenação ou agrupamento sistemático das notas explicativas incluem:

a. dar destaque para as áreas de atividades que a entidade considera mais relevantes para a compreensão do seu desempenho financeiro e da posição financeira, como agrupar informações sobre determinadas atividades operacionais;
b. agrupar informações sobre contas mensuradas de forma semelhante, como os ativos mensurados ao valor justo; ou
c. seguir a ordem das contas das demonstrações do resultado e de outros resultados abrangentes e do balanço patrimonial, tais como:
    c1. declaração de conformidade com os Pronunciamentos Técnicos, Orientações e Interpretações do CPC;
    c2. políticas contábeis significativas aplicadas;
    c3. **informação de suporte de itens apresentados nas demonstrações contábeis pela ordem em que cada demonstração e cada rubrica sejam apresentadas**; e
    c4. outras divulgações, incluindo passivos contingentes (ver Pronunciamento Técnico CPC 25) e compromissos contratuais não reconhecidos; e divulgações não financeiras, por exemplo, os objetivos e as políticas de gestão do risco financeiro da entidade (ver Pronunciamento Técnico CPC 40).

A entidade deve divulgar, nas notas explicativas, informação acerca dos pressupostos relativos ao futuro e outras fontes principais de incerteza nas estimativas ao término do período de reporte que possuam risco significativo de provocar ajuste material nos valores contábeis de ativos e passivos ao longo do próximo exercício social.

Com respeito a esses ativos e passivos, as notas explicativas devem incluir detalhes elucidativos acerca:

a. da sua natureza; e
b. do seu valor contábil ao término do período de reporte.

Capítulo 11

Análise das Demonstrações Contábeis

11.1. Introdução à Análise das Demonstrações Contábeis

Para a análise das Demonstrações Contábeis, primeiramente, o analista precisa saber o que se pretende obter com a análise, conhecer seus métodos, quem são seus usuários, qual a validade, confiabilidade, extensão e profundidade da análise.

Através da análise das Demonstrações Contábeis, também é possível realizar uma melhor avaliação das possíveis áreas de risco da empresa.

Objetivando abordar da melhor forma esta disciplina, serão apresentados os conceitos de análise das demonstrações contábeis, como devem ser preparadas para análise, quais são os métodos de análise, suas principais características, etc.

Conceitos:

Análise: Exame de cada parte de um todo, tendo em vista conhecer sua natureza, suas proporções, suas funções, suas relações, etc. (Aurélio, 2000).

Análise Contábil: Análise que se fundamenta em normas, métodos e procedimentos indicados pela técnica e ciência da Contabilidade. Estudo de um ou vários fenômenos por suas partes, em um patrimônio. (Sá,1995).

Análise de Balanços: Estudo das demonstrações contábeis de uma empresa com o propósito de avaliar sua situação econômico-financeira. (Aurélio, 2000).

Demonstração Contábil: Peça em forma técnica que evidencia um fato patrimonial, um conjunto de tais fatos ou todo o sistema de Contas. São demonstrações contábeis o Balanço do Exercício, a Demonstração dos Resultados do Exercício, a Demonstração de Origem e Aplicações de Recursos, a Demonstração das Variações do Patrimônio, etc. (Sá,1995).

Pela definição dos conceitos acima, pode-se afirmar que a Análise das Demonstrações Contábeis é um instrumento que possibilita conhecer melhor a evolução dos negócios das empresas e possibilita uma melhor análise e avaliação das políticas e estratégias de negócios adotadas pela administração da entidade.

Para Iudicibus, a análise de balanços é o estudo da situação de uma parte, de um sistema de partes ou do todo patrimonial de uma empresa ou de uma entidade, mediante a decomposição de elementos e levantamentos de dados que consistem em relações diversas que entre si possam ter tais elementos, visando-se conhecer a realidade de um estado ou ajuizar os feitos de uma administração sob certo ponto de vista.

11.2. Histórico da Análise das Demonstrações Contábeis

Para Iudicibus, a análise das demonstrações contábeis é pelo menos tão antiga quanto a própria origem de tais peças contábeis. Nos primórdios da contabilidade, quando esta se resumia na realização de inventários, já o "analista" preocupava-se em anotar as variações quantitativas e qualitativas das várias categorias de bens incluídos em seu inventário. É bem provável que já se realizasse algum tipo de análise horizontal ou vertical em 3.600 A.C.

Análise das Demonstrações Contábeis, como atualmente conhecida, surgiu com o sistema bancário no final do século XIX para auxiliar na concessão de empréstimos às empresas. As análises eram realizadas apenas em balanços, os principais acontecimentos que ocorreram, segundo Matarazzo (1998), foram os seguintes:

- 1895: Conselho dos Bancos no Estado de Nova Iorque recomenda a seus membros solicitar dos tomadores de empréstimos declarações escritas e assinadas de seus Ativos e Passivos (Circulante);
- 1900: esta associação divulgou um formulário de proposta de crédito que incluía espaço para o balanço (Circulante);
- 1913: passa-se exigir a atenção de depósitos bancários em relação ao exigível, percentual de contas a receber em relação aos demais itens do ativo, percentual de estoques em relação a vendas anuais.
- 1915: determina o Banco Central Americano (Federal Reserve Board), que só poderiam ser redescontados os títulos negociados por empresas que tivessem apresentado seu balanço ao banco, medida que consagrou definitivamente o uso das demonstrações financeiras como base para concessão de créditos.
- 1918: o Banco Central dos Estados Unidos cria formulários padronizados para Balanço e Demonstração de Lucros e Perdas, bem como um esboço de procedimentos de auditoria e princípios de preparação de demonstrações financeiras.
- 1919: Alexander Wall, considerado o pai da Análise de Balanços, cria um modelo de análise de balanços, através de índices e demonstrou a necessidade de considerar outras relações, além de

Ativo e Passivo Circulantes. Este autor também desenvolveu, em conjunto com outros autores, fórmulas matemáticas de avaliação de empresas. Também, os analistas da época sentiam a necessidade de criar padrões de referência para auxiliar nas avaliações;

- 1923: James H. Biss afirmava que em todos os ramos de atividades há certos coeficientes característicos que podem ser obtidos através de médias.
- 1925: Stephen Gilman, realizando críticas à análise de coeficientes, propõe a substituição pela construção de índices encadeados para indicar as variações ocorridas nos principais itens em relação a ano-base, ou seja, surge a Análise Horizontal;
- 1931: Dun & Bradstreet passou a elaborar e divulgar índice padrão para diversos ramos de atividades, nos Estados Unidos;
- 1930-1940: a empresa *Du Pont,* de Nemours, apresenta o ROI - *(Return on Investment),* modelo de análise da rentabilidade de empresa decompondo a taxa de retorno em taxas de margem de lucro e giro dos negócios, chamado análise ROI; e
- 1968: a Análise de Balanços no Brasil era ainda um instrumento pouco utilizado na prática, sendo difundida a partir da década de 70.

A Análise das Demonstrações Contábeis surgiu por motivos eminentemente práticos e mostrou-se desde logo um instrumento de grande utilidade.

Alguns dos índices que surgiram inicialmente permanecem em uso até hoje. Com o passar do tempo, porém, seguindo a tendência natural da sociedade moderna, as técnicas de análise foram aprimoradas, refinadas e tornaram-se objeto de estudo das universidades; fazem parte destas técnicas os avançados conhecimentos de estatística e matemática.

No Brasil, a Editora Abril (Melhores e Maiores) e a Gazeta Mercantil vêm publicando índices das principais empresas brasileiras.

11.3. Objetivos da Análise das Demonstrações Contábeis

O objetivo da análise das demonstrações contábeis consiste em extrair informações dessas demonstrações, tornando-as úteis a tomada de decisões, mediante o emprego de técnicas específicas e do próprio "*feeling*" (sentido) do analista.

A preocupação inicial dos profissionais ligados à contabilidade está relacionada com a preparação das Demonstrações Contábeis, de acordo com os princípios e convenções de contabilidade, geralmente aceitos, e atender ao fisco e à auditoria externa.

Compreendem as Demonstrações Contábeis o Balanço Patrimonial, a Demonstração do Resultado do Exercício, a Demonstração de Lucros ou Prejuízos Acumulados, Demonstração das Origens e Aplicações de Recursos e a Demonstração das Mutações do Patrimônio Líquido.

As demonstrações contábeis são elaboradas de acordo com as regras contábeis e fornecem dados sobre a empresa. A Análise dessas demonstrações é o processo de transformação de dados em informações e quanto melhores informações produzir, mais será eficiente. Segundo Matarazzo (1998), a distinção entre dados e informações é a seguinte:

- **Dados** são números ou descrição de objetos ou eventos que, isoladamente, não provocam nenhuma reação no leitor.

- **Informações** representam, para quem as recebe, uma comunicação que pode produzir reação ou decisão, frequentemente acompanhada de um efeito-surpresa.

Os usuários estão interessados nas informações que são extraídas das demonstrações contábeis. O grau de excelência da análise das demonstrações contábeis é dado exatamente pela qualidade das informações que são geradas.

Exemplo: Florianópolis tem 400.000 habitantes; tem-se um dado. Quando se divide o Produto Bruto de Florianópolis por esse dado, encontra-se a renda per capita; Ao comparar esta renda com a de outras cidades e construir uma série histórica dela, pode-se chegar à conclusão de que Florianópolis é uma cidade com riqueza razoável e que vem se mantendo a esta posição em relação a outras cidades brasileiras. Neste momento se tem uma informação.

Outro exemplo de um dado é quando as demonstrações contábeis mostram que a empresa tem $1 milhão de dívida. Mas, a conclusão de que a dívida é normal ou é excessiva, de que a empresa pode pagá-la ou não é informação.

Podem ser apresentadas centenas de números (dados) na publicação das demonstrações contábeis de uma empresa. Em média, estas demonstrações apresentam as seguintes cifras:

- Balanço: 40
- Demonstração de Resultado: 20
- Demonstração das Origens e Aplicação de Recursos: 20 e
- Demonstração das Mutações do Patrimônio Líquido: 40

Nessas empresas perfazem 120 importâncias, já nas companhias abertas, em função da publicação comparativa passa-se para 240 algarismos publicados. Nas publicações integrais chega-se a 480 cifras. É excesso de valores para quem, muitas vezes, deseja apenas saber se a empresa pode ou não receber créditos.

11.4. Aspectos que devem ser considerados na Análise das Demonstrações Contábeis

Devem ser considerados na análise das Demonstrações Contábeis os aspectos internos e externos.

11.4.1. Aspectos Internos

- Informação da cultura da empresa (organização familiar, profissional ou mista; predomínio de um único dirigente, etc.) que acabam condicionando o tipo de organização e a capacidade da empresa para enfrentar os desafios que lhe são impostos.

- Custo interno do dinheiro, isto é, a inflação própria da empresa e os custos próprios para captação de recursos externos.

11.4.2. Aspectos Externos

- Situação presente e futura da economia nacional e internacional e suas influências no mercado interno, nas exportações e nas importações realizadas pela empresa.
- Grau de suscetibilidade da empresa à inflação, à recessão, ao câmbio, às altas taxas de juros, às pressões sociais, etc.
- Situação do ramo de negócios ao qual a empresa pertence e estágio de vida econômica em que se encontram posicionados seus produtos (infância, maturidade ou senilidade, que determinam a ascensão, estabilidade ou decadência das atividades).
- Potencial tecnológico e financeiro da empresa face aos grandes grupos nacionais ou das corporações internacionais.
- Reflexos das políticas governamentais nos negócios da empresa, a saber:
  - reserva de mercado x abertura aos produtos estrangeiros;
  - restrição para importações x confisco cambial;
  - preços liberados x tabelamento;
  - aumento da carga tributária e/ou dos encargos sociais;
  - restrições com vistas à preservação do meio ambiente, etc.

Unindo-se os aspectos acima citados aos dados extraídos das demonstrações contábeis, o diagnóstico sobre a situação da empresa poderá ser muito mais preciso.

11.5. Processo de Análise das Demonstrações Contábeis

A tarefa do analista das Demonstrações Contábeis inicia onde termina a atividade do contador. O processo de análise começa a partir da elaboração das Demonstrações Contábeis pela contabilidade.

Figura 2: Processo de análise das Demonstrações Contábeis:

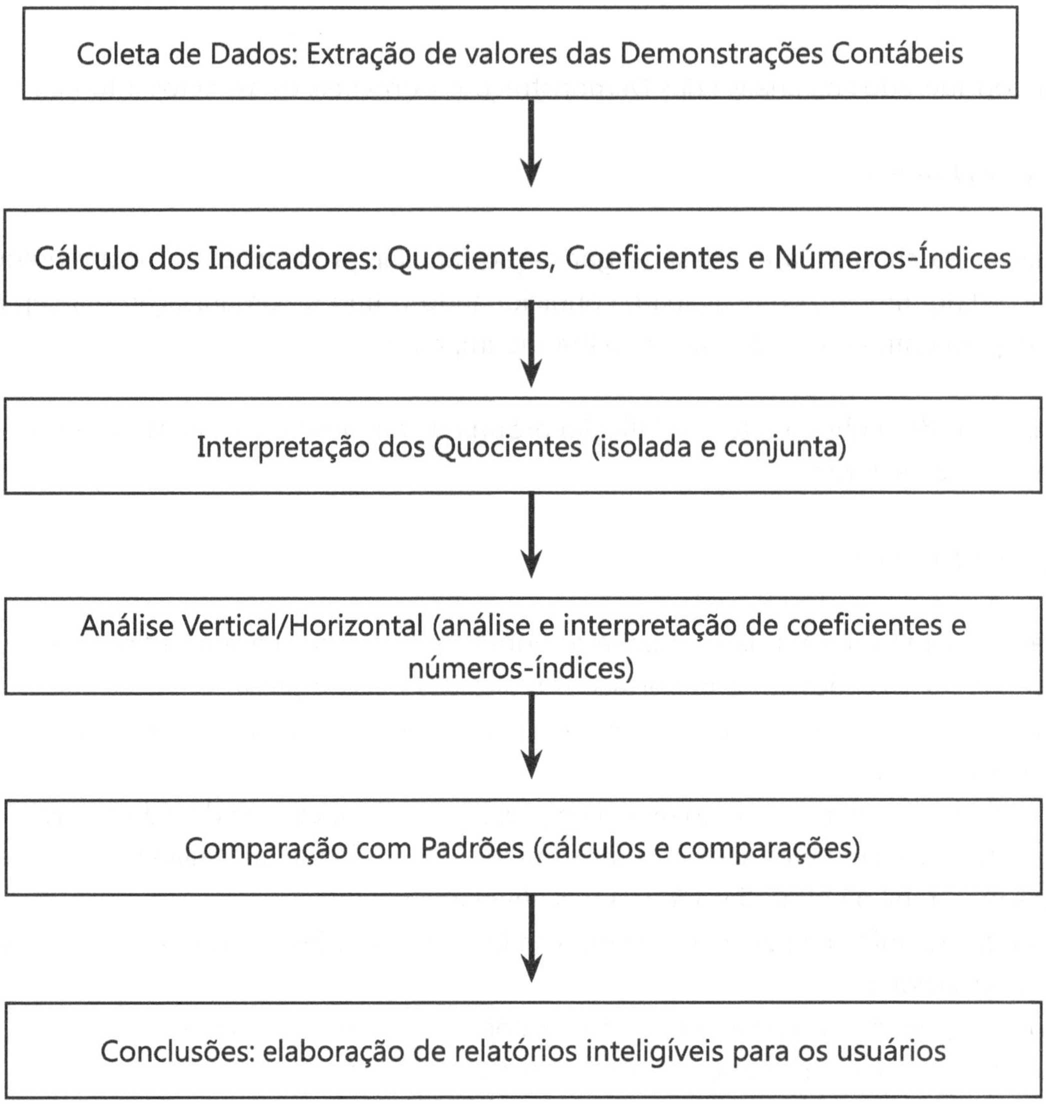

Fonte: adaptado de RIBEIRO (1997)

Então, pode-se apresentar o seguinte fluxo do processo Contábil e de Análise.
A Figura 3: Sequência do processo contábil e de Análise.

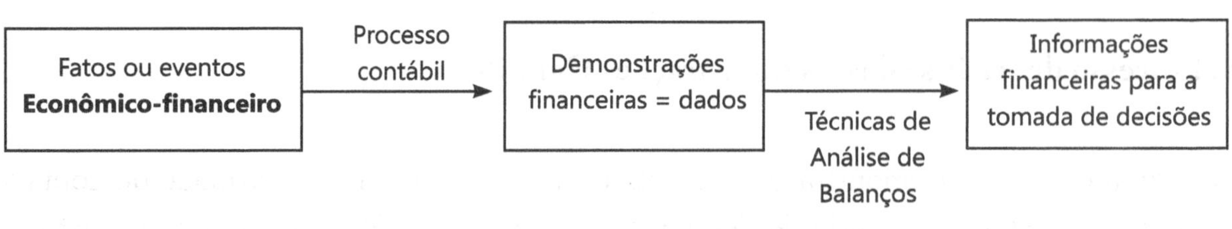

Fonte: MATARAZZO. 1998 p.18

O analista Contábil se preocupa com as demonstrações contábeis que, por sua vez, precisam ser transformadas em informações que permitam concluir se a empresa merece ou não crédito, se vem sendo bem ou mal administrada, se tem ou não condições de pagar suas dívidas, se é ou não lucrativa, se vem evoluindo ou regredindo, se é eficiente ou ineficiente, se irá falir ou se continuará operando.

O grau de excelência da Análise de Demonstrações Contábeis é dado exatamente pela qualidade e extensão das informações que conseguir gerar.

11.6. Produto da Análise das Demonstrações Contábeis

O produto da análise das Demonstrações Contábeis são os relatórios escritos em linguagem corrente e, quando possível, suportados por gráficos e quadros sumariados de forma gerencial. Esse relatório deve ser a tradução dos elementos contidos nas demonstrações contábeis, devendo-se evitar os jargões contábeis.

Para Matarazzo (1998), com frequência são encontrados relatórios que se estendem em frases como: "O índice de endividamento é de 220%; isto significa que para cada $ 100 de capital próprio existem $ 220 de terceiros. Esse índice mostra um crescimento de 10% em relação ao ano anterior que, por sua vez, já crescera 18%. Os recursos de terceiros são predominantemente de curto prazo (85%). Já os índices de liquidez encontrados foram respectivamente: liquidez geral — 1,25; liquidez corrente — 1,40; e liquidez seca — 1,01, o que mostra que a empresa tem mais reais realizáveis do que dívidas de curto prazo."

Esse tipo de relatório transforma um tipo de dado encontrado nas demonstrações financeiras em outros dados, o que para o leitor pouco ou nada vale.

Para o autor, um relatório adequado de Análise de Balanços deve, em lugar dos dados apresentados, expor:

O grau de endividamento da empresa encontra-se em nível razoável em relação ao ramo de atividade; entretanto, vem crescendo de maneira indesejável, pois há dois anos podia ser considerado bom. A composição do endividamento mostra um perfil de dívida insatisfatório devido à excessiva participação das obrigações de curto prazo. Já a liquidez da empresa pode ser considerada boa.
Através da Análise das Demonstrações Contábeis são produzidas as seguintes informações:

- Situação financeira;
- Situação econômica;
- Desempenho;
- Eficiência na utilização dos recursos;

- Pontos fortes e fracos;
- Tendências e perspectivas;
- Quadro evolutivo;
- Adequação das fontes às aplicações de recursos
- Causas das alterações na situação financeira;
- Causas das alterações na rentabilidade;
- Evidência de erros da administração;
- Providências que deveriam ser tomadas e não foram; e
- Avaliação de alternativas econômico-financeiras futuras.

11.7. Importância e Usuários da Análise das Demonstrações Contábeis

O processo de tomada de decisão, assim como a análise das demonstrações contábeis, obedece ao mesmo raciocínio:

- Extraem-se os índices das demonstrações contábeis.
- Comparam-se os índices calculados com índice padrão.
- Ponderam-se as informações e chega-se a um diagnóstico ou conclusões.
- Tomam-se decisões.

Figura 4: Processo de tomada de decisão:

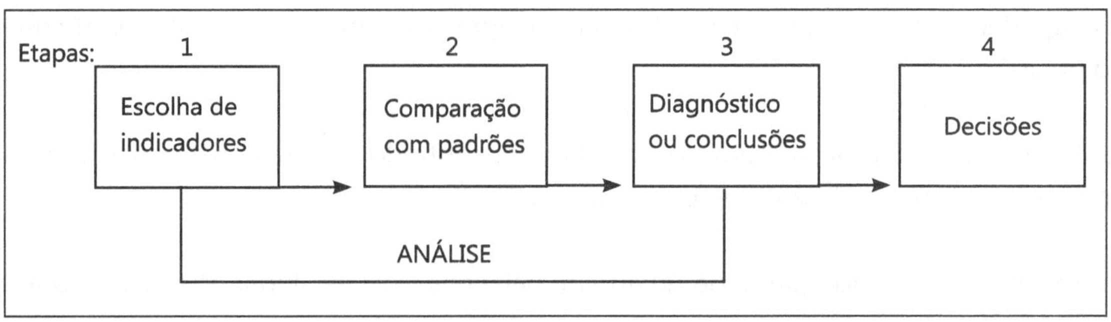

Fonte: MATARAZZO. 1998 p.21.

A contabilidade como um sistema de informações produz informações para usuários internos e externos à empresa.

Internamente, a contabilidade através das informações geradas pela contabilidade de custos ou contabilidade gerencial, auxilia no processo de tomada de decisão através do fluxo contínuo de informações sobre a gestão empresarial.

Externamente, os maiores interessados são:

- os investidores: os relatórios contábeis mostram a situação econômico-financeira da empresa, os resultados de um determinado período e outras informações, tais como os investimentos efetuados e o que lhes cabe em termos de dividendos. Estas e outras informações possibilitam-lhes conhecer as vantagens e desvantagens de seu investimento e decidir sobre a conveniência de mantê-lo, desfazer-se dele ou aumentá-lo;

- Os credores: por meio das demonstrações contábeis, que eles decidem sobre a conveniência de emprestar ou não recursos para empresas. As demonstrações contábeis dão uma boa idéia da capacidade da empresa de gerar recursos suficientes para liquidação de seus compromissos nos prazos estabelecidos. Permite, assim, avaliar o risco do empréstimo ou do crédito concedido; e

- O governo: tem interesse nas informações contábeis porque é baseado na contabilidade que se faz a arrecadação de quase todos os tributos e auxilia na fixação de políticas econômica, fiscal e monetária. Estas políticas podem ser auxiliadas pela análise estatística de dados contábeis disponíveis nas demonstrações contábeis, que podem ser o redesconto, o tabelamento de taxas de juros e a atuação do mercado, etc.

Os administradores estão interessados no acompanhamento da "performance" e, para isso, confrontam os dados reais com os projetados, dando apoio ao processo de planejamento e controle de operações da empresa.

Exemplificando, pela análise das Demonstrações Contábeis é possível avaliar a paralisação de uma indústria, avaliar o nível que uma empresa é afetada pelo aparecimento de um concorrente ou poderia se descobrir que a política do concorrente é crescer o mais rápido para ganhar mercado, mesmo que houvesse sacrifício da rentabilidade. Já com a análise de Duplicatas a Receber, poderia ser apontada uma nova política de marketing.

O analista através do diagnóstico pode determinar quais são os pontos fortes e fracos de uma empresa e demonstrar as prioridades para a solução dos problemas críticos. Através da análise das demonstrações contábeis é possível ter uma visão da estratégia e dos planos da empresa permitindo estimar o seu futuro, suas limitações e suas potencialidades. Daí a importância da análise para os fornecedores, financiadores, acionistas e os empregados que pretendam relacionar-se com a empresa.

Os usuários da Análise das Demonstrações Contábeis podem ser:

Fornecedores: precisam conhecer a capacidade de pagamento (Liquidez) de seus clientes, bem como, em função da publicação anual das Demonstrações Contábeis, conhecer a rentabilidade e o endividamento;

- **Clientes (Compradores):** são raros os casos em que o comprador analisa a situação do fornecedor, mas conhecer a capacidade de expansão, produção e realização de pesquisas e de desenvolvimento que o fornecedor possui é importante para a segurança da empresa, principalmente, quando a empresa compra apenas de um fornecedor;

- **Bancos:** concedem crédito a curto, médio e longo prazos aos clientes, por isso, devem conhecer seus históricos, suas situações atuais e fazer projeções futuras. Ex.: os bancos sabem que o grau de endividamento é um forte indicador de insolvência;

- **Sociedades de crédito imobiliário:** também precisam conhecer a situação de seus clientes para conceder financiamentos;

- **Sociedades financeiras:** estas sociedades concedem crédito diretamente aos consumidores. As empresas comerciais vendem para seus clientes e estes recebem o crédito da Sociedade Financeira, sendo que a loja intervém como avalista dos empréstimos. E por isto, tais sociedades necessitam conhecer a capacidade da loja em avalizar seus clientes;

- **Corretoras de valores e público investidor:** as corretoras de valores e o público investidor fazem análise para investimento em ações. Além da análise financeira, levam em conta outros fatores relacionados especificamente ao preço e à valorização de ações. A preocupação das corretoras está na rentabilidade das empresas;

- **Concorrentes:** a situação dos concorrentes pode ser fator de sucesso ou de fracasso da empresa no mercado. Conhecer a situação dos concorrentes pode auxiliar nas decisões de lançar novos produtos, construir uma fábrica ou conceder prazos de financiamentos. Também é importante a empresa saber qual sua posição em relação a seus concorrentes e como se situa quanto à liquidez e à rentabilidade;

- **Dirigentes:** é um instrumento auxiliar na formulação de estratégia da empresa, e tanto pode fornecer subsídios úteis como informações fundamentais sobre a rentabilidade e a liquidez da empresa hoje em comparação com as dos balanços orçados. É útil para projetar qual será a liquidez da empresa, no próximo ano, obtida a partir do balanço orçado. Verificar se esta liquidez permitirá folga suficiente, se dará flexibilidade aos administradores financeiros, verificar o índice de rotação de estoques que a empresa deverá ter nos próximos exercícios;

- **Governo:** utilização em concorrências públicas escolhendo a empresa que possui melhores condições financeiras. É útil para acompanhar o desempenho de empresas de serviços públicos conhecendo suas políticas de desenvolvimento e rentabilidade, acompanhar os setores da economia, como o financeiro, de seguros, etc.

11.8. Tratamento Anti-inflacionário

Quando se analisam as demonstrações contábeis de uma entidade, principalmente quando se relacionam dois ou mais exercícios, surge, imediatamente, à vista do analista, o problema dos diferentes níveis de poder aquisitivo da moeda, oriundos da inflação. Minimiza-se tal problema com demonstrações contábeis indexadas ou através do deflacionamento dos valores dos demonstrativos, conforme abaixo.

Suponha o seguinte quadro inflacionário

ANOS – INFLAÇÃO ACUMULADA	
20X1	373
20X2	480
20X3	613

Para calcular o deflator:

ANOS	(1° índice	:	índice do ano)	x	base 100 =	deflator em %
20X1	(373	:	373)	x	base 100 =	100,00%
20X2	(373	:	480)	x	base 100 =	77,70%
20X3	(373	:	613)	x	base 100 =	60,84%

Em seguida, basta multiplicar o valor do ano (nominal) pelo deflator calculado, tendo-se assim, o valor presente ou valor deflacionado dos anos posteriores na data-base do deflacionamento (1° ano).

A análise deve ser efetuada com base nos valores deflacionados para não estar "contaminada" com os efeitos inflacionários.

11.9. Reclassificação das Contas

Padoveze (1997) comenta que quando o instrumental de análise de balanços for aplicado para demonstrativos de outras empresas, poderá haver necessidade de reclassificação de contas.

Segundo Assaf Neto (2000), os principais ajustes aos balanços publicados são:

a. duplicatas descontadas: apesar de serem retificadoras do Ativo, as duplicatas descontadas são mais adequadamente consideradas, para efeito de análise, no Passivo Circulante. Isso se dá porque representam uma obrigação financeira da empresa, caso os clientes não saldem suas duplicatas;

b. despesas antecipadas: há uma tendência , por parte de alguns analistas, de deduzir do Patrimônio Líquido da empresa, as despesas antecipadas, em razão de representarem despesas contraídas e já liquidadas, as quais afetarão os resultados de exercícios subsequentes;

Capítulo 12

Análises Horizontal e Vertical

12.1. Análise Vertical

12.1.1. Definição

É a análise da estrutura da Demonstração de Resultados e do Balanço Patrimonial, buscando evidenciar as participações dos elementos patrimoniais e de resultados dentro do total, ou dentro de cada grupo de contas.

12.1.2. Análise Vertical – Balanço Patrimonial

No Balanço, a análise vertical procura evidenciar a participação de cada elemento do ativo ou do passivo em relação ao ativo total. Desse modo, atribui-se o parâmetro 100% para o total do ativo e para o total do passivo, e todos os outros valores são traduzidos em relação percentual sobre esses totais. Pode-se analisar, também, a participação de cada conta, com relação ao total do grupo a que pertence. Exemplo:

Balanço Patrimonial

Valores em milhões de reais (R$)	20X2		20X1	
	R$	Vertical	R$	Vertical
ATIVO	**1.615,00**	**100%**	**1.620,00**	**100%**
Circulante	**1.125,00**	**70%**	**950,00**	**59%**
Disponível	110,00	7%	70,00	4%
Clientes	400,00	25%	340,00	21%
Créditos com terceiros	215,00	13%	180,00	11%
Estoques	400,00	25%	360,00	22%
Não Circulante	**490,00**	**30%**	**670,00**	**41%**
Realizável a Longo Prazo	120,00	7%	300,00	19%
Investimentos	40,00	2%	40,00	2%
Imobilizado	300,00	19%	300,00	19%
Intangível	30,00	2%	30,00	2%
PASSIVO	**1.615,00**	**100%**	**1.620,00**	**100%**
Circulante	**665,00**	**41%**	**605,00**	**37%**
Fornecedores	370,00	23%	330,00	20%
Obrigações fiscais/trabalhistas	100,00	6%	90,00	6%
Outras contas a pagar	130,00	8%	120,00	7%
Empréstimos e financiamentos	50,00	3%	60,00	4%
Dividendos propostos	15,00	1%	5,00	0%
Não Circulante	**310,00**	**19%**	**395,00**	**24%**
Empréstimos e financiamentos	310,00	19%	395,00	24%
Patrimônio Líquido	**640,00**	**40%**	**620,00**	**38%**
Capital social	600,00	37%	600,00	37%
Reservas de lucros	40,00	2%	20,00	1%

12.1.3. Análise Vertical – Demonstração do Resultado

A análise vertical da demonstração de resultados conduz à apresentação da estrutura de custos e despesas, em relação ao total das **receitas líquidas**. Sendo assim, ela conduz à avaliação da lucratividade, representada pela relação entre o lucro e as vendas, passando pela relação entre custos e despesas e as receitas de vendas. Exemplo:

Demonstração do Resultado do Exercício
Valores em milhões de reais (R$)

	20X2		20X1	
	R$	Vertical	R$	Vertical
(=) RECEITA LÍQUIDA DAS VENDAS	**800,00**	**100,00%**	**680,00**	**100,00%**
(-) CUSTOS DAS VENDAS	550,00	68,75%	480,00	70,59%
(=) RESULTADO BRUTO	250,00	31,25%	200,00	29,41%
(-) DESPESAS OPERACIONAIS	225,00	28,13%	181,00	26,62%
Despesas com vendas	30,00	3,75%	23,00	3,38%
Despesas administrativas	100,00	12,50%	102,00	15,00%
Despesas com depreciação	80,00	10,00%	48,00	7,06%
Resultado financeiro	10,00	1,25%	6,00	0,88%
Outras despesas operacionais	5,00	0,63%	2,00	0,29%
(=) RESULTADO OPERACIONAL	25,00	3,13%	19,00	2,79%
(+) OUTRAS RECEITAS	2,00	0,25%	1,00	0,15%
(-) OUTRAS DESPESAS	3,00	0,38%	2,00	0,29%
(=) RESULTADO ANTES DO IR e CSLL	24,00	3,00%	18,00	2,65%
(-) Provisão IRPJ	3,60	0,45%	2,70	0,40%
(-) Provisão CSLL	2,16	0,27%	1,62	0,24%
(=) RESULTADO DEPOIS DO IR e CSLL	18,24	2,28%	13,68	2,01%
(-) PARTICIPAÇÕES	7,00	0,88%	3,00	0,44%
(=) RESULTADO LÍQUIDO	11,24	1,41%	10,68	1,57%

12.2. Análise Horizontal

12.2.1. Definição

A Análise Horizontal é o instrumental que calcula a variação percentual ocorrida de um período para outro, buscando evidenciar se houve crescimento ou decréscimo do item analisado.

Através da análise dos dados que mostram se houve aumento ou diminuição do elemento analisado, poderemos confrontar os dados extraídos e efetuar as correlações necessárias. Assim, por exemplo, se houve aumento da produção e das vendas, deverá ter havido um crescimento relativamente proporcional do consumo de materiais.

12.2.2. Análise Horizontal – Balanço Patrimonial

No Balanço Patrimonial, a base para a Análise Horizontal é escolher o período que será o ponto de partida. Os dados desse período receberão número 100 ou 1. Os dados dos outros períodos serão considerados como evolução do período base escolhido.

Exemplo:

Balanço Patrimonial
Valores em milhões de reais (R$)

	20X2		20X1	
	R$	Horizontal	R$	Horizontal
ATIVO	**1.615,00**	**99,69%**	**1.620,00**	**100%**
Circulante	**1.125,00**	**118,42%**	**950,00**	**100%**
Disponível	110,00	157,14%	70,00	100%
Clientes	400,00	117,65%	340,00	100%
Créditos com terceiros	215,00	119,44%	180,00	100%
Estoques	400,00	111,11%	360,00	100%
Não Circulante	**490,00**	**73,13%**	**670,00**	**100%**
Realizável a Longo Prazo	120,00	40,00%	300,00	100%
Investimentos	40,00	100,00%	40,00	100%
Imobilizado	300,00	100,00%	300,00	100%
Intangível	30,00	100,00%	30,00	100%
PASSIVO	**1.615,00**	**99,69%**	**1.620,00**	**100%**
Circulante	**665,00**	**109,92%**	**605,00**	**100%**
Fornecedores	370,00	112,12%	330,00	100%
Obrigações fiscais/trabalhistas	100,00	111,11%	90,00	100%
Outras contas a pagar	130,00	108,33%	120,00	100%
Empréstimos e financiamentos	50,00	83,33%	60,00	100%
Dividendos propostos	15,00	300,00%	5,00	100%
Não Circulante	**310,00**	**78,48%**	**395,00**	**100%**
Empréstimos e financiamentos	310,00	78,48%	395,00	100%
Patrimônio Líquido	**640,00**	**103,23%**	**620,00**	**100%**
Capital social	600,00	100,00%	600,00	100%
Reservas de lucros	40,00	200,00%	20,00	100%

Em uma economia inflacionária é interessante que se trabalhe, no entanto, com valores dos demonstrativos atualizados por um índice inflacionário.

12.2.3. Análise Horizontal – Demonstração do Resultado

O processo de elaboração da Análise Horizontal na Demonstração de Resultados se processa de maneira semelhante àquela utilizada no Balanço Patrimonial, já que tem o mesmo motivo de apresentar a variação de itens, só que, no caso, itens de composição de resultados: Receitas, Custos, Despesas, Impostos, etc.

Exemplo:

Demonstração do Resultado do Exercício
Valores em milhões de reais (R$)

	20X2		20X1	
	R$	Horizontal	R$	Horizontal
(=) RECEITA LÍQUIDA DAS VENDAS	**800,00**	**117,65%**	**680,00**	**100,00%**
(-) CUSTOS DAS VENDAS	550,00	114,58%	480,00	100,00%
(=) RESULTADO BRUTO	250,00	125,00%	200,00	100,00%
(-) DESPESAS OPERACIONAIS	225,00	124,31%	181,00	100,00%
Despesas com vendas	30,00	130,43%	23,00	100,00%
Despesas administrativas	100,00	98,04%	102,00	100,00%
Despesas com depreciação	80,00	166,67%	48,00	100,00%
Resultado financeiro	10,00	166,67%	6,00	100,00%
Outras despesas operacionais	5,00	250,00%	2,00	100,00%
(=) RESULTADO OPERACIONAL	25,00	131,58%	19,00	100,00%
(+) OUTRAS RECEITAS	2,00	200,00%	1,00	100,00%
(-) OUTRAS DESPESAS	3,00	150,00%	2,00	100,00%
(=) RESULTADO ANTES DO IR e CSLL	24,00	133,33%	18,00	100,00%
(-) Provisão IRPJ	3,60	133,33%	2,70	100,00%
(-) Provisão CSLL	2,16	133,33%	1,62	100,00%
(=) RESULTADO DEPOIS DO IR e CSLL	18,24	133,33%	13,68	100,00%
(-) PARTICIPAÇÕES	7,00	233,33%	3,00	100,00%
(=) RESULTADO LÍQUIDO	11,24	105,24%	10,68	100,00%

Capítulo 13

Indicadores de Liquidez

13.1. Liquidez Corrente

Por meio desse indicador, procura-se verificar a capacidade de pagamento a curto prazo, ou seja, a capacidade da empresa pagar suas dívidas a vencer no exercício seguinte ao do balanço. Este indicador relaciona quantos reais dispomos, imediatamente disponíveis e conversíveis em curto prazo em dinheiro, com relação às dívidas de curto prazo. É um índice muito divulgado e frequentemente considerado como o melhor indicador da situação de liquidez da empresa

Qualquer indicador acima de 1,00 é considerado bom, pois indica capacidade de pagamento de todas as dívidas de curto prazo. Um indicador na ordem de 1,50 pode ser considerado bom; acima excelente, porém, pode ser até considerado excessivo por indicar imobilização exagerada de capital de giro.

A liquidez corrente revela se a empresa tem boa situação financeira, ou seja, operando com segurança no curto prazo ou dentro do seu ciclo financeiro.

13.2. Liquidez Seca

$$\text{Liquidez Seca} = \frac{\text{Ativo Circulante} - \text{Estoques} - \text{Despesas Antecipadas}}{\text{Passivo Circulante}}$$

Esta é uma variante muito adequada para se avaliar conservadoramente a situação de liquidez da empresa. Eliminando-se os estoques e as despesas antecipadas do numerador, estamos eliminando uma fonte de incerteza. Por outro lado, estamos eliminando as influências e distorções que a adoção deste ou daquele critério de avaliação de estoques poderia acarretar, principalmente se os critérios foram mudados ao longo dos períodos.

Para empresas que trabalham com estoque reduzido (*just in time*), esse indicador perde relevância.

Alguns parâmetros são aceitos pelos analistas de crédito, como até 0,50 para empresas comerciais e de serviços e 0,70 para empresas industriais.

13.3. Liquidez Geral

$$\text{Liquidez Geral} = \frac{\text{Ativo Circulante} - \text{Realizável a longo Prazo}}{\text{Passivo Circulante} + \text{Exigível a longo Prazo}}$$

O indicador de liquidez geral não faz restrição de prazo. Compara todas as dívidas (a curto e a longo prazos) com a soma de todos os valores disponíveis e realizáveis. Este indicador serve para detectar a saúde financeira (no que se refere à liquidez) de longo prazo do empreendimento.

Ele mede quanto a empresa possui de recursos não aplicados em ativos permanentes para cada real de dívida. É aferida pela divisão da soma do ativo circulante com o realizável em longo prazo e com duplicatas descontadas.

Para possibilitar maior qualidade a esse indicador recomenda-se analisar o perfil dos elementos, separando-os em períodos próximos de 2 ou 3 anos, dos que se referem a períodos maiores, de até 10, 15 anos. Além da análise do perfil de longo prazo, deve-se também fazer a análise da natureza do realizável a longo prazo, pois pode contar dados de realização levando a zero, perto da condição de permanência.

Exemplo Ilustrativo:

$$\text{Liquidez Corrente} = \frac{131.022}{57.382} = 2{,}2833 \qquad \text{Liquidez Geral} = \frac{131.022 + 5.860}{57.382 + 31.363} = 1{,}5424$$

RESUMO:

INDICADORES	FÓRMULA	SIGNIFICADO	
LIQUIDEZ CORRENTE	AC / **PC**	Mostra quantos R$ a empresa tem no ativo circulante, para pagar cada real de dívida vencível de um ano.	Revela a capacidade de pagamento a curto prazo.
LIQUIDEZ SECO	**AC–E-DA.** / **PC**	Mostra quanto tem no ativo circulante (não considerados os estoques e as despesas antecipadas) para pagar cada real de dívida vencível dentro de um ano.	Revela o peso dos estoques e as despesas antecipadas na liquidez da empresa.
LIQUIDEZ GERAL	AC + RLP / **PC + ELP**	Mostra quantos R$ a empresa tem de valores disponíveis e realizáveis (em qualquer prazo) para pagar cada real do total de suas dívidas (a curto e a longo prazo).	Revela a capacidade de pagamento geral.

Padoveze[1] considera que para a correta utilização dos indicadores de liquidez pelos menos dois aspectos metodológicos na sua estruturação e utilização. São eles:

- Avaliação mensal dos indicadores de liquidez de forma gráfico/estatística, de tal forma que permite indicar uma tendência e sugerir ou inferir pontos para tomada de decisão e eventuais correções;
- Incorporação dos dados projetados ou orçados para o próximo ou próximos períodos.

[1] PADOVEZE, Clóvis Luís. Análise do Índice de Liquidez sob o Conceito de Avaliação Econômica da Empresa. Revista Brasileira de Contabilidade. No. 124, JUL/AGO/2000.

Capítulo 14

Indicadores de Endividamento

14.1. Participação de Capitais de Terceiros sobre Recursos Totais

$$\text{Participação CT / RT} = \frac{\text{Exigível Total}}{\text{Exigível Total} + \text{Patrimônio Líquido}}$$

ou

$$\text{Endividamento Geral} = \frac{PC + ELP}{\text{Ativo Total}}$$

Este indicador de grande relevância, relaciona o Exigível Total (passivo circulante + exigível a longo prazo) com os Fundos Totais Providos (por capitais próprios - PL e capitais de terceiros – PC+ELP). Expressa a porcentagem que o endividamento representa sobre os fundos totais.

Também expressa a porcentagem do ativo total financiada com recursos de terceiros. O resultado é apresentado em porcentagem e representa a participação de recursos financiados por terceiros. É um bom indicador de risco da empresa.

Se o indicador é "bom" ou "ruim" depende fundamentalmente do momento econômico e financeiro. Determinados períodos, o capital de terceiro é mais barato que o capital próprio e vice-versa. Cada empresa deve encontrar seu melhor ponto de financiamento.

Exemplo: Formas de Estrutura do Capital:

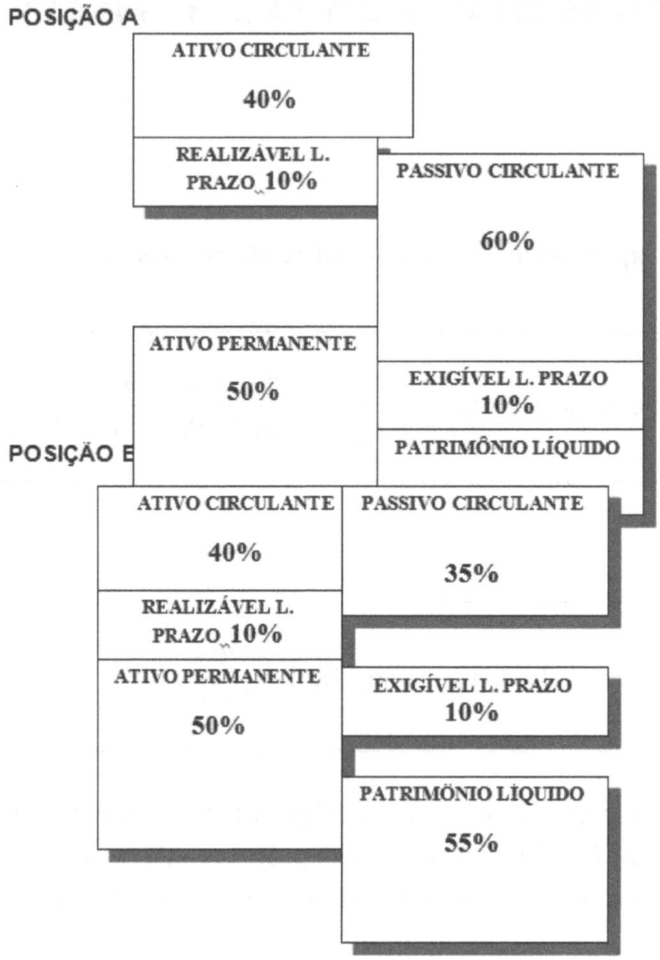

14.2. Capitais de Terceiros/Capitais Próprios

$$CT / CP = \frac{\text{Exígivel Total}}{\text{Patrimônio Líquido}}$$

É outra forma de encarar a dependência de recursos de terceiros. Se o indicador, durante vários anos, for consistente e acentuadamente maior que um, denotaria uma dependência exagerada de recursos de terceiros. Este indicador é um dos mais utilizados para retratar o posicionamento das empresas com relação aos capitais de terceiros.

A finalidade deste indicador é medir a estrutura de financiamento da empresa. Um indicador de R$ 0,75 diz que a empresa tem 1,00 para garantir R$ 0,75 de passivos de terceiros.

14.3. Participação das Dívidas de Curto Prazo sobre Endividamento Total

$$PC / CT = \frac{\text{Passivo Circulante}}{\text{Exígivel Total}}$$

Representa a composição do Endividamento Total ou qual a parcela que vence a Curto Prazo, no Endividamento Total. A empresa em franca expansão deve procurar financiá-la, em grande parte, com endividamento de longo prazo, de forma que, à medida que ela ganhe capacidade operacional adicional com a entrada em funcionamento dos novos equipamentos e outros recursos de produção, tenha condições de começar a amortizar suas dívidas.

Exemplo Ilustrativo:

Participação de Capitais de Terceiros sobre os Recursos Totais = $\frac{57.382 + 31.363}{57.382 + 31.363 + 117.602} = 0,4301$

Capitais de Terceiros/Capitais Próprios = $\frac{57.382 + 31.363}{117.602} = 0,7546$

Participação das Dívidas de Curto Prazo sobre o Endividamento Total = $\frac{57.382}{57.382 + 31.363} = 0,6466$

Capítulo 15

Indicadores de Atividade (Rotação)

Estes indicadores representam a velocidade com que elementos patrimoniais de relevo se renovam durante determinado período de tempo. Por sua natureza têm seus resultados normalmente apresentados em dias, meses ou períodos maiores, fracionários de um ano. A importância de tais indicadores consiste em expressar relacionamentos dinâmicos; daí a denominação de indicadores de atividade (rotação), que acabam influindo na posição de liquidez e rentabilidade.

15.1. Rotação de Estoques

$$\text{Rotação de Estoques} = \frac{\text{Custo dos Produtos Vendidos}}{\text{Estoque de Produtos Acabados}}$$

Este indicador procura representar quantas vezes se "renovou" o estoque por causa das vendas. Ele procura nos mostrar o número de dias que decorrem entre a compra da mercadoria e a sua venda. Em muitas empresas que usam a ferramenta *just in time*, esse indicador perdeu muito de sua importância, porque tais empresas trabalham com estoque zero ou estoque mínimo.

15.2. Prazo Médio de Recebimentos de Contas a Receber (Derivantes de Vendas a Prazo)

$$\text{PMR} = \frac{\text{Contasa a Receber Médio}}{\text{Vendas}}$$

Este indicador mostra quantos dias, semanas ou meses a empresa deverá esperar, em média, antes de receber suas vendas a prazo. A forma de apuração mais precisa considera mais períodos (mês a mês) para seu cálculo.

15.3. Prazo Médio de Pagamentos de Contas a Pagar (Derivantes da Compra de Insumos Básicos a Prazo)

$$PMCP = \frac{\text{Fornecedores}}{\text{Compras a Prazo}}$$

Este indicador demonstra quantos dias, semanas ou meses a empresa deverá pagar seus fornecedores. Em outras palavras, indica quanto tempo os fornecedores financiam capital de giro para a empresa.

Para calcular o valor das compras utilizaremos a seguinte fórmula:
CMV/CPV= Ei + C – Ef.

Onde:
CMV – Custo das Mercadorias Vendidas
Ei- Estoque Inicial (ano x1)
C - Compras
Ef – Estoque Final (ano x2)

15.4. Posicionamento Relativo

$$\text{Posicionamento Relativo} = \frac{\text{Prazo Médio de Recebimento (PMR)}}{\text{Prazo Médio de Pagamentos (PMcp)}}$$

A empresa deveria fazer o possível para tornar este indicador inferior a 1 ou pelo menos, ao redor de 1, a fim de garantir uma posição neutra.

15.5. Atividade do Ativo (Giro do Ativo)

$$\text{Rotação do Ativo} = \frac{\text{Vendas}}{\text{Ativo}}$$

Este indicador de atividade expressa quantas vezes o ativo "girou" ou se renovou pelas vendas. Pode ser desdobrado numa série de subquocientes, tais como: Vendas/Ativo Circulante, Vendas/ Ativo Permanente, etc. Mede a produtividade do total dos recursos investidos, possibilitando avaliar se o volume de aplicações é compatível com o momento econômico da empresa.

É a receita bruta de vendas e serviços divididos pelo ativo total. Mede a eficiência operacional da empresa e deve ser comparada com a margem de lucros sobre vendas.

Exemplo Ilustrativo:

Rotação de Estoques = 109.166 = 3,9328 ou seja 3.93 vezes durante o período
27.758 considerado.

Isto significa que o estoque demora: 12 meses/ano = ~3 meses para ser vendido em 99.

Quanto maior a rotação, tanto melhor, desde que a margem de lucro sobre as vendas se mantenha constante.

Prazo Médio de Receb. Contas Receber = 55.957 = ~ 81dias para receber.
247.456/360

CMV = Ei + C – Ef
109.166 = 20.720 + C – 27.758
109.166 = C – 7.038
C = 109.166 + 7.038 = 116.204

Prazo Médio de Pagamentos de = 10.189 = 31.57 ou seja ~ 31 dias para pagar.
Contas a Pagar 116.204/360

Quociente de Posicionamento Relativo = 81 = 2,6129
31

O resultado mostra que a empresa precisa de capital de giro para fazer frente aos 51 dias entre o pagamento e o recebimento.

Rotação do Ativo = 247.456 = 1,1911 vezes o ativo girou no período.
207.747

No período anual, o ativo girou por apenas 83% das vendas anuais. Isto é, ao terminar 10 meses do ano, o ativo terá sido "recuperado" pelas vendas.

Capítulo 16

Indicadores de Rentabilidade

16.1. Introdução

Expressar a rentabilidade em termos absolutos tem uma utilidade informativa bastante reduzida. De maneira geral, devemos relacionar um lucro de um empreendimento com algum valor que expresse a dimensão relativa do mesmo, para analisar a performance da empresa no período. O melhor conceito de dimensão poderá ser ora volume de vendas, ora valor do ativo total, ora valor do patrimônio líquido, ou valor do ativo operacional, dependendo da aplicação que fizermos.

Segundo Frezatti[2], os indicadores de longo prazo utilizados no desenvolvimento do plano estratégico da organização têm por função monitorar a sua missão. Devem indicar se a organização é saudável, se está melhorando, estável ou piorando nos intervalos de tempo em que ela considera adequados. Contudo, podem proporcionar distorções ao processo decisório quando indicam de maneira dúbia o estado da organização. O indicador financeiro de longo prazo permite monitorar os vários elementos, servindo de elo entre o plano estratégico e o orçamento anual. No seu sentido mais atual, outros indicadores não financeiros são encontrados, dentre eles, o *market share*, sendo que, em algumas oportunidades, a hierarquia entre eles se constitui em questão de discórdia entre os executivos das organizações. De qualquer forma, na definição de objetivos de longo prazo, ao menos um indicador financeiro deve ser estabelecido pelos executivos, a fim de proporcionar condições de monitorar o desenvolvimento das operações sob a perspectiva de unificação do entendimento dos eventos econômicos. Aqui será tratado o Retorno sobre o Investimento, conhecido como ROI (Return on Investment).

16.2. Características do Indicador Financeiro de Longo Prazo

Várias técnicas estão disponíveis e são citadas na literatura como potenciais adequados indicadores financeiros de longo prazo. Carleton e Davis, em obra coordenada por Ansoff, (1977, p.157-172) discutem os vários indicadores, no caso o Retorno sobre o Investimento, Lucro por Ação, Índice P/L e mesmo um modelo com ponderação de vários indicadores. Contudo, nesse sentido, é muito importante separar o indicador que pode e deve ser utilizado como instrumento de avaliação de desempenho daquele que permite a análise de investimento e, posteriormente, o mesmo instrumento passa a ser também utilizado na avaliação de desempenho. Neste artigo, a utilidade do instrumento tem a avaliação de desempenho como foco principal.

---

[2] Fábio Frezatti - Consultor do Instituto MVC M Vianna Costacurta Estratégia e Humanismo.

Steiner (1979, p.165) considera que o indicador de longo prazo passível de ser utilizado no processo de planejamento estratégico deve levar em conta os seguintes quesitos:

- Estar atrelado ao propósito da organização (missão e valores), contribuindo para que se mova para o direcionamento correto. Objetivos neutros, sem contribuições reais ou ainda conflitantes para tais elementos são inadequados;

- Passível de ser mensurado durante certo espaço de tempo, sem o que se torna impossível avaliar de maneira objetiva se foi ou não atingido;

- Factível no sentido de que será atingido, evitando objetivos não realistas e que só servem para desmotivar os gestores;

- Aceitável pelas pessoas da organização, pois deverá ser implementado a partir da definição de responsabilidades;

- Flexível no sentido de que pode ser modificado, caso alguma contingência apareça. Não significa que seja volátil, mas sim claro e firme o suficiente para garantir direcionamento aos profissionais;

- Motivador, já que são as pessoas que irão desenvolver suas atividades e proporcionar os resultados esperados. Dessa maneira, o grau de agressividade deve ser dosado para obter o nível de motivação que se deseja;

- Passível de ser entendido. Em princípio, ao menos conceitualmente, é extremamente desejável, que seja simples e deve ser entendido com poucas palavras;

- Passível de comprometimento por quem irá desenvolver ações para que seja atingido. Em alguns casos, o comprometimento total sobre dado objetivo só é obtido quando dois ou mais executivos trabalham juntos por serem (individualmente) responsáveis parciais;

- A participação dos profissionais na sua definição é fundamental para que seja validado; e

- Consistência de relacionamento entre os diversos objetivos (nos vários níveis hierárquicos e na organização), já que cada área deve dispor de seus objetivos relacionados com aqueles, hierarquicamente maiores, os objetivos de longo prazo da organização.

16.3. A Margem de Lucro sobre as Vendas

a. **Margem Operacional** = $\frac{\textbf{Lucro Operacional}}{\textbf{Vendas Líquidas}} = \frac{10.854}{211.302} = 0.0514$

b. **Margem Líquida** = $\frac{\textbf{Lucro Líquido (D.I.R.)}}{\textbf{Vendas Líquidas}} = \frac{25.977}{211.302} = 0.1229$

Este indicador, apesar dos esforços constantes para melhorá-lo, comprimindo despesas e aumentando a eficiência, apresenta-se baixo ou alto de acordo com o tipo de empreendimento.

16.4. Giro do Ativo

Este indicador já foi tratado como quociente de atividade. Aqui, ele volta e ganha em realce e importância para compor o retorno sobre o investimento.

a. **Giro do Ativo Operacional** = $\frac{\textbf{Vendas Líquidas}}{\textbf{Ativo Operacional Médio}} = \frac{211.302}{204.890} = 1.0313$

b. **Giro do Ativo Total** = $\frac{\textbf{Vendas Líquidas}}{\textbf{Ativo Total Médio}} = \frac{211.302}{207.747} = 1.0171$

16.5. Retorno sobre Investimento

a. **Retorno sobre o Investimento = Margem Operacional** x **Giro do Ativo Operacional** = 0.0514 x 1.0313 = 0.0530

b. **Retorno sobre o Investimento = Margem Líquida x Giro do Ativo Total** = 0.1229 x 1.0171 = 0.1250

Dentre os vários índices de rentabilidade, o do investimento é o que retrata, com absoluta precisão, a capacidade de produzir lucro de uma empresa.

16.6. Retorno sobre Patrimônio Líquido

a. **Retorno sobre PL** = $\frac{\textbf{Lucro Líquido}}{\textbf{Patrimônio Líquido}}$ (D.I.R.) = $\frac{25.977}{117.602}$ = 0.2209 ou 22.09%

A importância do indicador de retorno sobre o patrimônio líquido reside em expressar os resultados globais auferidos pela gerência na gestão de recursos próprios e de terceiros, em benefício dos acionistas.

Mede o retorno do investimento aos acionistas, em porcentagem. É o lucro líquido dividido pelo patrimônio liquido, multiplicado por 100. Para esse cálculo, consideram-se como patrimônio os dividendos distribuídos no exercício e os juros sobre o capital próprio, considerados como passivo.

16.7. Método Dupont

Padoveze (1997) comenta que esse método de análise conjuga os aspectos de produtividade financeira do investimento, da lucratividade das vendas e da estrutura de capitais. Evidencia os três componentes básicos da alavancagem da rentabilidade do capital próprio. O objetivo da decomposição dos componentes que propiciam a maximização da rentabilidade do capital próprio é possibilitar o estudo de quais componentes ainda eventualmente carecem de adequações/correções.

A fórmula empregada no método DuPont é dada por:

Rentabilidade do Capital Próprio = A x B / C

Onde:
A = Giro do Ativo → ROL / AT
B = Lucro Líquido sobre Vendas → LL / ROL
C = Participação do PL → PL / AT

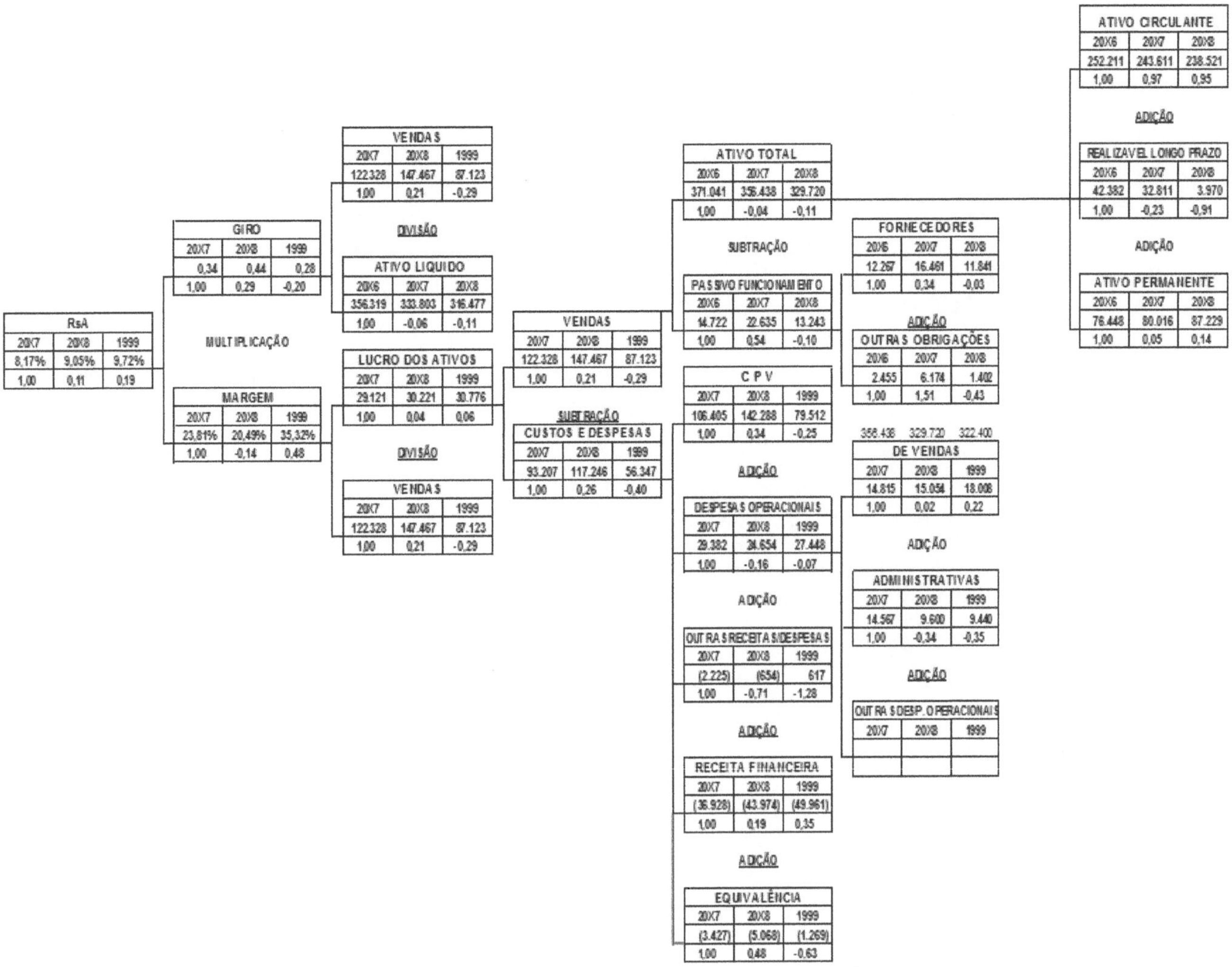
RsA
20X7 | 20X8 | 1999
8,17% | 9,05% | 9,72%
1,00 | 0,11 | 0,19
MULTIPLICAÇÃO
GIRO
20X7 | 20X8 | 1999
0,34 | 0,44 | 0,28
1,00 | 0,29 | -0,20
MARGEM
20X7 | 20X8 | 1999
23,81% | 20,49% | 35,32%
1,00 | -0,14 | 0,48
VENDAS
20X7 | 20X8 | 1999
122.328 | 147.467 | 87.123
1,00 | 0,21 | -0,29
DIVISÃO
ATIVO LIQUIDO
20X6 | 20X7 | 20X8
356.319 | 333.803 | 316.477
1,00 | -0,06 | -0,11
LUCRO DOS ATIVOS
20X7 | 20X8 | 1999
29.121 | 30.221 | 30.776
1,00 | 0,04 | 0,06
DIVISÃO
VENDAS
20X7 | 20X8 | 1999
122.328 | 147.467 | 87.123
1,00 | 0,21 | -0,29
VENDAS
20X7 | 20X8 | 1999
122.328 | 147.467 | 87.123
1,00 | 0,21 | -0,29
SUBTRAÇÃO
CUSTOS E DESPESAS
20X7 | 20X8 | 1999
93.207 | 117.246 | 56.347
1,00 | 0,26 | -0,40
ATIVO TOTAL
20X6 | 20X7 | 20X8
371.041 | 356.438 | 329.720
1,00 | -0,04 | -0,11
SUBTRAÇÃO
PASSIVO FUNCIONAMENTO
20X6 | 20X7 | 20X8
14.722 | 22.635 | 13.243
1,00 | 0,54 | -0,10
C P V
20X7 | 20X8 | 1999
106.405 | 142.288 | 79.512
1,00 | 0,34 | -0,25
ADIÇÃO
DESPESAS OPERACIONAIS
20X7 | 20X8 | 1999
29.382 | 34.654 | 27.448
1,00 | -0,16 | -0,07
ADIÇÃO
OUTRAS RECEITAS/DESPESAS
20X7 | 20X8 | 1999
(2.225) | (654) | 617
1,00 | -0,71 | -1,28
ADIÇÃO
RECEITA FINANCEIRA
20X7 | 20X8 | 1999
(36.928) | (43.974) | (49.961)
1,00 | 0,19 | 0,35
ADIÇÃO
EQUIVALÊNCIA
20X7 | 20X8 | 1999
(3.427) | (5.068) | (1.269)
1,00 | 0,48 | -0,63
FORNECEDORES
20X6 | 20X7 | 20X8
12.267 | 16.461 | 11.841
1,00 | 0,34 | -0,03
ADIÇÃO
OUTRAS OBRIGAÇÕES
20X6 | 20X7 | 20X8
2.455 | 6.174 | 1.402
1,00 | 1,51 | -0,43
356.438 329.720 322.400
DE VENDAS
20X7 | 20X8 | 1999
14.815 | 15.054 | 18.008
1,00 | 0,02 | 0,22
ADIÇÃO
ADMINISTRATIVAS
20X7 | 20X8 | 1999
14.567 | 9.600 | 9.440
1,00 | -0,34 | -0,35
ADIÇÃO
OUTRAS DESP. OPERACIONAIS
20X7 | 20X8 | 1999
ATIVO CIRCULANTE
20X6 | 20X7 | 20X8
252.211 | 243.611 | 238.521
1,00 | 0,97 | 0,95
ADIÇÃO
REALIZAVEL LONGO PRAZO
20X6 | 20X7 | 20X8
42.382 | 32.811 | 3.970
1,00 | -0,23 | -0,91
ADIÇÃO
ATIVO PERMANENTE
20X6 | 20X7 | 20X8
76.448 | 80.016 | 87.229
1,00 | 0,05 | 0,14

Capítulo 17

Alavancagem

Na prática, o Administrador está interessado em aumentar o Retorno dos Proprietários ou Acionistas. Para isso, duas estratégias básicas podem ser usadas:

1. Aumentar a produção e o faturamento, aproveitando-se da economia de escala resultante e adequando-se o custo das fontes de financiamento externo da empresa à sua potencialidade de rendimento.
2. Aumentar a receita e baixar os custos.

17.1. Alavancagem Operacional

É a estratégia utilizada pela empresa para aumentar o Lucro Operacional (LAJI) através do aumento do seu nível de atividade.

Lembrando:

Lucro Operacional = Receita Operacional – Custos e Despesas Operacionais
(LAJI) (RT) (CT)

1 – LAJI = RT – CT

2 – RT = P x Q

3 – CT = Fo + V x Q => Y = a + b.X

Fo = Custos Operacionais Fixos (incluindo despesas operacionais)

V x Q = Custo Variável Total

Substituindo em 1, as expressões 2 e 3, temos:

LAJI = (P x Q) – (Fo + V x Q)
= P x Q – Fo – V x Q
= P x Q – V x Q – Fo

LAJI = Q x (P-V) – Fo

Também sabemos que P – V = MCU e que MCU x Q = MCT, portanto:

LAJI = MCT – Fo

Assim, num nível de produção zero, temos:

LAJI = - Fo

Portanto, neste ponto, o resultado da atividade da empresa corresponde a um prejuízo igual ao montante dos Custos Fixos.

Vejamos o exemplo:

Volume (em Unid.)	Custo Oper. Fixo (Fo)	Custo Var. Total (VxQ)	Custo Total (Fo x V x Q)	Margem de Cont. Total (MCU x Q)	Receita Total (P x Q)	Resultado
-	1.000.000	-	1.000.000	-	-	- 1.000.000
1.000	1.000.000	250.000	1.250.000	250.000	500.000	- 750.000
2.000	1.000.000	500.000	1.500.000	500.000	1.000.000	- 500.000
3.000	1.000.000	750.000	1.750.000	750.000	1.500.000	- 250.000
4.000	1.000.000	1.000.000	2.000.000	1.000.000	2.000.000	-
5.000	1.000.000	1.250.000	2.250.000	1.250.000	2.500.000	250.000
6.000	1.000.000	1.500.000	2.500.000	1.500.000	3.000.000	500.000
7.000	1.000.000	1.750.000	2.750.000	1.750.000	3.500.000	750.000
8.000	1.000.000	2.000.000	3.000.000	2.000.000	4.000.000	1.000.000

P = R$ 500,00 V = R$ 250,00

A observação da tabela anterior sugere-nos alguns pontos importantes em relação aos conceitos expostos até aqui:

1. O resultado da Empresa (Lucro ou Prejuízo) pode ser tanto pela diferença entre Receita Operacional (RT) e Custo Operacional (CT), como pela diferença entre Custo Fixo Total (Ft) e Margem de Contribuição Total (MCT).

Vejamos o nível de produção Q = 3.000 unidades, por exemplo:

LAJI = RT – CT = (500, x 3.000) – [1.000.000, + (250, x 3.000)]
= 1.500.000 – (1.000.000, + 750.000,) = 250.000,

ou

LAJI = MCT – Fo = MCU x Q – Fo
= 250, x 3.000 – 1.000.000,
= 750.000, - 1.000.000 = - 250.000

2. Sendo a Margem de Contribuição Unitária a contribuição que cada unidade traz para a composição do resultado da Empresa, ela faz com que a **Margem de Contribuição Total** tenha as seguintes funções:

A – Antes do Ponto de Equilíbrio → **MCT** cobre parcialmente o custo;
B – No Ponto de Equilíbrio → **MCT** cobre o Custo Fixo totalmente;
C – Depois do Ponto de Equilíbrio → **MCT** cobre o Custo Fixo e forma o Lucro da Empresa.

O GAO exprime corretamente o efeito multiplicador que ocorre no lucro a partir da expansão do nível de produção.

Sempre se refere a um nível específico de atividade.

É obtido dividindo-se a variação percentual do lucro operacional pela variação percentual da quantidade produzida e vendida.

$$GAO_1 = \frac{\text{Var. \% no LAJI}}{\text{Var. \% nas Vendas}} = \frac{\partial \text{ LAJI}}{\delta Q} = \text{No. de Vezes}$$

ou

$$GAO_2 = \frac{\text{Margem de Contrib. Total}}{\text{LAJI}} = \frac{\text{MCT}}{\text{LAJI}} = \text{No. de Vezes}$$

No exemplo dado, o PEO é 4.000 unidades, obtido através de:

$$Q = \frac{Fo}{(P - V)} = \frac{1.000.000}{(500, - 250,)} = 4.000 \text{ unidades}$$

Suponhamos, agora, que o nível de atividade seja 5.000 unidades. Nesse nível, o resultado da empresa é:

$$\text{LAJI} = RT - CT = P \times Q - [Fo + (V \times Q)] =$$
$$= 500, \times 5.000 - [1.000.000 + 250, \times 5.000)] = 250.000,$$

> **Questionamento:**
> Se o nível de atividade aumentar em 20%, para quanto irá o lucro?
> OBS: P, V e Fo permanecem constantes.

Com esse acréscimo de 20% a Empresa passará a atuar no nível de 6.000 unidades (5.000 x 1,20) e terá um Lucro Operacional de R$ 500.000,00 [6.000 x 500, - 1.000.000 + (250, x 6.000)]. Este valor é 100% superior ao resultado base (R$ 250.000,00 para um nível de atividade de 5.000 unidades).

Resumindo:
Um aumento de 20% no nível de atividade (de 5.000 unid. para 6.000 unidades), proporcionou um aumento de 100% no resultado (de R$ 250.000,00 para R$ 500.000,00).

Verifica-se assim, que o aumento no Lucro foi mais do que proporcional ao ocorrido no nível de atividade. Isto é o que caracteriza a Alavancagem.

Então, aplicando-se as expressões vistas anteriormente chega-se ao GAO:

$$\mathbf{GAO_1} = \frac{\delta\ \mathbf{LAJI}}{\delta\ \mathbf{RTV}} = \frac{\mathbf{100\%}}{\mathbf{20\%}} = \mathbf{5\ vezes}$$

Ou

$$\mathbf{GAO_2} = \frac{\mathbf{MCT}}{\mathbf{LAJI}} = \frac{\mathbf{1.250.000}}{\mathbf{250.000}} = \mathbf{5\ vezes}$$

ß

Isto significa que com esta estrutura de custos, despesas e preço, e atuando ao nível de 5.000 unidades, terá, a cada 1% de aumento no nível de atividade, um aumento de 5% no lucro.

OBS: Não se calcula o GAO a partir do Ponto de Equilíbrio, pois nesse ponto o resultado é zero e não há como matematicamente checar a percentagem de aumento ou redução.

Propriedades do Gao:

- Abaixo do PEO o GAO é negativo.
- No PEO o GAO é indefinido, porque o LAJI = 0.
- Em trono do PEO, o GAO será máximo, positiva ou negativamente.
- O GAO diminui à medida que o volume de operações se desloque acima ou abaixo do PEO.

Inferências a Partir das Propriedades

- A partir de certo volume, aumentos na Margem de Contribuição Unitária (MCU), decorrentes de aumentos no preço de venda ou redução no V, deslocará o PEO para baixo, reduzindo o GAO.
- Uma redução na MCU deslocará o PEO para cima, aumentando o GAO.

ET.: Isto vale enquanto os Custos Operacionais Fixos permanecerem inalterados.

17.2. Alavancagem Financeira

É a capacidade da Empresa para usar seus encargos financeiros fixos a fim de maximizar os efeitos de variações no lucro antes dos juros e impostos (LAJIR) sobre os lucros por ação (LPA) da empresa.

Suponhamos 3 alternativas de Estrutura:

Alternativa "A"

100% de capital próprio.

Alternativa "B"

30% de recursos de terceiros, ao custo de 20%.

Alternativa "C"

50% de recursos de terceiros, ao custo de 20%.

Obs: O Ativo Total é de R$ 1.000.000,

DRE (em R$ 1.000,) de acordo com as três alternativas de endividamento.

Itens	A	B	C
Receita Operacional	3.000,	3.000,	3.000,
(-) CMV	(1.200,)	(1.200,)	(1.200,)
= Lucro Bruto (MCT)	1.800,	1.800,	1.800,
(-) Despesas Operacionais	(1.500,)	(1.500,)	(1.500,)
= Lucro Liquido Operacional	300,	300,	300,
(-) Despesas Financeiras	0	(60,)	(100,)
= Lucro Líq. antes do IR	300,	240,	200,
(-) Provisão para IR (30%)	(90,)	(72,)	(60,)
= Lucro Líquido do Exercício	210,	168,	140,

O GAF mede os efeitos provocados sobre o Lucro Líquido pelas variações ocorridas no LAJIR (LAJI).

$$\mathbf{GAF_1} = \frac{\textbf{Variação \% no Lucro Líquido}}{\textbf{Variação \% no LAJI}} = \frac{\delta\ \textbf{LL}}{\delta\ \textbf{LAJI}} = \textbf{No. de Vezes}$$

ou

$$\mathbf{GAF_2} = \frac{\textbf{LAJI}}{\textbf{LAJI – Desp. Financeiras}} = \frac{\textbf{LAJI}}{\textbf{LAIR}} = \textbf{No. de Vezes}$$

De outro modo, pode-se dizer que o GAF representa a elasticidade do Lucro Líquido em função do Lucro Líquido Operacional.

O GAF será tanto maior quanto for a participação do Capital de Terceiros na Estrutura Financeira, desde que seja mantida uma Taxa de Retorno sobre o Investimento Total ao Custo desse Capital de Terceiros.

Análise das três alternativas de endividamento, do ponto de vista do acionista.

Itens	A	B	C
1 – Lucro Líq. Operacional	300,	300,	300,
2 – Ativo Total	1.000,	1.000,	1.000,
3 – Taxa de Retorno s/ Ativo Total (1/2)	30%	30%	30%
4 – Capital de Terceiros	0	300,	500,
5 – Capital Próprio (2 – 4)	1.000,	700,	500,
6 – Lucro Líquido do Exercício	210,	168,	140,
7 – Taxa de Retorno s/ Cap. Próprio	21%	24%	28%

O que acontece se os resultados operacionais sofrerem alguma redução, digamos 50%?

Itens	A	B	C
Receita Operacional	1.500,	1.500,	1.500,
(-) CMV	(600,)	(600,)	(600,)
= Lucro Bruto (MCT)	900,	900,	900,
(-) Despesas Operacionais	(750,)	(750,)	(750,)
= Lucro Líquido Operacional	150,	150,	150,
(-) Despesas Financeiras	0	(60,)	(100,)
= Lucro Líq. antes do IR	150,	90,	50,
(-) Provisão para IR (30%)	(45,)	(27,)	(15,)
= Lucro Líquido do Exercício	105,	63,	35,
Lucro Líq. sobre Cap. Próprio	10,5%	9,0%	7,0%

Neste caso, o uso de mais capital de terceiros é prejudicial (alavancagem desfavorável), pois o retorno sobre o investimento (Ativo Total) é de apenas 15%, inferior, portanto, ao custo do capital de terceiros.

17.3. Alavancagem Total: O Efeito Combinado

Pode ser definido como o uso potencial de custos fixos, tanto operacionais como financeiros, para aumentar o efeito de variações nas vendas sobre o lucro por ação (LPA).

Grau de Alavancagem Total (Gat)

O GAT é a medida numérica da alavancagem total da empresa. Pode ser obtido através da expressão:

$$\text{GAT} = \frac{\textbf{Variação \% no LPA}}{\textbf{Variação \% nas vendas}}$$

Obs.: Sempre que o GAT > 1, haverá Alavancagem Total.

Outra forma para encontrar o GAT é:

$$\text{GAT a um determinado nível de vendas Q} = \frac{Q \times (P - V)}{Q \times (P - V) - F - J \times (DP \times 1 / 1 - T)}$$

Onde:

J = juros

DP = dividendos de ações preferenciais

T = taxa de impostos

Capítulo 18

Indicadores de Solvência

A análise de balanços tem auxiliado os gerentes de crédito na tarefa de decidir se vale à pena ou não conceder créditos a seus clientes. Tal tipo de decisão, por muitas vezes recorrente, se beneficia muito de técnicas quantitativas que auxiliam a construir quadros de referência e de decisão rápidos.

Stephem C. Kanitz do Departamento de Contabilidade e Atuária da Faculdade de Economia e Administração de São Paulo construiu o chamado "termômetro de insolvência" que consiste em relacionar alguns quocientes, atribuindo pesos aos mesmos e somando e subtraindo os valores assim obtidos, é calculado da seguinte forma:

$$X1 = \frac{\text{Lucro Líquido}}{\text{Patrimônio Líquido}} \times 0.05 = \frac{25.977}{117.602} \times 0.05 = 0.0110$$

$$X2 = \frac{\text{Ativo Circulante + Realizável a Longo Prazo}}{\text{Exigível Total}} \times 1.65 = \frac{131.022 + 5.860}{57.382 + 31.363} \times 1.65 = 1.6427$$

$$X3 = \frac{\text{Ativo Circulante – Estoques}}{\text{Passivo Circulante}} \times 3.55 = \frac{131.022 - 27.758}{57.382} \times 3.55 = 6.3885$$

$$X4 = \frac{\text{Ativo Circulante}}{\text{Passivo Circulante}} \times 1.06 = \frac{131.022}{57.382} \times 1.06 = 2.4203$$

$$X5 = \frac{\text{Exigível Total}}{\text{Patrimônio Líquido}} \times 0.33 = \frac{57.382 + 31.363}{117.602} \times 0.33 = 0.2490$$

FATOR DE INSOLVÊNCIA = X1 + X2 + X3 - X4 - X5 = 0.0110 + 1.6427 + 6.3885-2.4203 – 0.2490 = 5.3729

Se a soma resultar num valor compreendido entre 0 e 7, a empresa estará na faixa de "solvência" . Se recair entre 0 e –3, estará na zona de "penumbra" e se cair na fixa –3 e –7, estará na zona de "insolvência".

Ex.:

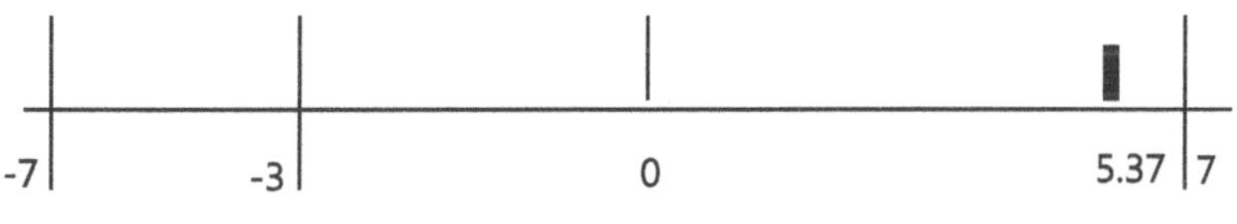

No exemplo anterior do termômetro de insolvência, observamos que a empresa ÚNICA SA está na faixa de solvência, ou seja: 5.37.

Capítulo 19

EVA[1] - Valor Econômico Agregado

19.1. Conceito e Características

EVA (Valor Econômico Agregado) é uma medida de desempenho empresarial que difere da maioria das demais ao incluir uma cobrança sobre o lucro pelo custo de todo o capital que uma empresa utiliza. Mas o EVA é muito mais do que uma simples medida de desempenho. É a estrutura para um sistema completo de gerência financeira e remuneração variável que pode orientar cada decisão tomada por uma empresa, da sala do conselho até o chão da fábrica; que pode transformar uma cultura corporativa; que pode melhorar as vidas profissionais de todos na empresa, fazendo com que sejam mais bem-sucedidos; e que pode ajudá-los a produzir maior valor para os acionistas, clientes e para eles próprios (Ehrbar).

O conceito de valor econômico não é recente e está presente nos livros clássicos de economia, e todo administrador busca, mesmo que instintivamente, gerar um retorno superior ao custo de oportunidade de capital. Para Drucker, economistas clássicos, já discutiam o conceito em fins da década de 1890.

Para Drucker ao mensurar o valor agregado acima de todos os custos, inclusive o custo de capital, o EVA mede, com efeito, a produtividade de todos os fatores de produção. Esse indicador não informa, em si mesmo, por que determinado produto ou certo serviço não agrega valor e como corrigir a situação. Mas ele mostra o que precisamos investigar e se devemos adotar medidas corretivas. O EVA também deve ser usado para identificar do que funciona. Esse indicador revela os produtos, os serviços, as operações e as atividades que apresentam produtividade atipicamente alta e agregam valor inusitadamente elevado.

Para Caetano (1998), o EVA é uma medida da criação (ou destruição) de riqueza, centrada num período determinado. Sua base de cálculo é o lucro operacional líquido da empresa menos o custo do capital investido. Quando positivo, indica que a operação, no período, apresentou retorno superior ao custo de oportunidade do investimento.

Assaf Neto (1999) ressalta que o EVA é uma medida de criação de valor identificada no desempenho operacional da própria empresa, conforme expresso pelos relatórios financeiros. Pode ser compreendido como o resultado apurado pela empresa de que excede à remuneração mínima exigida pelos proprietários de capital (acionistas e credores).

---

[1] EVA e *Economic Value Added* são marcas registradas da Stern Stewart & Co (EUA).

O encargo de capital no EVA é o que os economistas chamam de custo oportunidade. É o retorno que investidores poderiam realizar ao colocarem seu dinheiro numa carteira de outras ações e títulos de risco comparável e do qual abrem mão por reterem os títulos da empresa em questão. O encargo sobre o capital incorpora o preceito fundamental, que data de Adam Smith, de que um negócio tem que produzir um retorno mínimo, competitivo sobre todo o capital nele investido. Este custo de capital, ou taxa de retorno exigida, aplica-se o capital próprio assim como a endividamento. Da mesma forma pela qual credores exigem seus pagamentos de juros, acionistas insistem em obter ao menos uma taxa de retorno mínima aceitável sobre o dinheiro que têm em risco. Visto de outra forma, o EVA é lucro da forma pela qual os acionistas o medem. Se os acionistas esperam uma taxa de retorno mínima de digamos, 12% sobre seu investimento, não começam a "ganhar dinheiro" até que os lucros ultrapassem aquela marca.

19.2. Cálculo do EVA

O EVA é uma medida daqueles lucros verdadeiros. Aritmeticamente, é o lucro operacional após pagamento de impostos menos os encargos sobre capital, apropriado tanto para endividamento quanto para capital acionário. Cada autor apresenta fórmulas diferentes para o cálculo do EVA, apresentam-se a seguir algumas destas fórmulas:

Fórmulas:

$$\mathbf{EVA = NOPAT - C\% \ (TC)}$$

Onde NOPAT é o lucro operacional líquido após tributação, C% é o custo percentual de capital e TC é o capital total.

Como o objetivo enunciado de qualquer empresa é promover, em suas decisões financeiras, um retorno que remunere as expectativas de rendimentos de seus proprietários de capital, a comparação do ROI com o custo total de capital (CMPC) permite identificar se a empresa está agregando ou destruindo valor econômico. Para que uma empresa demonstre viabilidade econômica, é necessário que o retorno do investimento cubra, pelo menos, seu custo de capital, isto é:

Atratividade $\rightarrow$ ROI > CMPC Econômica

Esse é o lucro extraordinário obtido pela empresa no exercício de 19X9, o qual influencia positivamente seu valor de mercado. A expressão de cálculo do EVA Apresenta-se:

O EVA pode também ser calculado pela seguinte formulação alternativa:

EVA = Lucro Operacional – (Investimento X CMPC)

EVA = (ROI – CMPC) X Investimento

Assaf Neto assevera que o cálculo do EVA exige o conhecimento do custo total de capital da empresa, o qual é obtido pelo custo de cada fonte de financiamento (próprio e de terceiros) ponderado pela participação do respectivo capital no total do investimento realizado (fixo e giro).

Resumo Sinótico do Cálculo do EVA Através do Balanço Patrimonial:

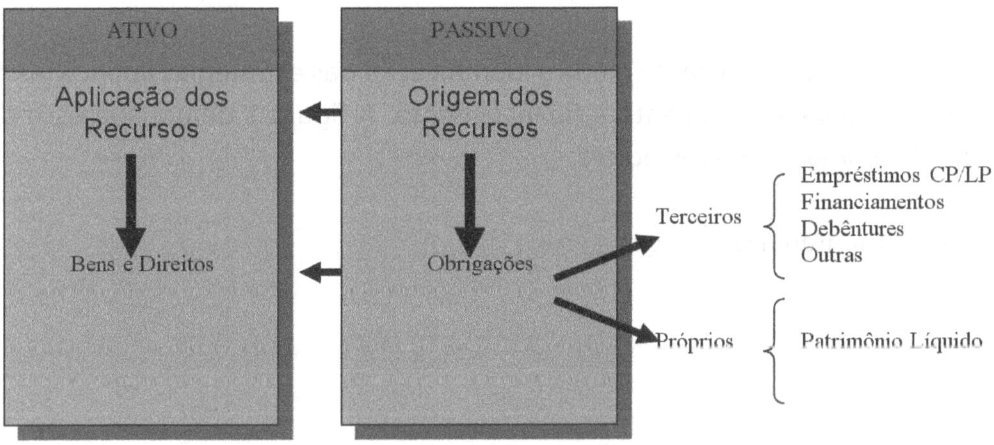

Objetivando os cálculos, definem-se primeiramente as contas do capital de terceiros sobre as quais incidem encargos financeiros; como contas de Empréstimos e Financiamentos de Curto e Longo Prazo, Debêntures, entre outras. Para obter o custo deste capital de terceiros basta multiplicar os saldos pelo respectivo percentual de juros cobrado por cada uma das instituições (bancos, financeiras, aplicadores, entre outros). Estão excluídas do cálculo aquelas contas que a empresa não incorre em despesas financeiras, como fornecedores, impostos, contribuições e salários a pagar, dividendos, entre outras.

No segundo momento, seleciona-se o capital próprio ou capital dos acionistas. Esse capital deve ser remunerado a taxas equivalentes pagas pelo mercado (CDB, RDB, etc).

Exemplo Ilustrativo:

Para o exemplo a seguir, usamos o Balanço Patrimonial e DRE da Marisol S/A ilustrados no início deste módulo.

1ª Fórmula: EVA= Lucro Operacional – (Investimentos X CMPC)
Investimento = Passivo Oneroso + Patrimônio Líquido
CMPC= CDB ao ano.
EVA99 = 8.999 – (158.575 X 16,10%)
EVA99 = 8.999 – 25.530,57
EVA99 = - 16.540,57

2ª Fórmula:
EVA = (ROI – CMPC) X Investimento
EVA99 = (5.30 – 16.10) X 158.575
EVA99 = -10.8 % X 158.575
EVA99 = -17.126.10

Na formação do EVA, torna-se bastante nítida a identificação das estratégias financeiras relacionadas pela empresa: operacional, investimento e financiamento. A figura 1 demonstra esse desempenho por meio de um diagrama básico de índices.

Formação do EVA – Diagrama de Índices:

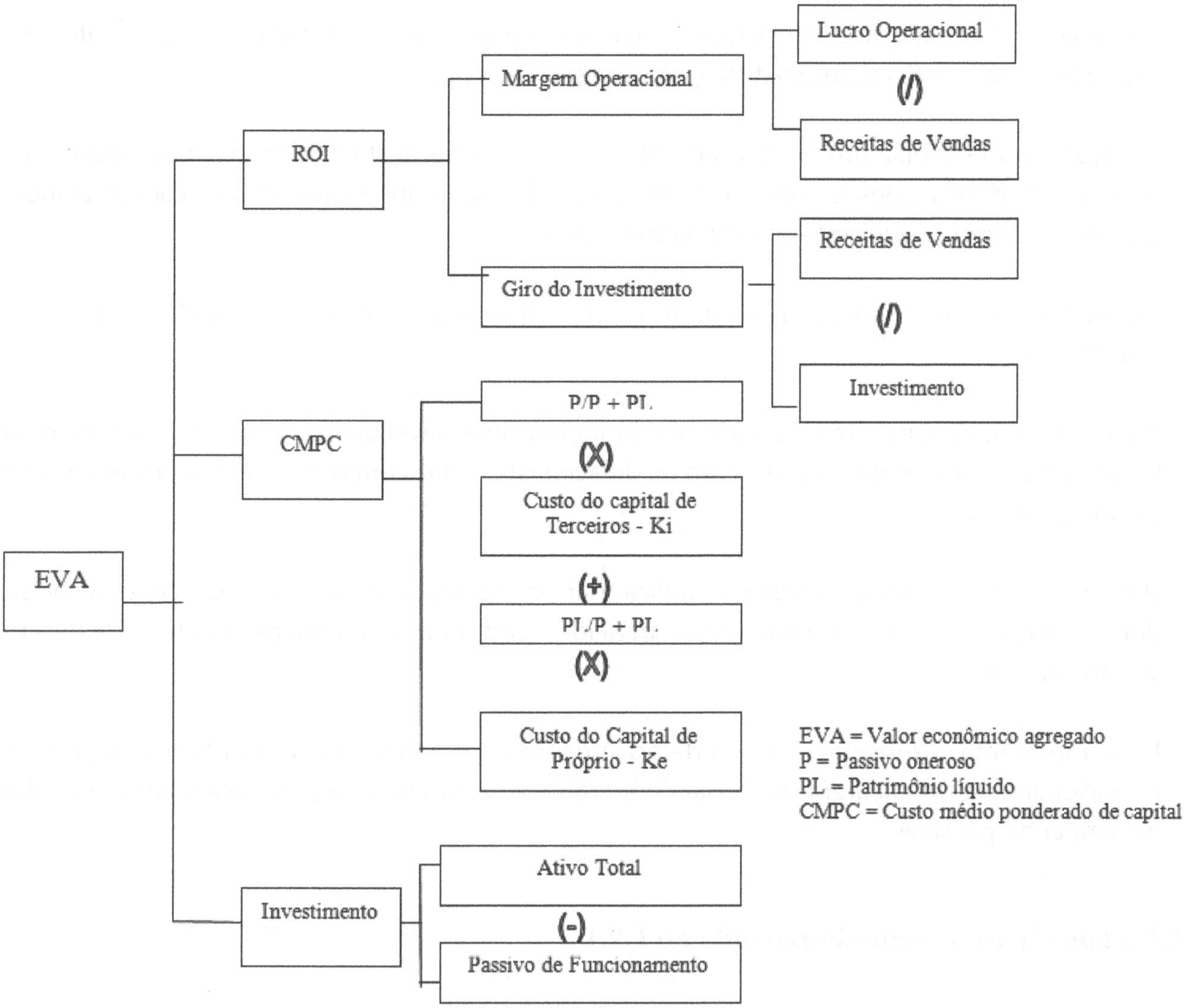

Fonte: ASSAF NETO, Alexandre. Estrutura e Análise de Balanços: Um Enfoque Econômico-Financeira. 5ª Ed. São Paulo: Editora Atlas, 2000.

Quando empresas utilizam o EVA plenamente, que é o que devem fazer para mudar comportamento, este torna-se muito mais do que apenas mais uma maneira de somar custos e calcular lucro.

O EVA é:

- A medida de desempenho empresarial mais diretamente ligada, tanto teórica quanto empiricamente, à criação de riqueza para acionistas; como verão, gerir visando um EVA mais elevado é, por definição, gerir visando um preço por ação mais elevado.

- A única medida de desempenho que sempre oferece a resposta "certa", no sentido de que mais EVA sempre é definitivamente melhor para acionistas, que o torna a única medida de melhoria contínua; em contrapartida, ações que aumentam margens de lucros, lucro por ação e até mesmo taxas de retorno às vezes destroem riqueza para acionistas.

- A estrutura que subjaz um novo e abrangente sistema de gestão financeira empresarial que orienta cada decisão, desde orçamentos operacionais anuais até orçamentos de capital, planejamento estratégico e aquisições e desinvestimentos.

- Um método simples e eficaz de alfabetizar em negócios até mesmo os trabalhadores menos sofisticados.

- A variável – chave num sistema singular de remuneração variável que, pela primeira vez, realmente alinha os interesses de gerentes com os de acionistas e faz com que gerentes pensem e ajam como acionistas.

- Uma estrutura que empresas poderão utilizar para comunicar suas metas e realizações a investidores, e que investidores poderão utilizar para identificar empresas com perspectivas de desempenho superior.

- Mais importante, um sistema interno de governança corporativa que motiva todos os gerentes e funcionários a trabalharem de forma cooperativa e entusiasmada para alcançarem o melhor desempenho possível.

19.3. Plano de Remuneração Baseado no EVA

Ehrbar considera que a verdadeira chave para o sucesso da estrutura do EVA reside na utilização de melhorias no EVA num tipo de plano de remuneração variável único, que ative a imaginação e a iniciativa de gerentes e funcionários. De todas as variáveis sob o controle da alta gerência e do conselho de administração, aquela com o maior impacto no sucesso ou fracasso de qualquer empreendimento é o sistema de recompensas e incentivos que forma e direciona o comportamento dos funcionários. Pessoas constituem o único fator de produção, para usar o termo dos economistas, que inspira todos os demais. Tudo que uma empresa cria de valor é sempre em função da maneira pela qual seu pessoal aplica suas energias e ideias ao capital e às matérias-primas para criar bens e serviços que outros desejam; e como as pessoas realizam suas tarefas é determinado pela maneira com que você as trata e paga.

Para Ehrbar os planos de remuneração normalmente têm quatro objetivos-chave:

- Alinhar interesses da administração e dos acionistas, dando aos administradores a motivação para escolherem estratégias e tomarem decisões operacionais que maximizem a riqueza dos acionistas;

- Oferecer suficiente alavancagem, medida pela variabilidade das recompensas potenciais, para motivar gerentes a trabalharem horários mais longos, assumirem riscos e tomarem decisões desagradáveis, como dispensar funcionários ou fechar uma fábrica;

- Limitar o risco de retenção, ou o risco de que gerentes valorizados debandem atrás de uma oferta melhor, especialmente durante períodos de baixa setorial e recessões;

- Manter os custos dos acionistas num nível aceitável.

Os elementos-chave nos planos de bônus de EVA solucionam inúmeros problemas dos planos de bônus convencionais. Esses elementos são:

- Remuneração por EVA crescente;
- Inexistência de chão ou tetos;
- Bônus-alvo;
- Banco de bônus;
- Alvos de desempenho determinados por fórmula e não por negociação.

Capítulo 20

EBITDA – Redescoberta do Potencial Informativo dos Indicadores Absolutos

20.1. Considerações Iniciais

Em tempos de globalização é imperativo de excelência empresarial alcançar-se padrões de competitividade, ou seja, diferenciais que destaquem a empresa no seu meio. Como os fatores de ordem externa influenciam igualmente a todas do ramo (concorrentes), o diferencial será então o grau de sustentação do negócio, sua solidez e performance, e principalmente, sua capacidade de resposta às transformações do ambiente e momentos da empresa. Com este quadro, a empresa passa a constituir personalidade no mercado, podendo até, como enfatiza Porter, influenciar as forças competitivas a seu favor.

Neste contexto de rápidas mudanças e respostas, a busca por indicadores econômicos e financeiros para apoio ao processo decisorial têm crescido nos últimos tempos, o que consagra a abordagem comportamental da contabilidade.

A previsão do comportamento dos elementos patrimoniais impõe a análise do ambiente no qual os fenômenos ocorrem. Embora a dinâmica ambiental se incumba de gerar padrões de mercado, cada empreendimento tem suas peculiaridades comportamentais, ensejadas por um complexo de relações de natureza lógica. Relações lógicas tais que, transcendem o ambiente organizacional interno.

Os gestores, cada vez mais, necessitam do *feedback* proporcionado pela informação contábil, não somente no momento da criação da estratégia competitiva, mas especialmente, na avaliação das ações empreendidas. A análise das Demonstrações contábeis torna-se, neste quadro de necessidades, uma poderosa aliada na tarefa de apoio e fundamento decisorial.

20.2. Apresentando o EBITDA

As medidas tradicionais vêm sofrendo refinamentos para uma melhor qualificação da informação construída a partir delas, outras têm sido 'redescobertas', a exemplo de uma medida já conhecida entre nós, EBITDA, E*arning Before Interest, Taxes, Depreciation and Amortization,* ou popularmente falando, LAJIDA.

ASSAF NETO[2] coloca-nos que:

"As empresas vêm redescobrindo indicadores tradicionais do campo das finanças, porém, formulados de maneira bastante moderna e sofisticada, e disseminando seu uso de forma globalizada."

Traduzindo em português, o EBITDA nada mais é do que o nosso LUCRO OPERACIONAL AJUSTADO, cuja diferença em relação ao EBITDA corresponde à depreciação/amortização ou exaustão. Vejamos:

DRE simplificado

Receita de Vendas
(-) CPV

= Lucro Bruto
(-) Despesas Operacionais
C/Vendas
Gerais e Administrativas.
(=) EBITDA ou LUCRO OPERACIONAL AJUSTADO.
(-) Despesas Escriturais
= Lucro Operacional Antes do IR e CS
(+ ou -) Receitas e Despesas Financeiras
= Lucro Antes do IR e CS
(-) Provisão para IR e CS
= LUCRO LÍQUIDO

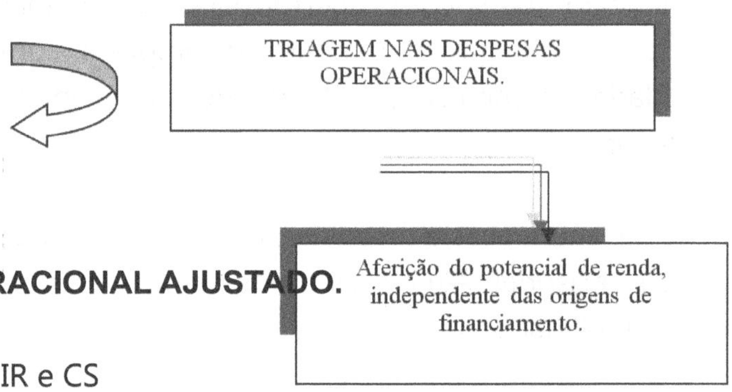

O EBITDA consiste num poderoso indicador de desempenho financeiro, posto que reflete o potencial de geração de recursos decorrentes eminentemente das operações da empresa. Note que são excluídos do cômputo toda e qualquer despesa escritural, ainda que operacional, a exemplo da depreciação posto que, não representa saída de recursos (desembolso).

[2] ASSAF NETO, Alexandre. *Estrutura e Análise de Balanços.* São Paulo: Atlas, 2001.

O EBITDA engloba todos os componentes operacionais e desta forma, compreende grande parte das receitas auferidas e despesas incorridas, o que destaca a medida em relação ao Lucro Líquido na visualização do desempenho operacional do negócio.

Ao falarmos em 'potencial de geração de caixa' desejamos ressaltar que, parte da receita registrada pode não representar ingresso imediato de recursos (receitas à vista) da mesma maneira que parte das despesas incorridas pode representar uma pendência de pagamento. Desta forma, não podemos empregar a expressão 'geração efetiva de caixa operacional' muito menos 'fluxo monetário', o que em hipótese alguma reduz a importância informativa da referida medida, uma vez que o indicador proporciona uma leitura acerca do potencial desta geração. Segundo ASSAF NETO "*O EBITDA equivale ao conceito restrito de fluxo de caixa operacional da empresa, apurado antes do imposto de renda.*"

LUCRO LÍQUIDO

(+) DESPESAS ESCRITURAIS

Depreciação

= FLUXO DE CAIXA OPERACIONAL

Por retratar o 'operacional da empresa', o EBITDA é utilizado como aferidor de desempenho na geração de recursos próprios decorrentes da atividade fim do negócio, razão pela qual desconsidera em seu cômputo toda e qualquer receita ou despesa não decorrente da operação principal da empresa.

Ao desconsiderar em seu cômputo os resultados financeiros, eliminamos para fins de análise toda e qualquer dificuldade gerada em função de uma eventual desvalorização de moeda. As receitas oriundas de aplicações financeiras assim como as despesas provenientes do aporte de recursos junto a terceiros não se vinculam ao objetivo principal do negócio, justificando, desta forma, a sua não inclusão no cálculo.

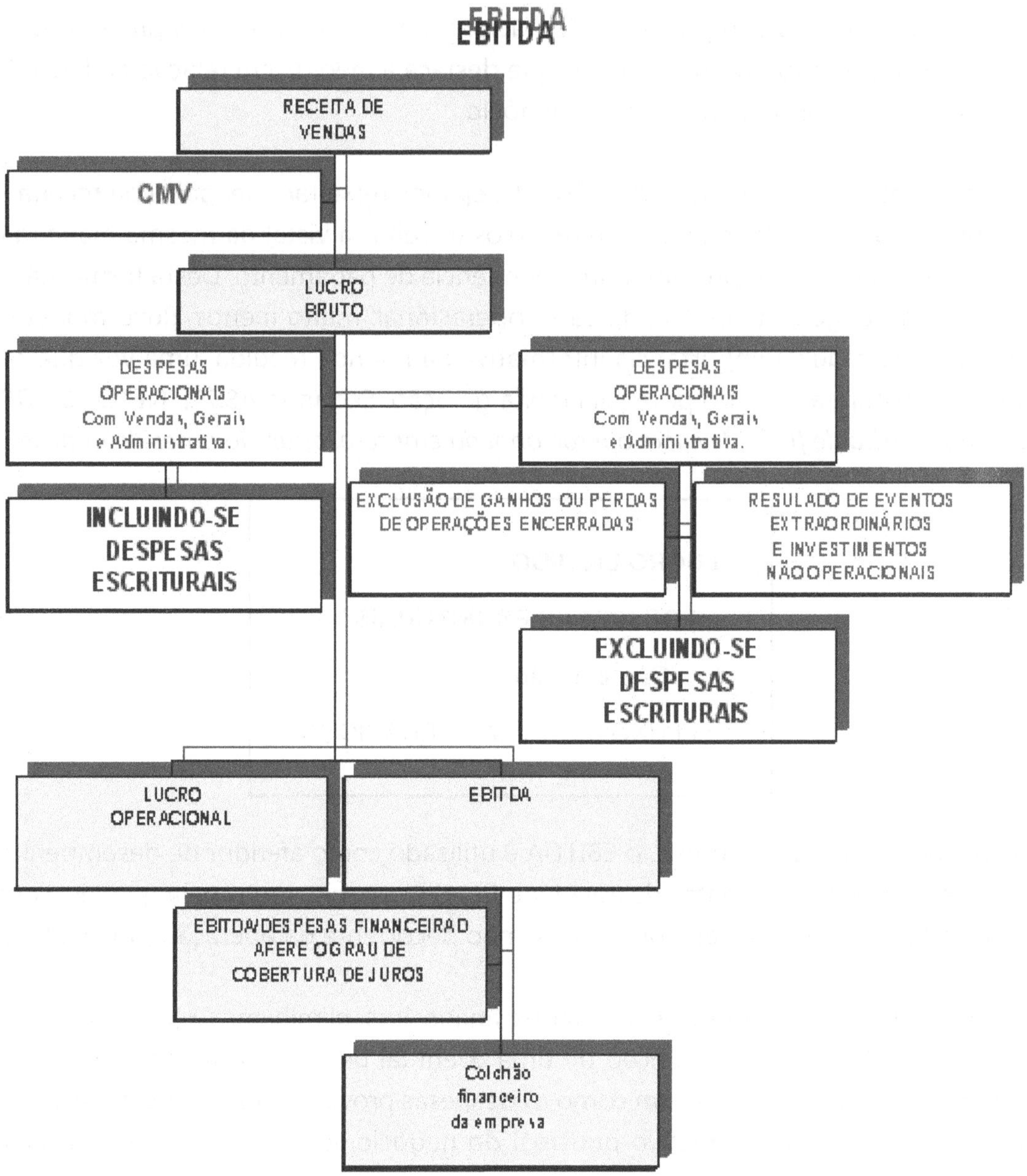

Figura 01. Quadro esquemático para obtenção do EBITDA.

Capítulo 21

EBITDA como Instrumento de Análise

A leitura proporcionada pela análise do EBITDA apoia decisões diversas, a saber:

- **mudanças na política financeira da empresa.** Ora, se o ingresso efetivo de recursos, no período considerado para análise, encontra-se em nível insatisfatório comparativamente à capacidade operacional de geração de caixa da empresa, a política financeira, por certo, precisará ser reformulada caso a liquidez efetiva da empresa esteja baixa;

- **visualização do grau de cobertura das despesas financeiras:** os resultados operacionais cobrem as despesas financeiras? Qual o percentual de segurança, ou seja, qual a parcela mínima de receitas à vista para cobertura destas despesas?

- **monitoramento de estratégias financeiras empreendidas.** De que forma repercutiu a estratégia financeira adotada? Quanto maior o volume de recursos gerados na atividade da empresa, melhor a flexibilidade dos gestores para tomada de decisões pertinentes à aquisição e alocação de ativos, assim como melhor será sua liquidez, se em adequada sintonia de prazos;

- **pode ser utilizado como *benchmark* financeiro:** o analista não deve privar-se de analisar a empresa de forma dinâmica comparando seus indicadores, estáticos ou absolutos, com medidas de empresas congêneres;

- **serve de base para avaliação de empresas, uma vez que evidencia a viabilidade dos negócios (termômetro de eficiência e produtividade):** o EBITDA é a variável mestra em avaliações de empresa uma vez que reflete o puro desempenho do empreendimento no segmento econômico. Existe uma tendência por parte dos analistas em recomendar negócios com empresas que apresentam EBITDA positivo, afinal quanto maior a geração de recursos via operações da empresa, mais atrativo é o negócio, especialmente quando comparamos o indicador absoluto com o volume de investimentos operacionais. É forçoso lembrar ainda que, o valor de empresa tem variado na razão direta de seu EBITDA.

EBITDA
x Fator multiplicador
(+) Aplicações Financeiras
(-) Montante de obrigações
VALOR NEGOCIAL DA EMPRESA

Figura 02. Método de avaliação de empresas com esteio no cálculo do EBITDA.

- **pode ser usada como base para pagamento de bônus a empregados.** Afinal, a medida afere, de forma direta, o desempenho operacional e comercial;

- **trata-se de uma medida globalizada.** No início deste artigo, usamos a expressão: "Em tempos de globalização". Pois bem, o EBITDA traz a grande vantagem, considerando-se todo o universo dos indicadores absolutos, de permitir comparabalilidade de dados entre empresas localizadas em diferentes países, à medida que elimina de seu cálculo, obstáculos que prejudicariam essa comparação, a saber: efeitos devido à diferenças de legislação tributária e métodos de depreciação aplicados.

A existência destes citados 'obstáculos' na formação do Lucro Líquido o descredencia para construção de informações pertinentes ao desempenho operacional em âmbito globalizado, razão pela qual o EBITDA tornou-se reconhecidamente uma eficaz MEDIDA FINANCEIRA GLOBALIZADA.

Embora o referido indicador supere a eficácia do LUCRO LÍQUIDO, para fins deste tipo de avaliação, o mercado ainda não despreza de todo a medida, uma vez que é o lucro líquido que serve de base à remuneração dos acionistas.

A informação que emerge da Análise das Demonstrações Contábeis deve ser sempre contextualizada e direcionada ao usuário para ser precisa. Eventos do tipo, desvalorização cambial, alta de juros tendem a mascarar o retrato do desempenho do negócio quando utilizamos a medida do Lucro Líquido para este fim.

Sobre esta questão, ICÓ acrescenta que: *"O Lucro Líquido do Exercício (LLE) sempre foi por muitos considerado um ótimo, talvez o melhor, indicador do bom desempenho de uma companhia."* Se, de um lado, o Lucro líquido do exercício não é eficaz para fins de medida do potencial gerador de caixa (operacional) , por outro, sua medida tem se mostrado eficiente na análise da remunerabilidade de empreendimentos em relação aos seus acionistas, razão pela qual ainda é bastante utilizada.

Na verdade, o EBITDA está totalmente à margem das diferenças entre as políticas adotadas para as questões tributárias assim como da especificidade dos métodos de depreciação empregados ou permitidos.

21.3. Limitações

A eficácia sempre exige um objeto de referência. No caso do EBITDA, o objeto- referência é o desempenho de caixa da empresa. Relacionamos abaixo, algumas limitações ou talvez fosse mais apropriado falar em pontos de interrogação referentes ao cálculo do indicador.

21.3.1. Avaliação de estoque

Quando falamos em avaliação de estoque emerge um questionamento: que método melhor espelha a realidade de valor do bem? Valores de entrada ou valores de saída? Embora os métodos de avaliação de entrada sejam mais objetivos e por isso, verificáveis, muitos entendem que sua adoção acaba por mascarar o resultado, especialmente em contextos inflacionários, onde o custo das mercadorias/ produtos vendidos não refletem a dinâmica de mercado. O EBITDA, pela sua própria composição e natureza, é sensível a avaliação de estoques, especialmente quando sua análise objetiva determinar o valor de mercado de empresas.

21.3.2. Gastos diferidos

Alguns entendem que, embora os gastos diferidos tragam inegáveis benefícios para exercícios sociais posteriores ao da aplicação, eles correspondem a gastos de um único período. Gastos estes, necessários à continuidade da atividade, devendo ser levados a resultado em sua totalidade para melhor qualificação do referido indicador. O argumento da inclusão destas despesas, em sua totalidade, deve-se à própria natureza dos gastos: as despesas com pesquisa e desenvolvimento de novas linhas de produto são vitais em determinados contextos de mercado, embora não afetem unicamente o exercício em curso. Os gastos desta ordem são despesas operacionais e conferem utilidade ao serviço ou produtos assim, nada mais justo que as evidenciemos pelo seu total. Ademais, embora os benefícios sejam mais ou menos prolongados, o gasto é imediato. Para melhor leitura do efeito desses gastos sobre o resultado do exercício social, em nosso entendimento, faz-se necessário ajustar-se o indicador tomando-se os gastos desta natureza pelo seu valor total.

21.3.3. O valor informativo do indicador é maior quando usado de forma combinada com outras técnicas de análise ou outros indicadores

Esta afirmação repousa na seguinte base: embora uma empresa apresente em determinado exercício um EBITDA positivo, parte desse resultado pode estar comprometido com um passivo oneroso ou ainda, grande parte pode ser composta de receitas a prazo (onde embute aí o risco do não recebimento). Em outro extremo: uma empresa pode apresentar um EBITDA negativo e, no entanto, quando analisados os números numa linha temporal, podemos constatar uma tendência de recuperação. Portanto, é preciso dimensionar o indicador de forma realística: ele serve de parâmetro para leitura do potencial de geração de caixa assim como do desempenho operacional do negócio, o que o credencia como elemento base para avaliação de empresas, especificamente na constatação da viabilidade do negócio;

21.3.4. Inaplicabilidade para Instituições Financeiras

As despesas financeiras, nestas Instituições, fazem parte das operações principais, logo não devem ser excluídas. Talvez fosse o caso de se generalizar o emprego do indicador da seguinte forma:

Receita de Vendas
(-) CPV
= Lucro Bruto
(-) Despesas Operacionais
  C/Vendas
  Gerais e Administrativas.
(=) EBITDA ou LUCRO OPERACIONAL AJUSTADO.
(-) DESPESAS NÃO ASSOCIADAS À ATIVIDADE FIM
= Lucro Antes do IR e CL
(-) Provisão para IR e CL
= LUCRO LÍQUIDO

Com esta reformulação do indicador, a fase crítica seria a caracterização do negócio e a classificação das despesas.

21.4. Interpretação e leitura

Embora o EBITDA seja um indicador absoluto, sua análise é extremamente relativa conforme já demonstrado. Uma empresa pode apresentar um crescimento no volume do negócio (expansão) e, no entanto, gerar um EBITDA negativo no exercício. Nem sempre um EBITDA negativo significa ausência de crescimento, especialmente quando consideramos uma empresa em fase de consolidação no mercado. O analista não pode furtar-se do uso de outras técnicas de análise, a exemplo da análise horizontal (temporal), da análise cruzada (entre congêneres) e da própria análise estática, onde o próprio conceito de EBITDA pode ser utilizado na composição de indicadores, conforme evidencia a tabela 01.

Quadro de indicadores

INDICADOR	INTERPRETAÇÃO
GRAU DE COBERTURA OPERACIONAL = EBITDA / DESPESAS FINANCEIRAS	Informa quanto a empresa pode gerar em sua atividade (potencial de caixa) para fazer face às despesas financeiras do período.
MARGEM OPERACIONAL = EBITDA / VENDAS	Mede o volume de recursos líquidos gerados na atividade da empresa comparativamente ao volume bruto de vendas. De forma indireta afere o impacto das despesas operacionais sobre o desempenho operacional do negócio.
RENTABILIDADE DO ATIVO OPERACIONAL ajustado = EBITDA / ATIVO OPERACIONAL	Afere o potencial de ingresso para cada unidade monetária de investimento operacional (empregado para obter a referida renda). Importante indicador de desempenho uma vez que permite monitorar elementos de gestão estratégicos: comportamento das vendas - custos e alocação de ativos operacionais.
ROI **ajustado** = MARGEM OPERACIONAL (%) * GIRO DO ATIVO (%) ou seja, (EBITDA * 100 / VENDAS) * (VENDAS / ATIVO OPERACIONAL)	Permite avaliar o comportamento da margem operacional e do giro do ativo de forma combinada, o que facilita a previsão da margem para determinadas condições de custos variáveis ou volume de vendas.
RENTABILIDADE DO PATRIMÔNIO LÍQUIDO ajustado = EBITDA / PATRIMÔNIO LÍQUIDO MÉDIO	Informa quanto a empresa obteve em sua atividade (êxito econômico) comparativamente ao volume de recursos próprios investidos. Na verdade, obtém-se com este indicador a taxa efetiva de rendimento do capital próprio.

A partir do dado EBITDA, indicador absoluto, podemos obter ainda, um dado derivado de extremo valor informativo, referimo-nos a seu giro.

Decompondo a fórmula universal do giro[3], podemos calcular a rotação desta geração de recursos financeiros:

Quociente de Giro (QO) = [(a + ab) – b] / a+b/2

Sendo :
a = EBITDA no início do período;
b = EBITDA no final do período;
a*b = Total do período
a+b/2 = Média.

Exemplo ilustrativo:
Com base nos dados abaixo, calcular o giro do EBITDA:
EBITDA final do exercício anterior ao analisado = $ 250.000
EBITDA final do exercício analisado = $ 350.000
Total movimentado = $ 500.000
Média = $[250.000+350.000] / 2 = $300.000
Líquido movimentado = ($ 250.000+ $ 500.000) - $350.000 = $400.000
Quociente de Giro do EBITDA = $ 400.000/ 300.000 = 1.33
Rotação = 360 /1.33 = 270 dias.
Interpretando o indicador acima, observamos que o EBITDA gira a cada 270 dias.

[3] SÁ, Antônio Lopes de. Estudo Analítico da Rentabilidade das Empresas. Apec Rio de Janeiro, 1976 .

A variação do giro é função exclusivamente da geração operacional de recursos, o que o faz dependente de fatores operacionais (internos) e de mercado. Todo e qualquer julgamento será função da análise integrada de tais variáveis, o que tende a enriquecer o trabalho do analista.

21.5. Considerações Finais

Através da análise do indicador absoluto EBITDA, comparando-o com dados de empresas congêneres e de exercícios anteriores, o analista ganha fundamento para avaliar o êxito da empresa em seu segmento, razão pela qual a medida tem sido uma das mais utilizadas no mercado. Sua aplicação tem sido exaustiva no campo de avaliação de empresas, o que ressalta a importância da contabilidade, ainda que histórica, na fixação de referências de valor.

O maior dos argumentos para a inserção da contabilidade no rol das ciências humanas é a não autonomia dos números em relação ao contexto ambiental, e ainda, em relação ao ambiente interno das organizações e o EBITDA é um indicador que resgata a dinâmica destas relações na construção de uma interpretação acerca do desempenho econômico e financeiro de empresas.

Fato é que, esse fluxo positivo na utilização do EBITDA têm destacado ainda mais a importância da DRE para a tomada de decisões, não concentrando suas funções informativas exclusivamente à leitura da composição das receitas e despesas (fluxo econômico) e impacto de cada uma sobre a formação do lucro.

Capítulo 22

Indicador de Excelência Empresarial

Este conceito fornece um dado rigoroso de liderança de mercado, diferente do que a divisão das vendas de uma empresa apresenta somente com base em estimativa imprecisa e inconfiável do mercado global.

Indicador criado por Melhores e Maiores da Editora Abril. É obtido pela soma de pontos ponderados conseguidos pela empresa em cada um destes seis indicadores de desempenho: liderança de mercado (peso 10), crescimento das vendas (peso 10), rentabilidade do patrimônio (peso 25), liquidez corrente (peso 15), investimento no imobilizado (peso 20) e riqueza criada por empregado (peso 20).

22.1. Liderança de Mercado (Peso 10)

É a divisão das vendas em reais da empresa pela soma das vendas das empresas concorrentes ou extraídas de balanços publicados em jornais ou revistas especializadas. Este conceito fornece um dado rigoroso de liderança de mercado do que a divisão das vendas de uma empresa por uma estimativa imprecisa e inconfiável do mercado global.

22.2. Crescimento das Vendas (Peso 10)

É crescimento da receita bruta de vendas e serviços em reais, descontada a inflação.

Retrata o dinamismo da empresa no ano analisado: se ela aumentou ou diminuiu sua participação no mercado e sua capacidade de gerar novos empregos.

22.3. Rentabilidade do Patrimônio (Peso 25)

Mede o retorno do investimento aos acionistas em porcentagem. É o lucro líquido (ajustado) dividido pelo patrimônio liquido, multiplicado por 100. Para esse cálculo, considera-se como patrimônio os dividendos distribuídos no exercício e os juros sobre o capital próprio considerados no passivo. É o principal indicador de excelência empresarial.

Mede a eficiência da empresa, o controle de custos e o aproveitamento das oportunidades que surgem no mundo dos negócios, sendo um dos principais componentes da autogeração de valor para os acionistas.

22.4. Liquidez Corrente (Peso 15)

É o ativo circulante dividido pelo passivo circulante. Liquidez corrente revela se a empresa tem boa situação financeira, ou seja, operando com segurança no curto prazo ou dentro do seu ciclo financeiro.

22.5. Investimento no Imobilizado (Peso 20)

É obtido com base na demonstração de origens e aplicações de recursos e representa um bom indicador da expansão dos negócios da empresa. Ao lado de "riqueza por empregados", é o segundo principal quesito de excelência empresarial.

Apresenta o valor que está sendo aplicado pela empresa na modernização e/ou ampliação de sua fábrica, o que é também indicador de geração de empregos, direta ou indiretamente.

22.6. Riqueza Criada por Empregado (Peso 20)

É o total de riqueza criada dividido pelo número médio de empregados, não levando em conta eventuais serviços terceirizados. É uma medida de produtividade dos trabalhadores que indica a contribuição de cada um na riqueza gerada pela empresa.

Capítulo 23

Interpretação Conjunto dos Indicadores

Este é um dos aspectos básicos da análise de balanços, nenhuma fórmula ou "receita de bolo" ou quadro especial etc. irá substituir o julgamento e a "arte" de cada analista, em cada caso. Da mesma forma que nenhum computador poderá substituir o médico na interpretação de um conjunto de sintomas aparentemente desconexos ou mesmo aparentemente indicando uma certa enfermidade, quando, na realidade, tendo em vista as características do paciente e seu histórico clínico, a doença e outra. Cada paciente é um paciente diferente, mesmo que os sintomas sejam aparentemente os mesmos. Cada empresa é uma individualidade e como tal deve ser analisada.

O que se pode formar, através da apreciação conjunta dos quocientes, o mais das vezes, é uma opinião de conjunto, mais do que um "veredicto". O equilíbrio e a ponderação devem ser as características dominantes do analista. Suponhamos que uma empresa, num lapso de tempo considerável, venha apresentando bons quocientes de rentabilidade sofríveis de liquidez. Esta empresa está, possivelmente, numa situação pior que outra que apresente quocientes de rentabilidade e liquidez apenas razoáveis.

As providências que aconselhamos para uma análise conjunta dos quocientes são as que a seguir enumeramos:

- Antes mesmo de iniciar a análise de balanços, conheça intimamente a empresa que pretende analisar: o produto que transaciona, a função produção da empresa, se existem operações típicas de financiamento etc. existem casos interessantes a respeito. Algumas empresas de fertilizantes, por exemplo, realizam as vendas aos agricultores já financiadas por bancos oficiais.

- Colecione todos os quocientes calculados e faça análise:

a. Individual: anote sua avaliação de cada quociente individualmente. Compare com o quociente análogo médio do setor.
b. Por grupos: faça uma análise isolada:
    1. da liquidez;
    2. do endividamento (estrutura de capital);
    3. da rentabilidade;
    4. de outros quocientes de interesse.

c. Coloque todos os principais quocientes numa folha de trabalho. Compare atentamente a situação de liquidez, de endividamento, os quocientes de atividades e a posição de rentabilidade.

d. Teste tais observações e conclusões com:
   5. as informações sobre as práticas operacionais e financeiras.
   6. discuta sua observações com os demais gestores da empresa.

e. Faça uma revisão final em suas conclusões. Elabore uma recomendação ao gestor.

Exemplo de Análise Conjunta dos Indicadores:

Indicador	**Muito Bom**	**Bom**	**Ruim**	**Muito Ruim**
Liquidez				
Liquidez Imediata				
Liquidez Corrente				
Liquidez Seco				
Liquidez Geral				
Endividamento				
Participação Capital Terceiros				
Capital de Terceiros/Próprios				
Participação das Dívidas CP				
Atividade ou Rotação				
Rotação dos Estoques				
Prazo Médio Contas a Receber				
Prazo Médio de Pagamentos				
Posicionamento Relativo				
Giro do Ativo				
Rentabilidade				
Retorno sobre Investimentos				
ROI				
ROT				
Retorno sobre PL				
Indicador de Solvência				
EVA				

Capítulo 24

Limitações da Análise Financeira

Além das já comentadas, a análise realizada levando-se em conta apenas valores de balanços e de outros demonstrativos contábeis ainda tem uma limitação adicional que é a de não utilizar quantidades ou unidades físicas, juntamente com valores.

Na análise de eficiência e produtividade, bem como de certas relações que envolvem valores e quantidades, muitas informações úteis podem ser extraídas. As informações em unidades físicas são frequentemente tão ou mais importantes do que em valores, ou pelo menos realçam a utilidade dos quocientes quando relacionados quantidades com valores.

Adicionalmente, uma área que deve merecer uma análise à parte é a de fluxo de capital de giro líquido e fluxo de caixa. A análise quantitativa e qualitativa das fontes e usos de capital de giro líquido pode fornecer muitas indicações úteis para otimizar a estrutura financeira de capital no médio e longo prazo. Da mesma forma, uma análise do fluxo de caixa, principalmente o projetado, auxilia a desvendar os períodos em que se torna necessário reforço de recursos de caixa ou em que devemos aplicar recursos ociosos.

Dentre as várias limitações levantadas por Rappaport, algumas são destacadas:
* Vários podem ser os critérios contábeis aplicados, afetando o resultado.

Em decorrência das várias abordagens, resultados distintos podem ser obtidos por motivos unicamente ligados aos critérios contábeis e não ligados a eventos econômicos. A depreciação, por exemplo, pode ter diferentes tratamentos em termos gerenciais, com consequências na avaliação de resultados. Analogamente, provisões podem ser registradas a partir de diferentes enfoques, proporcionando diferentes resultados, influenciando a decisão dos executivos e mesmo acionistas. Na opinião do autor deste artigo, essa limitação também pode ocorrer com a metodologia do Valor Residual.

* O risco não considerado na avaliação

De maneira simplista, podemos distinguir o risco do negócio e risco financeiro. A figura do lucro contábil não incorpora nenhum desses tipos.

* O Retorno sobre o Investimento só captura um exercício na avaliação

Pela metodologia, ao se dividir o resultado do exercício pelo investimento médio, pela ótica do investidor, ou seja, o patrimônio líquido, só é obtido o percentual de retorno de um dado ano. Dessa maneira, o Retorno sobre o Investimento ignora o horizonte não incluído no período analisado. Ao calcular médias de retorno para vários períodos, nova distorção é introduzida ao método.

Capítulo 25

Estudo das Necessidades Líquidas de Capital de Giro

(Reclassificar as Demonstrações Contábeis Conforme Solicitado nas Variáveis)

25.1. Reclassificação do Circulante

Segundo Santi Fº., Armando de, e Olinquevitch, José Leônidas, 1951 "*De acordo com a Lei 6404/76, o ativo circulante expressa o saldo das contas realizáveis em até 360 dias e o passivo circulante o saldo das contas exigíveis em até 360 dias. Ainda de acordo com a referida Lei, dentro dos citados grupos, os saldos são apresentados numa ordem de liquidez – no caso do ativo – e de exigibilidade – no caso do passivo".*

"Naturalmente, do ponto de vista analítico, é importante conhecermos a capacidade financeira da empresa em saldar os compromissos de curto prazo (até 360 dias). Os analistas, com este objetivo, calculam o índice de liquidez corrente, dividindo o ativo circulante pelo passivo circulante".

"Ou seja, com o índice de liquidez de 2,3 podemos afirmar que, para cada cruzeiro que a empresa deve pagar no curto prazo, possui $ 2,30 em bens e direitos realizáveis, também no curto prazo, exibindo, dessa forma, boa folga em termos da capacidade de cobrir seus compromissos".

"Essa mesma visão da capacidade financeira de curto prazo pode ser obtida através da apuração do CCL – Capital Circulante Líquido – ou seja":

	19x1	19x0
Ativo circulante	....	....
(-)Passivo circulante	....	....
	___	___
(=)CCL – Capital Circulante Líquido	....	....

"Contudo, apesar da utilidade e objetividade destes indicadores, eles possuem pelo menos duas falhas".

a. "Pressupõem que, para pagar os compromissos de curto prazo, a empresa deve realizar seu ativo circulante, implicando, dessa forma, a liquidação da mesma".

b. Avaliam o desempenho do passo, uma vez que os indicadores são o resultado das atividades anteriores em termos de política de estocagem, política de crédito, política de compras, taxas de rentabilidade e do nível da utilização de recursos de terceiros. Não são de grande utilidade, portanto, para uma avaliação da capacidade financeira da empresa para períodos futuros.

Para uma avaliação que visa ao estudo da capacidade econômico-financeira de enfrentar um período de desenvolvimento ou uma política econômica recessiva, é necessário estudar a composição do Ativo e Passivo Circulantes, relacionando os saldos contábeis com as atividades da empresa – atividades operacionais de reflexos na contabilidade – procurando demonstrar as principais atividades operacionais e relacionando tais atividades com os saldos das contas agrupadas no Ativo e Passivo Circulante. Dessa forma, as atividades operacionais de uma empresa industrial – compra, fabricação e vendas – refletem-se no grupo Circulante do relatório contábil através das seguintes contas:

Duplicatas a Receber (decorrentes das vendas a prazo)
Estoques (matérias-primas, produtos em processamento e produtos acabados)
Fornecedores (decorrentes das compras de matérias-primas a prazo)
Obrigações Fiscais (relativas aos impostos incidentes sobre as vendas)

Obrigações Trabalhistas (relativas aos salários a pagar e as contribuições previdenciárias a recolher)

Naturalmente, estas são as principais contas. Cabe ao analista, em cada caso, de acordo com as informações disponíveis, avaliar a existência de outras contas. O critério fundamental para esta avaliação é relacionar o saldo da conta com a atividade operacional da empresa. Outras contas que podem ser incluídas neste grupo são as seguintes

Despesas Antecipadas
Adiantamentos a fornecedores
Adiantamento de clientes

Cabe, nestes casos, identificar se tais contas refletem atividades permanentes ou esporádicas da empresa. No caso de expressarem atividades permanentes, seriam incluídas juntamente com as demais inicialmente tratadas (Duplicatas a Receber Estoques, Fornecedores, Obrigações Fiscais e Trabalhistas). Caso contrário, não.

"Dessa forma, o Ativo e o Passivo Circulantes ficam separados em dois grupos de contas: as que mantêm relação direta com a atividade operacional da empresa e as demais contas. Destas últimas, destacamos um conjunto de grande importância, quais sejam":

Caixa
Bancos
Aplicações Financeiras
Duplicatas Descontadas
Empréstimos e/ou Instituições Financeiras

Essas últimas são contas que expressam saldos de operações que, uma vez realizadas (no caso do Ativo) ou liquidadas (no caso do Passivo), transformam-se em entradas ou saídas de caixa e não necessariamente são renovadas, uma vez que não se relacionam com as atividades da empresa. Neste modelo serão conceituadas como OUTRAS CONTAS.

As contas que mantêm relação com o nível de atividades da empresa, por sua vez, possuem algumas peculiaridades importantes. Expressam aplicações e fontes permanentes de recursos e são contas cíclicas, à medida que se renovam periodicamente, de acordo com os prazos das operações. A conta de estoques, por exemplo, renova-se em conformidade com o prazo em que os estoques permanecem na empresa. Além dessas peculiaridades, o saldo dessas contas relaciona-se especificamente com um tipo de atividade: o giro dos negócios. Nesse sentido, em nosso modelo, serão conceituadas como Aplicações de Capital de Giro, no caso das contas ativas, e como Fontes de Capital de Giro, no caso das contas passivas.

Assim, as contas do Ativo e Passivo Circulantes, serão agrupadas da seguinte forma:

Modelo de Reclassificação do Circulante

Ativo Circulante	Passivo Circulante
APLICAÇÕES DE CAPITAL DE GIRO	FONTES DE CAPITAL DE GIRO
Duplicatas a Receber	Fornecedores
Estoques	Obrigações Fiscais
Despesas Antecipadas	Obrigações Trabalhistas
OUTRAS CONTAS DO A.C.	OUTRAS CONTAS DO P.C.
Disponibilidades	Duplicatas Descontadas*
Aplicações Financeiras	Instituições Financeiras
Outras	Outras

*De acordo com a lei n 6.404/76, o saldo desta conta é apresentado como dedução (conta retificativa) das Duplicatas a Receber. Para fins analíticos deve ser reclassificada para o Passivo Circulante, na medida em que se trata de uma obrigação com Bancos.

A reclassificação do Ativo e Passivo Circulantes, nos moldes do quadro acima, permite o calculo de duas variáveis–chave para análise da situação financeira das empresas. Na primeira variável, sempre que as aplicações de Capital de Giro forem maiores que as Fontes de Capital de Giro, teremos a indicação de que a empresa necessita de recursos para financiar o giro dos negócios. Neste caso, o valor das contas Duplicatas a Receber, Estoques e Despesas Antecipadas é maior do que o valor das contas dos Fornecedores, Obrigações Trabalhistas. Por outro lado, sempre que o valor das Fontes de Capital de Giro for maior que o valor das Aplicações de Capital de Giro, teremos a indicação de que a empresa não necessita de recursos para o giro dos negócios e, pelo contrário, dispõe de fontes para financiar outras aplicações.

"Assim o valor das contas de Fornecedores, Obrigações Fiscais e Obrigações Trabalhistas é maior que o valor das contas de Duplicatas a Receber, Estoques e Despesas Antecipadas. Esta diferença denominamos Necessidade Líquida de Capital de Giro"

APLICAÇÕES DE CAPITAL DE GIRO
(-) FONTES DE CAPITAL DE GIRO

(=)NLCDG-NECESSIDADE LÍQUIDA DE CAPITAL DE GIRO

A segunda variável, calculada a partir da reclassificação do Circulante, trata das Outras Contas do grupo Ativo e Passivo Circulantes. De um lado, sempre que as Outras Contas do Ativo Circulante apresentarem saldo de valor superior às Outras Contas do Passivo Circulante, teremos aplicações de recursos no curto prazo. Neste caso, o saldo das contas de Caixa, Bancos, Aplicações Financeiras, etc. é superior ao saldo das contas de Duplicatas Descontadas, Empréstimos, Prov. Para imposto de Renda etc. Por outro lado, sempre que as Outras Contas do Passivo Circulante apresentarem saldo superior ao das Outras Contas do Ativo Circulante teremos fontes de recursos de curto prazo financiando as atividades da empresa. O saldo das contas de Duplicatas Descontadas, Empréstimos, Provisão para imposto de Renda é superior ao saldo das contas de Caixa, Bancos, Aplicações Financeiras, etc. Esta diferença, denominamos tesouraria:

OUTRAS CONTAS DO ATIVO CIRCULANTE
(-) OUTRAS CONTAS DO PASSIVO CIRCULANTE

(=) T -TESOURARIA

"A apuração da NLCDG - Necessidade Liquida de Capital de Giro da indústria que estamos analisando apresenta valores positivos, ou seja, nos dois anos o valor das Aplicações de Capital de Giro é superior ao valor das Fontes de Capital de Giro".

Quando obtivermos a somatória das contas de Duplicatas a Receber, Estoques e Despesas antecipadas, considerando ainda outras contas nos subgrupos após a reclassificação do balanço, caso estas contas sejam maiores que a somatória das contas Fornecedores, Obrigações Fiscais e Trabalhistas, também considerando outras contas nos subgrupos se existirem, em termos analíticos, esta diferença deverá ser financiada com recursos próprios e/ou com recursos de terceiros de curto prazo, e/ou com recursos de terceiros de longo prazo.

As variáveis que o projeto aborda trarão maior clareza nas respostas sobre estas formas de financiamentos das necessidades de recursos para manter o giro dos negócios, a priori esta variável (NLCDG) abrange um tópico muito importante por estar totalmente amparado nas operações das empresas, não importando a que segmento de atuação pertence.

25.2. Variável T – Tesouraria

A variável T – Tesouraria é apurada após a reclassificação do balanço ao nível do curto prazo, sendo que as contas que possuem integração com as operações da empresa foram devidamente abordadas no tópico anterior, as demais (Caixa, Bancos, Aplicações Financeiras, Outros Créditos e outras contas do Ativo Circulante contra Empréstimos, IR e CSLL, Dividendos, Contas a Pagar e Outras contas do Passivo Circulante), são confrontadas entre si da maneira exposta abaixo:

	19x1	19x0
Caixa	$	$
(+) Bancos	$	$
(+) Aplicações Financeiras	$	$
(+) Outros Créditos	$	$
Outras Contas do Ativo Circulante	$$$	$$$
(-) Empréstimos	$	$
(+) IR e CSLL	$	$
(+) Dividendos	$	$
(+) Contas a Pagar	$	$
Outras Contas do Passivo Circulante	$$$	$$$
T-TESOURARIA	$	$

"A variável Tesouraria, na exemplificação acima sugere saldo positivo nos dois anos, indicando que o saldo das outras contas do Ativo Circulante é maior do que o saldo das outras contas do Passivo Circulante".

A variável Tesouraria, sem dúvida, é aquela que melhor expressa a situação financeira de curto prazo das empresas. O seu saldo sendo positivo, indica uma situação folgada; se o saldo for negativo, indica a utilização de recursos de terceiros para financiar as atividades operacionais da empresa. Naturalmente, como será visto no decorrer do projeto, é a magnitude de valores e a tendência que servirão de base para uma avaliação segura da situação financeira de curto prazo.

"No caso acima, a sugestão de valor positivo indica uma folga financeira nos dois anos. Cabe ressalvar que a possibilidade de que esta folga possa reduzir-se bastante, expressa uma perspectiva de fluxo de caixa positivo a partir da posição financeira existente".

Para ficar clara a importância das duas variáveis até aqui apresentadas, exemplifico abaixo duas hipóteses de situação de curto prazo para empresas distintas, como segue:

Empresa A				Empresa A			
Ativo Circulante		Passivo Circulante		Ativo Circulante		Passivo Circulante	
Caixa	300	Fornecedores	200	Caixa	300	Fornecedores	200
Dupl.Receber	200	Obrig.Fiscais	400	Dupl.Receber	200	Obrig.Fiscais	400
Estoques	400	Empréstimos	300	Estoques	400	Empréstimos	300
	900		600		900		600

Como pode ser observado, o índice de liquidez Corrente é o mesmo para as duas situações

Ativo Circulante = 900 =
______________________ = 1,5
Passivo Circulante = 600 =

Após a reclassificação do circulante teremos:

	Empresa A	Empresa B
Duplicatas a Receber	200	400
(+) Estoques	400	300
(-) Obrigações Fiscais	100	50
(-) Fornecedores	300	100
= NLCDG - Necessidade Líquida de Capital de Giro	200	550
Caixa	300	200
(-) Empréstimos	300	200
= T - Tesouraria	100	(250)

Apesar de as duas empresas apresentarem mesmo Índice de Liquidez Corrente, um dos índices bastante utilizados na estrutura de concessão de crédito do Bic Banco, a situação financeira de curto prazo é

bem diferente. A empresa "A" possui recursos financeiros suficientes para cobrir suas obrigações com bancos e a empresa "B" não.

O indicador de Liquidez Corrente de 1,5 expressa a seguinte realidade: se as duas empresas fossem liquidadas na data do balanço, a realização do Ativo Circulante seria suficiente e excedente em 50% para liquidar os compromissos registrados no Passivo Circulante. Ocorre que as empresas não são liquidadas nas datas de balanço. A existência da empresa pressupõe a continuidade (claramente atrelada ao princípio contábil da CONTINUIDADE) e o que é mais importante, o crescimento como objetivo.

As duas variáveis apuradas, NLCDG – Necessidade Líquida de Capital de Giro e T- Tesouraria, expressam esta realidade. A Tesouraria positiva da empresa "A" indica que a mesma possui recursos de longo prazo (de terceiro ou próprios) para dar cobertura às necessidades de recursos para o giro dos negócios e ainda aplicar no mercado financeiro ou, simplesmente, mantê-los em caixa. A Tesouraria negativa da empresa "B" indica a insuficiência de longo prazo (de terceiros ou próprios) e a tomada de empréstimos de curto prazo para cobrir tais necessidades.

25.3. Análise da Nlcgd – Necessidade Líquida de Capital de Giro

A variável NLCDG – Necessidade Líquida de Capital de Giro constitui-se na principal determinante da situação financeira das empresas. O seu valor revela o nível de recursos necessários para manter o giro dos negócios. Diferentemente dos investimentos no Ativo Permanente, que envolvem decisões de longo prazo e com recuperação lenta de capitais, as contas que compõem a NLCDG – Necessidade Líquida de Capital de Giro expressam operações de curto prazo e de efeitos rápidos.

"Nas atuais circunstâncias de mercado é percebida a grande influência positiva que estas variáveis podem oferecer, já que é de total importância conhecer a política de curto prazo das empresas e o gerenciamento dos recursos".

"Porém estas variáveis não se resumem apenas nas apurações de valores após a reclassificação do curto prazo: há necessidade de desdobramento das mesmas para a devida compreensão de seu gerenciamento".

O critério de reclassificação das contas do Ativo e Passivo Circulantes pertencentes a NLCDG – Necessidade Líquida de Capital de Giro, demonstram total relação com o nível de atividades da empresa, ou seja, com seu faturamento. Portanto, se relacionarmos a variável em questão com as Vendas Brutas, determinaremos um parâmetro que reflete as necessidades de capitais para o giro dos negócios e suas dimensões em relação ao nível de atividades. Este parâmetro é definido como Ciclo Financeiro.

$$\frac{\text{NLCDG – Nec. Líquida de Cap. De Giro}}{\text{Vendas Brutas}} \times \text{n de dias do período (*)}$$

- Período a que se refere o volume das Vendas Brutas, Vendas anuais (360 dias), Vendas mensais (30 dias), Vendas trimestrais (90 dias).

"O Ciclo Financeiro calculado desta forma está expresso em dias de vendas, ou seja, indica o número de dias das vendas que a empresa destina ao financiamento das necessidades de capital de giro".

"Com este parâmetro, poderá ser analisado além do ciclo financeiro do exercício, quantos dias de vendas serão destinados ao financiamento das operações e comparar a evolução ou involução de um período para outro".

"Seguindo o raciocínio aplicado na apresentação deste estudo, pode-se concluir que o dimensionamento dos recursos necessários para o giro dos negócios, medido pela NLCDG – Necessidade Líquida de Capital de Giro, é dado pelo Ciclo Financeiro e pelo montante das Vendas Brutas."

"Por exemplo – Determinada empresa estima o faturamento anual de $ 450 mil para o ano de 19x2, sendo o Ciclo Financeiro de 90 dias. O volume de capital de giro necessário para manter o giro dos negócios será de $ 112,5 mil (90/360 *multiplicado* por $ 450 mil)".

O desdobramento da variável NLCGD – Necessidade Líquida de Capital de Giro, por sua vez, permite detalhadamente análise de todos os fatores que determinam o Ciclo Financeiro. Dentro do projeto a ser desenvolvido, serão sugeridos, com base nos estudos averiguados, o seguinte modelo, sendo a variável NLCDG – Necessidade Líquida de Capital de Giro resultado do saldo das contas (as principais):

"NLCDG – Necessidade Líquida de Capital de Giro = Duplicatas a receber mais estoques, mais despesas antecipadas, menos fornecedores, menos obrigações fiscais, menos obrigações trabalhistas".

O Ciclo Financeiro vai ficar determinado pela relação:

$$\text{Ciclo Financeiro} = \frac{\text{NLCDG – Necessidade Líquida de Capital de Giro x 360 dias}}{\text{Vendas Brutas}}$$

Podemos desmembrar este parâmetro nos seguintes componentes:

$$\frac{\text{NLCDG}}{\text{Venda}} \times 360 = \frac{\text{Dupl.Rec.}}{\text{Vendas}} \times 360 \text{ mais } \frac{\text{Estoques}}{\text{Vendas}} \times 360 \text{ mais } \frac{\text{Desp.Ant.}}{\text{Vendas}} \times 360$$

menos $\frac{\text{Fornecedores}}{\text{Vendas}} \times 360$ menos $\frac{\text{Obrig.Fiscais}}{\text{Vendas}} \times 360$ menos $\frac{\text{Obrig.Trab.}}{\text{Vendas}} \times 360$

"O Ciclo Financeiro fica decomposto analiticamente em todos os seus componentes".

"A decomposição do Ciclo Financeiro permitirá analisar o comportamento da variável NLCDG, no que concerne às políticas de Estoques, Créditos, Antecipação de Despesas, Pagamento, Trabalhistas e Fiscais".

"Até aqui, fica evidente o avanço utilizando-se a decomposição do Ciclo Financeiro, para avaliação da situação financeira das empresas, porém, não é suficiente".

"Não são somente parâmetros financeiros (políticas apresentadas acima) que determinam o Ciclo Financeiro e a variável NLCDG. Outros fatores de ordem econômica contribuem de forma decisiva para a magnitude dos valores que compõem a necessidade de recursos para manter o giro dos negócios empresariais".

"A fim de detalhar o que foi comentado, sugerimos a seguinte posição extraída das demonstrações contábeis da empresa X" :

Ativo Circulante		Passivo Circulante	
Caixa	100	Fornecedores	2500
Duplicatas a Receber	3400	Obrigações Fiscais	277
Estoques	4000	Empréstimos	2223
T o t a l	7500	T o t a l	5000

Vendas Brutas		17.000
(-) Impostos		2.218
Vendas Líquidas		14.782
(-) CMV		
Estoque Inicial	1.000	
(+)Compras	15.000	
(-)Estoque Final	4.000	12.000
Lucro Bruto		2.782

"Procedendo-se a reclassificação e ao cálculo da NLCDG e do Ciclo Financeiro, teremos":

Estoques	4.000	Caixa	100
(+)Dupl.Receber	3.400	(-)Empréstimos	2.223
(-)Fornecedores	2.500	T-Tesouraria	(2.123)

(-)Obrig.Fiscais 277
NLCDG 4.623 Ciclo Financeiro = (4.623/17.000) x 360 = 98 dias

"Decomposição do Ciclo Financeiro:

Estoques em dias de vendas = $\frac{4.000}{17.000}$ x 360 = 85 dias

Dupl.Receber em dias de vendas = $\frac{3.400}{17.000}$ x 360 = 72 dias

Fornecedor em dias de vendas = $\frac{2.500}{17.000}$ x 360 = 53 dias

Obrigações Fiscais em dias de vendas = $\frac{277}{17.000}$ x 360 = 6 dias

Ciclo Financeiro: 98 = 85 + 72 – 53 – 06"

"As contas que compõem a NLCDG, nesse exemplo, são: Estoques, Duplicatas a Receber, Fornecedores e Obrigações Fiscais (Impostos Incidentes Sobre Vendas, a recolher)".

"Analisando cada uma delas, na composição do Ciclo Financeiro, teremos:

Conta - ESTOQUES

Estoques = Estoques **X** CMV
Vendas Brutas **CMV** **Vendas Brutas"**

A relação Estoques dividida por Vendas Brutas, cujo resultado e multiplicado por 360 (período anual), que resulta no conceito "estoques em dias de vendas", pode ser desmembrada em dois componentes: a relação de Estoques dividida por Custo das Mercadorias (ou Produtos) Vendidas, cujo resultado, multiplicado pelo número de dias do período da Demonstração de Resultados, fornece o Prazo Médio dos Estoques – PME e a relação Custo de Mercadorias (Produtos) Vendidas pelas Vendas Brutas, que indica a composição de Custo (inversos da rentabilidade).

"Para a Empresa X temos:

Estoques x 360 4.000 x 360 = 85 dias
Vendas Brutas **17.000**

Estoques x 360 4.000 x 360 = 120 dias
Vendas Brutas 12.000

CMV x 360 12.000 = 0,71 ou 71%
Vendas Brutas

Estoques "em dias de vendas" de 85 dias = 120 x 0.71"

Como pode ser observado, os investimentos em Estoques correspondem a 85 dias de vendas. Estes "dias de vendas" são o resultado de Prazo Médio de Estoques – PME de 120 dias é uma composição de custos de 71%. Este desmembramento é muito importante porque permite a análise dos fatores financeiros e dos fatores econômicos que determinam o Ciclo Financeiro. No caso dos estoques, o fator financeiro está sendo medido pelo prazo em que os estoques permanecem na empresa e o fator econômico está sendo medido pela composição de custos.

"Para esclarecer a análise acima, podemos formular os seguintes raciocínios":

a. Se o Prazo Médio de Estoques permanecesse em 120 dias e a margem de lucro fosse reduzida, com relação ao CMV / Vendas Brutas, aumentando para 90%, o crescimento no Ciclo Financeiro seria de 23 dias ((120x 0.9) – 85 dias), acarretando um incremento na NLCDG – da ordem de $ 1.086 ($ 17.000 multiplicados por 23/360);

b. Se o Prazo Médio de Estoques caísse para 100 dias e o aumento na lucratividade reduzisse a relação CMV/ Vendas Brutas para 60%, o Ciclo Financeiro seria reduzido em 25 dias (85 – (100 x 0.60)), acarretando uma economia de recursos na variável NLCDG – da ordem de $ 1.180 ($ 17.000 multiplicadas por 25/360);

"Conta DUPLICATAS A RECEBER:

Duplicatas a Receber = Duplicatas a Receber **x** Vendas a Prazo
Vendas Brutas Vendas a Prazo Vendas Brutas"

A relação Duplicatas a Receber dividida por Vendas Brutas e o resultado multiplicado por 360 dias (período anual), que resulta no conceito de Prazo Médio de Recebimentos – PMR, pode ser desmembrada em dois componentes: a relação duplicatas a Receber dividida pelas Vendas a Prazo, cujo resultado, multiplicado pelo número de dias do período da Demonstração de Resultados, forma o Prazo Médio de Vendas – PMV e a relação Vendas a Prazo dividida pelas Vendas Brutas, que indica o percentual das vendas a Prazo.

No caso de análise de balanço realizada por analistas externos, a informação sobre as vendas a prazo é geralmente desconhecida. Trabalha-se, então, com a hipótese de que todas as vendas da empresa são realizadas a prazo. Neste caso, a relação Vendas a Prazo/Vendas Brutas é sempre igual a 1 e o resultado Duplicatas a Receber/Vendas a Prazo será igual ao Prazo Médio de Recebimento. Para a empresa x Ltda:

$$\frac{\text{Duplicatas a receber}}{\text{Vendas a Prazo}} \times 360 \times 1^{*} \quad \frac{3.400}{17.000} \times 360 \times 1 = 72 \text{ dias}$$

$$^{*} \text{ Refere-se à Relação } \quad \frac{\text{Vendas a prazo}}{\text{VendasBrutas}}$$

Conta FORNECEDORES:

$$\frac{\text{Fornecedores}}{\text{Vendas Brutas}} = \frac{\text{Fornecedores}}{\text{Compras}} \times \frac{\text{Compras}}{\text{Vendas Brutas}}$$

A relação Fornecedores dividida por Vendas Brutas e o resultado multiplicado por 360 dias (período anual), que resulta no conceito "fornecedores em dias de vendas" , pode ser desmembrada em dois componentes: a relação fornecedores dividida pôr Compras, cujo resultado, multiplicado pelo número de dias da Demonstração de Resultados, fornece o Prazo Médio de Compras – PMC, e a relação Compras dividida por Vendas Brutas, que indica o percentual das compras da empresa em relação às suas vendas. Para a empresa x Ltda. Essas relações serão:

$$\frac{\text{Fornecedores}}{\text{Vendas Brutas}} \times 360 \quad \frac{2.500}{17.000} \times 360 = 53 \text{ dias}$$

$$\frac{\text{Fornecedores}}{\text{Compras}} \times 360 \quad \frac{2.500}{15.000} \times 360 = 60 \text{ dias}$$

$$\frac{\text{Compras}}{\text{Vendas Brutas}} \quad \frac{15.000}{17.000} = 0{,}88 \text{ ou } 88\%$$

"Fornecedores "em dias de vendas" de 53 dias = 60 x 0,88"

Podemos concluir que o crédito de fornecedores, que corresponde a 53 dias de vendas, é o resultado de uma política de compras com um Prazo Médio de Compras de 60 dias e de uma relação Compras/ Vendas Brutas de 80%. O Ciclo Financeiro da empresa, portanto, pode ser alterado tanto em função de uma modificação na política de Compras como de uma alteração na relação Compras/Vendas Brutas. Esta última relação pode ser o resultado de aumento de preços dos produtos adquiridos e/ou aumento do volume de compras e/ou achatamento dos preços de vendas.

Conta OBRIGAÇÕES FISCAIS:

$$\frac{\text{Obrigações Fiscais}}{\text{Vendas Brutas}} = \frac{\text{Obrigações Fiscais}}{\text{Imposto Faturado}} \times \frac{\text{Impostos Faturado}}{\text{Vendas Brutas}}$$

A relação Obrigações Fiscais dividida por Vendas Brutas e o resultado multiplicado por 360 dias (período anual), que resulta no conceito "obrigações fiscais em dias de vendas", pode ser desmembrada em dois componentes/ a relação Obrigações Fiscais Dividida por Imposto Faturado (imposto sobre ocorrência de vendas), cujo resultado, multiplicado pelo número de dias da Demonstração de Resultados, fornece o Prazo Médio de Recolhimento dos Impostos – PMRI e a relação Imposto Faturado dividida por Vendas Brutas, que indica a parcela dos impostos incidentes sobre vendas embutida no faturamento da empresa. Para a empresa x Ltda., estas relações serão:

$$\frac{\text{Obrigações Fiscais}}{\text{Vendas Brutas}} \times 360 \quad \frac{277}{17.000} \times 360 = 6 \text{ dias}$$

$$\frac{\text{Obrigações Fiscais}}{\text{Impostos Faturados}} \times 360 \quad \frac{277}{2.218} \times 360 = 45 \text{ dias}$$

$$\frac{\text{Impostos Faturados}}{\text{Vendas Brutas}} \quad \frac{15.000}{17.000} = 0{,}13 \text{ ou } 13\%$$

...

"Obrigações Fiscais "em dias de vendas" de 6 dias = 45 x 0,13"

"O crédito fornecido pelas Obrigações Fiscais, que corresponde a seis dias do faturamento da empresa, e o resultado de Prazo Médio de Recebimento de Impostos de 45 dias e de uma composição de tais impostos em relação às vendas de 13%".

"Além destas relações exemplificadas pela empresa x Ltda. dentro do modelo que está sendo apresentado, outras podem e devem ser desmembradas. É o caso das contas de Despesas Antecipadas e Obrigações Trabalhistas (Salários a Pagar e Encargos Sociais a Recolher)".

"A conta Estoque pode ser desmembrada em seus componentes principais, apresentando ótima visualização da política adotada pela alta administração da empresa".

"A relação Despesas Antecipadas a exemplos anteriores segue a mesma equação, sendo":

$$\frac{\text{Despesas Antecipadas}}{\text{Vendas Brutas}} = \frac{\text{Despesas Antecipadas}}{\text{Despesas Operacionais*}} \times \frac{\text{Despesas Operacionais}}{\text{Vendas Brutas}}$$

*Despesas operacionais, neste caso, excluem as despesas e/ou receitas financeiras.

A relação Despesas Antecipadas dividida por Despesas Operacionais expressa o percentual de tais gastos que são incorridos antecipadamente. Esta relação também pode ser em termos de dias, multiplicando-se o percentual obtido pelo número de dias da Demonstração de Resultados. A relação Despesas Operacionais dividida por Vendas Brutas é uma relação de composição de despesas. Expressa o quanto das vendas da empresa está comprometido com despesas decorrentes das operações.

"A relação Estoques dividida por Vendas Brutas, que anteriormente foi desmembrada em dois componentes (O Prazo Médio de Estoques e a composição de custos) pode, na realidade, ser desmembrada em tantos quantos forem os componentes dos estoques e dos custos de uma empresa".

"Nas empresas industriais, por exemplo, os principais itens estocados são especificados em três inventários: Estoques de Matérias-primas ou Materiais Diretos e Insumos Básicos, o Estoque de Produtos em Processamento ou em Fabricação e Estoques de Produtos Acabados".

Fica aqui destacada a grande ajuda para a gestão empresarial deste desmembramento, para ditar as regras e condução dos negócios quanto à correta política de estoques. Pelo fato da análise das demonstrações contábeis, em função de concessão de crédito, estar devidamente amparada para a boa conclusão desta política apenas com itens já apresentados anteriormente, não entraremos em maiores detalhes, seguindo, portanto, nossa ideia para criação de ferramentas mais atuais na concessão de crédito.

"Colocamos abaixo, o modelo de decomposição analítica do ciclo financeiro, considerando o período anual base 360 dias".

Ficará claro, quando a apresentação efetiva do projeto para melhorias na divisão de crédito do Bic Banco, a integração dos números apresentados no Balanço Patrimonial, Demonstração de Resultados e Demonstração de Origens e Aplicação de Recursos, esta última quando não publicado, isto é, no âmbito da empresa Ltda., será elaborado um questionário a ser preenchido e devidamente assinado pelo contabilista responsável e a diretoria da empresa comprovando sua veracidade.

"Esta integração não resultará em maiores trabalhos aos usuários do modelo, uma vez que os dados inseridos no sistema continuarão os mesmos até aqui utilizados pelo Banco".

Esses formulários serão uniformizados atendendo aos princípios organizacionais e facilitando trabalhos posteriores, como inspeções periódicas que são realizadas pela área de auditoria interna do Bic Banco, sendo, portanto, resguardadas todas as características de segurança exigidas quando à recepção de informações prestadas por empresas solicitantes de linhas de crédito à organização Bic Banco.

Decomposição Analítica de Ciclo Financeiro – Período Anual (360 Dias)

Ciclo Financeiro $\dfrac{\text{NLCDG - Necessidade líquida de Capital de Giro}}{\text{Vendas Brutas}} \times 360$ NLCDG - Nec.Liq. de Capital de Giro em dias de venda

(=)

$$\frac{\text{Duplicatas a Receber}}{\text{Vendas a Prazo}} \times 360 \times \frac{\text{Vendas a Prazo}}{\text{Vendas Brutas}} = \text{Duplicatas a receber em dias de Vendas}$$

(+)

$$\frac{\text{Estoques}}{\text{CPV ou CMV}} \times 360 \times \frac{\text{CPV ou CMV}}{\text{Vendas Brutas}} = \text{Estoques em dias de Vendas}$$

(+)

Despesas Antecipadas – Composição das Despesas

$$\frac{\text{Despesas Antecipadas}}{\text{Despesas Operacionais}} \times 360 \times \frac{\text{Despesas Operacionais}}{\text{Vendas Brutas}} = \text{Despesas Antecipadas em dias de vendas}$$

(-)

$$\frac{\text{Fornecedores}}{\text{Compras}} \times 360 \times \frac{\text{Compras}}{\text{Vendas Brutas}} = \text{Fornecedores em dias de Vendas}$$

(-)

PMC – Prazo Médio de Compras – Compras/Vendas

PMRI – Prazo Médio de Recolhimento dos Tributos – Composição dos Tributos

$$\frac{\text{Obrigações Fiscais}}{\text{Tributo Faturado}} \times 360 \times \frac{\text{Tributo Faturado}}{\text{Vendas Brutas}} = \text{Obrigações Fiscais em dias de vendas}$$

(-)

$$\frac{\text{Obrigações Trabalhistas}}{\text{Custo de Pessoal Inclusive Encargos}} \times 360 \times \frac{\text{Custo de Pessoal Incl.Encargos}}{\text{Vendas Brutas}} = \text{Obrigações Trabalhistas em dias de vendas}$$

(-)

PMPOT – Prazo Médio de Pagamento das Obrigações Trabalhistas – Composição de Custo de Pessoal

25.4. Análise da T – Tesouraria

Conforme foi analisado anteriormente, a variável T – Tesouraria é o resultado da reclassificação das contas do Ativo e Passivo Circulantes, especificamente aquelas cujos saldos não se relacionam com atividade operacional da empresa, as quais denominamos Outras Contas do Ativo e Passivo Circulantes. Por isso mesmo, são contas que, depois de realizadas ou liquidadas, se constituem, definitivamente, em entradas ou saídas de caixa.

"As principais contas que podem ser classificadas como T – Tesouraria são:

Outras Contas do Ativo Circulante
- Caixa
- Bancos
- Aplicações Financeiras
- Outros Créditos a Receber

Outras Contas do Passivo Circulante
- Empréstimos
- Instituições Financeiras
- Duplicatas Descontadas
- Outras Contas a Pagar"

"Dependendo da sua classificação, ou não, no grupo que compõe a variável NLCDG, outras contas que poderão fazer parte da T – Tesouraria são:

Contas	
Adiantamento de Clientes Provisão para Férias Provisão para o 13º Salário Adiantamentos a Empregados	Quando não expressam atividades cíclicas e permanentes da empresa"

"Outra forma de reclassificar as contas para compor a T – Tesouraria é pela exclusão:

Depois de identificadas aquelas que fazem parte da NLCDG, as demais pertenceriam a T – Tesouraria".

"Em termos de saldo de T – Tesouraria, esta variável poderia ainda ser obtida de forma simplificada. Porém esta forma simplificada não demonstraria quais as contas que influenciariam na evolução ou involução da variável de um exercício para o outro".

"Temos a seguinte equação contábil para exemplificação do modo simplificado de encontrarmos a T – Tesouraria".

	$$$.$$$
Ativo Criculante	26.000
(-) Passivo Circulante	25.000
(=) Capiatal Circulante Líquido	1.000
(-) NLCDG	11.000
(=) T - Tesouraria	(10.000)

A análise detalhada desta variável mostrará as seguintes alternativas:

1. *Tesouraria Positiva – o saldo positivo da Tesouraria indica que as outras contas do Ativo Circulante, como as contas exemplificadas acima, apresentam saldo superior às outras contas do Passivo*

Circulante, demonstrando folga financeira na categoria Tesouraria de curto prazo. Contudo, esta situação "folgada" deverá ser devidamente compreendida e indicando o verdadeiro superávit: a esta situação se definirá quando as aplicações financeiras forem a grande responsável pela folga financeira apresentada ou outros ativos de elevada liquidez e adequada remuneração. Assim como uma Tesouraria positiva com elevados saldos em contas não detalhadas como Outros Créditos pode esconder recursos que jamais serão realizados, por fim, uma Tesouraria com elevados recursos em Caixas/Bancos poderá indicar ineficiência na gerência de recursos financeiros.

2. *Tesouraria Negativa – Indica que o saldo das contas compreendidas em outras contas do Ativo Circulante é menor que o saldo das contas compreendidas em outras contas do Passivo Circulante, resultando na conclusão de não ser suficiente quando da realização dos Ativos nesta rubrica para cumprimento das obrigações em rubricas como empréstimos, desconto de duplicatas, impostos a recolher entre outras que mostram obrigações onerosas que financiam suas operações. O perfil das empresas demonstra grande estatística em manter T-Tesouraria negativa como forma de financiamento. Na verdade, a existência de saldos negativos nesta variável não implica, necessariamente, situação financeira apertada. O que deve ser analisado, e com muita atenção, é a proporção da Tesouraria negativa em relação à NLCDG, e a tendência desta relação. Além disso, uma Tesouraria negativa com expressivo saldo em contas, como adiantamento de clientes e/ou provisões para férias e 13° salário, não indica situação financeira difícil.*

25.5. Fluxo da Tesouraria

"Como foi dito acima, a composição do saldo da Tesouraria deve ser cuidadosamente analisada, uma vez que referida variável expressa, efetivamente, a perspectiva do fluxo de caixa".

"Além dessa análise, outro instrumento de grande relevância para a compreensão da situação econômico-financeira da empresa é a explicitação do fluxo de Tesouraria".

"Utilizando-se dos mesmos princípios que formam a base para a elaboração de um fluxo de fundos (aumento do ativo = aplicação; redução do ativo = fonte; aumento de passivo = fonte e redução de passivo = aplicação), exemplificaremos abaixo":

Outras contas do Ativo e Passivo Circulantes	Saldos 31-12-X1	31-12-X2	Fontes	Aplicações
Disponibilidades	10.200	7.100		3.100
Aplicações Financeiras	145.320	101.500		43.820
Demais Contas a Receber	74.300	120.000	45.700	
Financiamentos	300.000	120.000	180.000	
Provisão para Imp.de Renda	3.100	4.200		1.100
Contas a Pagar	45.200	38.400	6.800	
TOTAIS	-	-	232.500	48.020
Fluxo da tesouraria (232,500 - 48.020) = 184.480 (fonte)				

"O Fluxo da Tesouraria permite evidenciar como a folga financeira foi reduzida ou aumentada, determinando atitudes como pagamento de empréstimos ou captação, resgate de aplicações financeiras ou aplicações entre outros fatos".

A relação da T-Tesouraria dividida pela NLCDG é o verdadeiro termômetro da situação de liquidez da empresa. Com a T-Tesouraria negativa e o crescimento da referida relação teremos, certamente, uma situação financeira caminhando para o desequilíbrio econômico-financeiro. As causas e as formas de tal tendência serão analisadas quando do desenvolvimento do projeto.

A fórmula do Termômetro da situação financeira é: $\frac{|T|^{*}}{NLCDG}$

"Esta relação demonstrará quanto, se caso Tesouraria for positiva, a folga financeira representada da NLCDG, e caso Tesouraria for negativa, representa este déficit, da NLCDG".

Capítulo 26

Estudo do Capital de Giro

(Reclassificar as Demonstrações Contábeis Conforme Solicitado nas Variáveis)

26.1. Conceito

"Denominamos CDG - Capital de Giro, a parcela dos recursos próprios da empresa que se encontra disponível para aplicações. Contabilmente, o valor do CDG é o obtido pela seguinte formulação:

CDG – Capital de Giro = Patrimônio líquido (-) Ativo Permanente"

"Como pode ser observado, a variável CDG, refere-se àquela parcela dos recursos próprios que não está aplicada no Ativo Permanente; portanto, disponível para outras aplicações".

		Empresa A **Empresa B**		**Empresa B**	
AC 400	**PC 200**	**AC 400**	**PC 500**	**AC 400**	**PC 1200**
AP 600	PL 800	AP 600	PL 500	AP 600	PL (200)
1.000	1.000	1.000	1.000	1.000	1.000

A empresa "A" possui CDG – Capital de Giro no valor de 200 (800 menos 600) devido à inexistência de atividades de longo prazo, que estariam expressas no Realizável a Longo Prazo e no Exigível a Longo Prazo, o valor do CDG – Capital de Giro está aplicado no CCL – Capital Circulante Líquido (Ativo Circulante menos Passivo Circulante).

A empresa "B" não possui CDG – Capital de Giro, pois o valor do Ativo Permanente é superior ao valor do Patrimônio Líquido. Em termos de objetivos da gerência financeira, o equilíbrio de fontes e aplicações de recursos foi quebrado e a empresa está financiando ativos de recuperação lenta (Ativo Permanente) com recursos de curto prazo.

"A empresa "C" além de não possuir CDG – Capital de Giro, apresenta o que denominamos Passivo a Descoberto, ou seja, o valor do capital de terceiros é superior ao valor do Ativo".

Em termos analíticos, a simples disponibilidade de CDG - Capital de Giro não é suficiente para indicar uma boa saúde econômico-financeira: os recursos próprios disponíveis devem ser adequados às

necessidades. A sequência didática do projeto acompanhará demonstrando no momento os fatores que determinam o nível do CDG – Capital de Giro.
"A partir do relatório contábil, os fatores que determinam o nível do CDG – Capital de Giro estão relacionados com as atividades cujos resultados estão expressos nos saldos das contas que compõem o Ativo Permanente e o Patrimônio Líquido. As contas mais importantes são as seguintes":

Ativo Permanente

"Ativo imobilizado: Imóveis, Móveis e Utensílios, Instalações, Máquinas e Equipamentos, Imobilização em Andamento etc".

"Investimentos: Participações em Outras Empresas, Aplicações por Incentivos Fiscais etc".

Ativo Diferido: Despesas Pré-operacionais etc.
Contas Retificativas: Depreciação, Amortização e Exaustão Acumulada.

Patrimônio Líquido

Capital Social
Reservas de Capital
Reservas de Reavaliação
Reservas de Lucros
Lucros ou Prejuízos Acumulados

Considerando que a obtenção da variável CDG – Capital de Giro resulta da subtração do Ativo Permanente do Patrimônio líquido, podemos afirmar que todas as operações que impliquem aumento das contas do Ativo Permanente, bem como as que impliquem redução do Patrimônio Liquido, reduzem o CDG – Capital de Giro. Todas as operações que acarretam redução do Ativo Permanente e/ou aumento do Patrimônio Liquido aumentam o CDG – Capital de GIRO. Assim, as principais atividades que atuam sobre o nível desta variável são:

Atividades que reduzem o CDG – Capital de Giro

Prejuízos
Aquisição de Ativo Imobilizado
Aquisição de Investimentos
Gastos em Despesas Pré-operacionais
Distribuição de Lucros

Atividades que aumentam o CDG – Capital de Giro

Lucros
Vendas de bens do Ativo Permanente
Aporte de recursos de sócios para aumento de capital
Depreciação, Amortização e Exaustão.

"Entendo que o grau de conhecimento dos usuários destas informações (projeto até aqui apresentado) ultrapassa a base necessária para o bom entendimento e consequências ocorridas sobre a movimentação das contas acima apresentadas".

Relatório Contábil

Todos os fatores que acarretam aumentos ou reduções na variável CDG – Capital de Giro, podem ser identificados nos relatórios contábeis da empresa. A Demonstração das Origens e Aplicações de Recursos – DOAR constituem-se no principal relatório para o estudo da variável CDG – Capital de Giro, Juntamente com a Demonstração de Resultados do Exercício, a DOAR é a base para análise do CDG.

A estrutura de apresentação da DOAR é a seguinte:

Demonstração das Origens e Aplicações de Recursos

I - Origens de Recursos das Operações
Lucro Líquido do Exercício
(+ ou -)ajustes que não representam entradas ou saídas de caixa
De Sócios
De Terceiros
Outros

II - Aplicações de Recursos
Aplicações no Ativo Permanente
Aplicações no Realizável a Longo Prazo
Transferências do Exigível a Longo Prazo para o Circulante
Dividendos
Outras

III - Variação no CCL – Capital Circulante líquido

Nota – Entendendo que a necessidade do Bic Banco com empresas de médio e grande porte de caráter "empresa Ltda." não elaboram o referido relatório contábil, portanto, na apresentação definida da proposta para melhorias das condições de concessão de crédito a ser oferecida para apreciação ao BICBANCO, terá formulário a fim de apresentar de forma sintética esta movimentação auxiliando o bom desenvolvimento dos trabalhos.

No campo da Origem de Recursos, as informações de grande importância para a análise do CDG – Capital de Giro estão localizadas no Lucro Líquido do Exercício ajustado pelas operações que não representam entrada e saída de caixa, e no item De Sócios. O valor consignado como De Sócios refere-se ao aporte de capital obtido pelo lançamento de novas ações ou pela integralização de novas quotas de capital, sendo, por este motivo, fator relevante no fortalecimento da variável CDG – Capital de Giro. Aliás, em 1985 e 1986 foi muito grande o número de empresas que abriram seu capital lançando ações no mercado como forma de obter recursos não onerosos para o fortalecimento da estrutura de capital.

Lucro Líquido do Exercício
(+) Depreciação, amortização, Exaustão
(+) Valor contábil dos bens baixados ou vendidos

"A característica básica de tais ajustes está localizada no procedimento contábil: todos eles, ao aumentarem ou reduzirem o valor do lucro, tiveram como contrapartida uma conta classificada no Ativo Permanente ou Patrimônio Líquido".

"No campo das aplicações de Recursos, os fatores que interessem à análise do CDG _ Capital de Giro são as aplicações no Ativo Permanente e a Distribuição/Proposta de Dividendos".

"Como pode ser observado, portanto, a análise da Demonstração das Origens e Aplicações de Recursos – DOAR constitui-se no principal instrumento do estudo da CDG – Capital de Giro, à medida que todos os fatores que atuam sobre o nível da referida variável se encontram discriminados naquele relatório contábil".

"Para evidenciarmos a análise da evolução da CDG – Capital de Giro, podemos adotar o modelo a seguir:

CDG – Capital de Giro – 19x0		$$$
Fontes (aplicações) de Recursos		
Lucro Líquido	$$$.$$$	
(+) Depreciação	$$$.$$$	
(+) Incentivos Fiscais	$$$.$$$	
(+) Valor Contábil dos bens Baixados	$$$.$$$	$$$.$$$
Aplicações de Recursos		
Aplicação no Ativo Permanente		$$$.$$$
CDG – Capital de Giro – 19x1"		

RECURSOS GERADOS PELAS OPERAÇÕES

"O lucro líquido ajustado pelas operações que não afetam o caixa, conforme discriminado na Demonstração das Origens e Aplicações de Recursos, como já foi afirmado, constitui-se na principal fonte de recursos para o crescimento do CDG – Capital de Giro".

"Operacionalmente, um conceito de grande relevância para análise do CDG – Capital de Giro é o de caixa gerado pelas operações".

"Uma relação que mede a potencialidade de geração de recursos na empresa e aquela que compara o valor do Caixa Gerado pelas Operações com o faturamento bruto da empresa:

$$\text{Potencialidade de Geração de Caixa} = \frac{\text{Caixa Gerado pelas Operações}}{\text{Vendas Brutas"}}$$

Esta relação entre Caixa Gerado Pelas Operações e Vendas Brutas é muito importante, porque há a possibilidade ou não de a empresa gerar recursos suficientes para suas necessidades. Somente indica a possibilidade, porque do Caixa Gerado pelas Operações é subtraído o valor das despesas financeiras (custo do endividamento financeiro), o valor do Imposto de Renda (tributação do lucro), bem como o valor de outras despesas (resultados não operacionais, participações, etc.)

"Com esta nova conceituação mais definida, o modelo apresentado anteriormente evoluirá para o seguinte:

CDG – INICIAL

(+) Fatores de Fortalecimento
    Lucro operacional (antes das despesas/receitas financeiras)
    (+) Depreciação/Amortização/Exaustão
    Caixa Gerado Pelas Operações
    (+/-) Resultado Financeiro
    (+/-) Resultado não Operacional (D.R.E + Bens Baixados DOAR)
    (-) Participações
(-) Provisão para Impostos de Renda
Recursos Gerados no Exercício
Recursos dos Sócios

(-) Fatores de Redução

    Aplicação no Ativo Permanente
    (+) Dividendos

(+) Ajustes Contábeis
  CDG – FINAL"

"A evolução do CDG – Capital de Giro, analisada através do quadro acima, permite um diagnóstico completo das causas que aumentam ou reduzem esta importante variável empresarial".

"O caixa gerado pelas operações permite a análise dos seguintes fatores empresarias de relevante importância, além da potencialidade de geração de caixa vista acima:

a. análise do equilíbrio entre a estrutura de resultados e a administração financeira de curto prazo da empresa;

b. comportamento do fluxo de caixa operacional.

Se forem comparadas as relações

$$X1 = \frac{NLCDG}{\text{Vendas Brutas}}$$

(quanto do faturamento da empresa fica "empatado" Financiando o giro dos negócios)

$$X2 = \frac{\text{Caixa das Operações}}{\text{Vendas brutas}}$$

(quanto ao faturamento da empresa fica "empatado" financiando o giro dos negócios)

"Podemos avaliar o equilíbrio entre a estrutura de resultados e a administração financeira de curto prazo a partir dos seguintes enfoques:

Sempre que x1 apresentar resultado bastante próximo do valor de x2 podemos afirmar que existe equilíbrio entre a estrutura de resultados e a administração financeira de curto prazo.

- Se o x1 apresentar resultado bastante próximo superior ao valor de x2, podemos afirmar que a empresa precisa aumentar a rentabilidade operacional e/ou reduzir o Ciclo Financeiro, ajustando, desta forma, a estrutura de resultados à administração financeira de Curto prazo.

- Se x1 apresentar resultado inferior ao valor de x2, podemos afirmar que a Empresa apresenta situação bastante tranquila no que se refere à administração financeira de curto prazo e seu equilíbrio com a estrutura de resultados".

"É percebido a grande utilidade da variável CDG – Capital de Giro e o seu desmembramento no modelo de evolução da CDG – Capital de Giro".

Capítulo 27

Estudo do Longo Prazo

(Reclassificar as Demonstrações Contábeis Conforme Solicitado nas Variáveis)

27.1. Conceito

"De acordo com a Lei n ° 6,404/76, todos os bens e direitos realizáveis, bem como todas as obrigações exigíveis em prazos superiores a 360 dias, constituirão contas classificáveis no Realizável a Longo Prazo e no Exigível a Longo Prazo, respectivamente".

Do ponto de vista analítico, os saldos dos grupos de grande relevância para a formação das fontes e aplicações de recursos nas empresas. A presença do Exigível a longo prazo na estrutura financeira (passivo) indica a existência de fontes de recursos não exigíveis no próximo período anual, propiciando, desta forma, folga financeira na liquidez empresarial. Por outro lado, a presença do Realizável e Exigível a Longo Prazo não apresenta grande expressividade no balanço da maioria das empresas, possivelmente em função das incertezas que sempre marcaram o desenvolvimento da economia. Quanto à estrutura financeira, na qual seria importante a presença de fontes de recursos de financiamento bancário com prazo superior a 360 dias. O crédito oficial via BNDES – Banco Nacional de Desenvolvimento Econômico e Social, BB – Banco do Brasil S. A. e outros constituem-se em exceção e, na maioria dos casos, favorece somente a grandes empresas.

"O grupo do Exigível a Longo Prazo, quando presente no balanço, na maioria dos casos é composto principalmente pelas seguintes contas:

Financiamentos de Bens do Ativo Permanente.
Debêntures.
Imposto de Renda Diferido.
Recursos de Sócios para Aumento de Capital.
Parcelamento de Tributos.

No grupo Realizável a longo prazo, as principais contas encontradas são:

Empréstimos Compulsórios.
Créditos a Interligadas.
Aplicação por Incentivos Fiscais".

"Alguns analistas, ao procederem à reclassificação das contas e grupos de contas do balanço com o objetivo de apurar os recursos disponíveis para o financiamento das atividades ligadas às necessidades de Capital de Giro, englobam o grupo das contas do longo prazo ao Ativo Permanente e ao Patrimônio líquido, obtendo":

Capital de Giro =	Patrimônio Líquido (+) Exigível a Longo Prazo	menos	Ativo Permanente (+) Realizável a Longo Prazo

"Apesar dos méritos contidos na referida classificação, a separação das contas que expressam atividades de longo prazo em uma variável independente do capital de giro permite análise mais aprofundada da formação de fontes e aplicações de recursos na empresa. Assim, definimos a variável LP – Longo Prazo como:

<u>LP – Longo Prazo = Exigível a Longo Prazo menos Realizável a Longo Prazo</u>"

Esta variável expressa, em termos líquidos, a presença de fontes ou aplicações de recursos de longo prazo na atividade da empresa. Quando o Exigível a longo Prazo a apresentar saldo superior ao Realizável a Longo Prazo, teremos fontes de recursos de longo prazo financiando a empresa, quando o Realizável a Longo Prazo apresentar saldo superior ao Exigível a Longo Prazo, teremos aplicações de longo prazo exigindo recursos.

O cálculo independente da variável LP – Longo Prazo propicia, em não raros casos, identificação de desvio de recursos a empresas interligadas ou recuperação financeira via parcelamento de tributos. Fatos que, certamente, pesam na análise de situação econômico-financeira de qualquer empresa. Além disso, uma variável LP – Longo Prazo composto por recursos bancários possui custo financeiro explícito na Demonstração de Resultados, fato igualmente importante nas conclusões sobre a situação da empresa.

Capítulo 28

Análise do Modelo (Análise Gerencial de Balanços)

"Até o momento, este estudo desenhou um modelo de reclassificação do balanço do qual foram extraídas quatro variáveis, que denominamos Variáveis Empresariais, sendo:

NLCDG – Necessidade Líquida de Capital de Giro;
T – Tesouraria;
LP – Longo Prazo;
CDG – Capital de Giro".

"Cada variável apresentada acima foi devidamente detalhada, sendo observado a grande valia da reclassificação das contas do circulante (ativo e passivo) e suas diversas relações com as operações e a tesouraria da empresa".

As quatro variáveis fornecem um modelo completo e fechado sobre a situação econômico-financeira da empresa, sendo possível, por intermédio dele, detectar os principais problemas que afetam o equilíbrio empresarial, bem como identificar quais medidas seriam necessárias para corrigir a situação. Algumas das principais questões respondidas por este modelo são:

1. A empresa possui capital de giro para suas necessidades?
2. À medida que não possui recursos próprios para o giro dos negócios, quais as fontes utilizadas para suprir a falta?
3. *Se a empresa possui capital de giro mais do que suficiente para suas necessidades, o que está sendo feito com o excesso?*
4. *Quais os fatores que estão acarretando a de recursos para o giro?*
5. *A empresa está caminhando para um desequilíbrio econômico-financeiro?*
6. *As políticas financeiras de curto prazo – política de estoques, política de crédito, política de compras, etc. – estão adequadas à estrutura de capitais de empresa?*
7. *O capital de giro disponível vem acompanhado o crescimento das necessidades de retenção?*
8. Os investimentos no Ativo Permanente estão pressionando a situação financeira?
9. A distribuição dos lucros sob a forma de dividendos está compatível com as necessidades de retenção?
10. A geração de caixa é adequada?

É verificado nos atuais níveis conservadores adotados pelas instituições financeiras a grande preocupação com os negócios conduzida *no curto prazo (no exercício em curso) e suas tendências futuras, com este modelo fica claro saber o nível de operações da empresa e qual a preocupação gerencial que decorre com essas atividades, nos levando à percepção da verdadeira situação econômica--financeira proveniente do fato mais importante possível na empresa, ou seja, suas operações.*

"O primeiro passo para análise das quatro variáveis empresariais é a comparação entre o valor da NLCDG, com o valor do CDG, ou seja:

- VERIFICAÇÃO DA DISPONIBILIDADE OU NÃO DE RCURSOS PARA FINANCIAR O GIRO DOS NEGÓCIOS".

"Será demonstrado, a título ilustrativo, alguns exemplos baseados em dados reais referentes a balanças publicados".

a. Indústria Bola S.A. – 31. 12. 90/89 – em $ mil

Variáveis empresariais	31.12.90	31.12.89
NLCDG	5.102	2.472
T	1.191	3.517
LP	1.258	536
CDG	5.035	5.453

Análise em 31.12.89 as Indústrias Bola S.A. possuíam recursos suficientes para a imobilização (CDG positivo), para suas necessidades de capital de giro e ainda para manter uma folga financeira (aplicada no curto prazo). Em 31.12.90 o quadro apresentado indica uma evolução desfavorável, com a empresa fechando o ano praticamente equilibrada. A maior parte da folga financeira foi reduzida, aumentaram os financiamentos de longo prazo e a necessidade de recursos para o giro dos negócios aumentou substancialmente, sem o correspondente aumento dos recursos próprios para financiá-la.

a. Trami S. A. – 31.12.91/90 – em $ mil

Variáveis empresariais	31.12.90	31.12.89
NLCDG	1.606	2.472
T	(6.505)	(1.153)
LP	18	548
CDG	(4.917)	3.268

Análise de uma situação confortável em 31.12.90, as variáveis empresariais apresentaram um quadro extremamente desfavorável em 31.12.91. A empresa fechou no ano de 1991 sem recursos próprios, sequer para suas necessidades de imobilização, concentrando todo o financiamento no curto prazo (Tesouraria negativa). Não obstante a redução das necessidades de recursos para o giro, a queda na variável CDG – Capital de Giro foi muito acentuada, complicando sobremaneira o quadro de fontes e aplicações de recursos da empresa.

"Após a comparação entre a NLCDG e o CDG, os passos seguintes, ainda na análise das quatro variáveis empresariais, são:

- Avaliar a magnitude do "buraco" ou da folga financeira (distância entre as variáveis NLCDG e CDG);
- Examinar a forma de cobertura/aplicação da defasagem; e
- Identificar as tendências das duas variáveis".

"Exemplificaremos estes conceitos com mais um caso real, como segue:

1. TRICHES S.A (atual Enxuta) – 31/12/89 e 88 - $ mil

Variáveis empresariais	31/12/89	31/12/88
NLCDG	194.630	91.572
T	(139.868)	(29.490)
LP	126.980	19.103
CDG	(72.218)	(42.979)
Receita Bruta	1.020.683	482.340"

Análise: em 31.12.89 a empresa apresentava um elevadíssimo grau de desequilíbrio em suas fontes e aplicações de recursos, evidenciando uma situação econômico-financeira bastante difícil. A distância entre a variável NLCDG e o CDG expressava-se em um "buraco" financeiro de $ 266.848 mil (139.868 + 126.980), bastante elevado, correspondente a 26% da receita bruta. Referido "buraco" estava coberto com fontes de curto e longo prazo, com leve preponderância da primeira. O crescimento das necessidades de recursos para o giro dos negócios e a queda do capital de giro próprio, concomitantemente com o crescimento da Tesouraria negativa de 32% para 72% do valor da NLCDG revela uma incômoda e preocupante tendência das variáveis empresariais.

Capítulo 29

O Efeito Tesoura

A tendência das variáveis empresariais NLCDG necessidade líquida de capital de giro e CDG aponta para uma análise prospectiva da situação econômico-financeira da empresa. No caso de o valor da NLCDG – Necessidade Líquida de Capital de Giro apresentar-se maior do que o valor do CDG e esta defasagem (ou este "buraco" financeiro) aumentar em períodos subsequentes temos uma clara tendência ao desequilíbrio econômico-financeiro. Esta conclusão poderá ser atenuada pela presença de recursos líquidos de longo prazo (variável empresarial Longo Prazo de valor positivo) cobrindo a defasagem.

No Brasil, a característica do perfil do empresariado e a escassez de linhas, o financiamento de longo prazo constitui-se em alternativa escassa e localizada. Linhas de crédito do BNDES – Banco Nacional do Desenvolvimento Econômico Social são os mais usuais, porém dada a falta de reciprocidade que estas operações oferecem aos bancos comerciais, estes os intermediários do repasse de recursos, contribuem para o desinteresse em oferecer tais linhas.

"Fica concentrado estes empréstimos de longo prazo às empresas de capital aberto ou grandes grupos econômicos (empresariais)".

"Para exemplificação e entendimento damos a sugestão sobre a empresa hipotética Shark S.A".

Ativo				
Disponibilidade	200	420	500	500
Duplicatas a Receber	200	1.000	1.320	1.900
Estoques	200	450	530	650
Outras Contas	0	280	400	100
Despesas Antecipadas	80	100	100	100
Total Ativo Circulante	1.080	2.250	2.850	3.250
Ativo Permanente	2.500	2.500	3.000	3.000
Total Ativo	3.580	4.750	5.850	6.250

	jan	fev	mar	abr
Passivo				
Fornecedores	300	400	450	600
Obrigações Fiscais	100	100	110	120
Obrigações Trabalhistas	150	150	150	150
Empréstimos	170	800	1.150	1.238
Outras Contas	-	50	40	60
Total Passivo Circulante	720	1.500	1.900	2.168
Patrimônio Líquido	2.860	3.250	3.950	4.082
Total Passivo	3.280	4.750	5.850	6.250

Os indicadores de liquidez para os quatro meses apresentaram os seguintes resultados:

INDICADOR	JAN.	FEV.	MAR.	ABR.
Liquidez Corrente	1,5	1,5	1,5	1,5
Liquidez Seca	1,2	1,2	1,2	1,2
Liquidez Imediata	0,28	0,28	0,28	0,28

"Como pode ser observado, os indicadores de liquidez apresentam os mesmos valores durante os quatro meses".

Quanto as variáveis empresariais da empresa Shark S/A, após a aplicação da reclassificação do balanço até aqui apresentada, obtivemos o seguinte:

VARIÁVEIS	JAN.	FEV.	MAR.	ABR.
NLCDG	(70)	900	1.240	1.780
T	430	(150)	(290)	(698)
CDG	360	750	950	1.082
T/NLCDG	-	-17%	-23%	-39%

A análise das variáveis revela situação diferente daquela evidenciada pelos indicadores: mês a mês a empresa vem aumentando a utilização de capitais de terceiros de curto prazo (empréstimos) para cobrir as necessidades de capital de giro. A Tesouraria negativa passou de 17% para 39% do valor da NLCDG – Necessidade Líquida de Capital de Giro.

Essa tendência percebida foi denominada efeito tesoura (Michel Fleuriet).

Assim, a situação econômica – financeira, aumentando, portanto, a defasagem entre o valor da NLCDG Necessidade Líquida de Capital de Giro do CDG, o cobrindo este "buraco" financeiro com recursos de curto prazo (tesouraria negativa), estaria sob Efeito Tesoura.

Graficamente, a Situação pode ser assim visualizada:

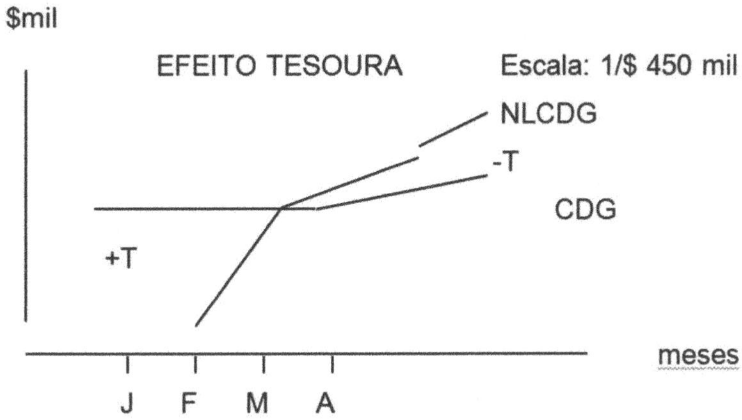

CAUSAS DA EVOLUÇÃO

"O crescimento da variável NLCDG sem o correspondente e proporcional aumento do valor da CDG pode levar uma empresa a uma situação econômico-financeira bastante difícil, sobretudo com a presença do efeito Tesoura acentuado".

"Esta avaliação da evolução ou involução presta-se a verificação das referenciais já apresentadas como Qualidade do Ciclo Financeiro através de sua decomposição analiticamente".

Capítulo 30

Demonstrativo do Fluxo de Caixa

(Reclassificar as Demonstrações Contábeis Conforme Solicitado nas Variáveis)

30.1. Fluxo de Caixa

"Segundo Armando de Santi Filho e José Leônidas Olinquevitch, 1993, o modelo apresentado, até os tópicos anteriores permite, além da riqueza analítica, também a possibilidade de examinar a situação econômico-financeira da empresa, também, a partir do comportamento de seu fluxo de caixa."

Como estamos vivenciando uma tendência em analisarmos o fluxo de caixa das empresas como possibilidades futuras de ser normatizado pela CVM – Comissão de Valores Mobiliários a demonstração do Fluxo de Caixa em substituição a DOAR-Demonstração de Origens e Aplicações de Recursos, permitindo como aqui apresentaremos a evidenciação exata da utilização do superávit ou déficit de caixa da empresa.

"Na demonstração do fluxo de caixa que iremos demonstrar no decorrer deste tópico, trabalharemos com o fluxo entre as diversas variáveis apresentadas até aqui, temos, portanto, como ponto de partida, o seguinte:

Variáveis	31.12.x1	31.12.x2	Fluxo
NLCDG	$$$	$$$	$$$-Aplicação ou Fonte
T – Tesouraria $$$	$$$	$$$	$$$-Aplicação ou Fonte
LP	$$$	$$$	$$$-Aplicação ou Fonte
CDG	$$$	$$$	$$$-Aplicação ou Fonte"

30.2. Demonstrativo Preliminar do Fluxo De Caixa

"Utilizando-se das informações levantadas através dos relatórios que compõem o modelo gerencial de análise de balanços, descritos em capítulos anteriores, esta visão preliminar do fluxo de caixa pode ser expressa de forma completa elaborando-se um demonstrativo analítico".

Referido demonstrativo, que será denominado DFC – Demonstrativo Preliminar do Fluxo de Caixa, possui o seguinte esquema de concepção:

1. A principal e mais importante fonte de alimentação do caixa das empresas e o caixa gerado pelas operações;
2. Administração financeira de curto prazo, que envolve, além da administração do caixa, o gerenciamento dos estoques, do crédito, dos fornecedores, da antecipação de despesas e dos impostos indiretos, constitui-se em fator de impacto de grande relevância e geração do caixa operacional;
3. O resultado do impacto da administração financeira de curto prazo sobre o caixa gerado pelas operações fornece diretamente o resultado de caixa a partir da visão e gestão da área financeira das empresas: O FLUXO DE CAIXA OPERACIONAL;
4. O custo/receita financeira atua diretamente sobre o fluxo de caixa operacional, evidenciando a capacidade de pagamento e a capacidade de endividamento da empresa;
5. Atribuição mensal do Imposto de Renda;
6. A variável empresarial LONGO PRAZO, os eventuais resultados de venda de bens do ativo permanente e o aporte de recursos de sócios e interligadas, aliados ao resultado do fluxo de caixa operacional, constitui-se em funding natural para suportar as decisões de investimento e distribuição e o resultado da tributação direta (Imposto de Renda);
7. O fluxo da variável empresarial Tesouraria evidencia a forma de cobertura/aplicação do saldo apurado na forma exposta nos itens acima.

Assim, considerando-se as variáveis empresariais apuradas no modelo gerencial e análise de balanços e o esquema de concepção acima delineado, o DFC - Demonstrativo Preliminar do Fluxo de caixa tem a seguinte configuração:

DFC – DEMONSTRATIVO PRELIMINAR DO FLUXO

Lucro Operacional (antes de computadas as despesas/receitas financeiras)
(+) Depreciação/Amortização/Exaustão
(=) Caixa gerado(absorvido) pelas operações
(+) Fluxo da NLCDG – Necessidade Líquida de Capital de Giro
(=) Fluxo de Caixa Operacional
(+/-) Resultado financeiro
(-) Imposto de Renda
(=) Fluxo de caixa após o Resultado Financeiro e Imposto de Renda
(+/-) Resultado não operacional
(+/-) Fluxo do Longo Prazo

(+) Aporte de recursos de sócios/interligadas
(+/-) Ajustes contábeis
(=) Fluxo de Caixa antes da decisão de investimentos
(-) Aplicação do ativo permanente
(=) Fluxo de Caixa antes da decisão de distribuição
(-) Dividendos
(-) Participações
(=) Fluxo da Tesouraria

Demonstração do Fluxo da Tesouraria
Fluxos: Disponibilidades
Aplicações financeiras
Junto a bancos – curto prazo
Dividendos
Participações
Imposto de renda
Demais contas a receber e a pagar

Como pode ser observado, este demonstrativo preliminar é o resultado de entrelaçamento da demonstração da Evolução CDG – Capital de Giro com as variáveis apuradas a partir da reclassificação do balanço. Ele demonstra, preliminarmente, como as atividades da empresa fluíram para um resultado positivo ou negativo em termos de tesouraria.

30.3. Demonstrativo do Fluxo de Caixa – Abordagens Direta e Indireta

"O DFC Demonstrativo Preliminar do Fluxo de Caixa delineado nas seções anteriores com alguns ajustes pode ser adaptado e apresentado em configurações mais usuais, inclusive ao nível internacional".

"Em relação ao modelo aqui apresentado de análise de balanços, os ajustes situam-se em duas de suas variáveis empresariais: a Tesouraria e o Longo Prazo".

"No que se refere a variável Longo Prazo, devem ser consideradas todas as movimentações de valores entre ativo e passivo circulantes e o ativo permanente com o realizável e o exigível a longo prazo".

"Estes ajustes poderão apresentar ao fluxo de caixa apurado diretamente das variáveis empresariais, grandes alterações na apresentação do comportamento do caixa da empresa sob análise".

Outro conjunto de ajustes pode situar-se na variável Tesouraria, além dos ajustes comentados nas Demonstrações Preliminares do Fluxo de Caixa o campo Ajustes Contábeis também merece uma atenção especial. Como foi visto anteriormente, alguns procedimentos contábeis a respeito das contas que integram o Ativo Permanente e Patrimônio Líquido geram ajustes que, por uma questão de simplificação, são tratados globalmente Ajustes Contábeis, podendo estes *serem incorporados de Reservas de Capital, Ajustes de Exercícios Anteriores e Ajustes Fiscais, entre outros, devem, quando da elaboração do fluxo de caixa, serem alocados a contas próprias, deixando, portanto de serem tratados agrupadamente.*

"Após os ajustes necessários sobre as demonstrações contábeis analisadas, encontraremos o Demonstrativo Preliminar de Fluxo de Caixa após os referidos ajustes".

"Desse ponto em diante apresentaremos a elaboração do fluxo direto e indireto, neste ponto do trabalho cabe salientar que tratará apenas de transposição dos valores já apurados em todo o transcorrer da análise, encontraremos, portanto, os modelos abaixo elaborados".

"Além da melhor visualização por parte do analista externo, como é o caso do Bic Banco e sua área de crédito, será de total importância a propositura à clientela de questionário não muito complexo, a fim de propiciar algumas informações que sem detalhamento específico não poderiam ser encontrados".

Na sequência deste trabalho será *sugerido a adoção pelo Bic Banco de formulário específico, trazendo dentro da norma interna da instituição segurança nas informações prestadas pelas empresas, fazendo com que o usuário das informações e o responsável pelo "imput" desses dados no sistema inteligente de crédito o faça com menor grau de incidência de erros possíveis por falta de conhecimento apurado sobre a matéria, não colocando em risco a análise dos profissionais responsáveis pela determinação da concessão de crédito.*

Demonstrativo do Fluxo de Caixa – Forma Indireta	
Operações	$$$.$$$
Prejuízo operacional (antes das despesas financeiras)	$$$.$$$
Depreciação	$$$.$$$
Caixa Gerado Pelas Operações	$$$.$$$
Fluxo da NLCDG	$$$.$$$
Fluxo de Caixa Operacional(1)	$$$.$$$
Despesas Financeiras Líquidas	$$$.$$$
Financiamentos	$$$.$$$
Junto a Bancos (curto prazo)	$$$.$$$
Dividendos	$$$.$$$
Investimentos	$$$.$$$

Resultado não Operacional	$$$.$$$
Aplicações no Ativo Permanente	$$$.$$$
Demais Contas a Receber e a Pagar	$$$.$$$
No Longo Prazo	$$$.$$$
Fluxo de Caixa e das Aplicações Financeiras	$$$.$$$
Disponibilidades	$$$.$$$
Aplicações Financeiras	$$$.$$$

Após a demonstração do Fluxo de Caixa Indireto há o desmembramento, ou como prevenir, o detalhamento do item sob (1) Fluxo de Caixa Operacional, determinante que possibilita verificação de como a empresa comportou-se no decorrer do exercício fiscal e qual as deficiências ou eficiências que as operações da empresa estão contribuindo para o direcionamento dos recursos no caixa da empresa e consequente evidenciação de situação econômico- financeira de curto prazo.

Detalhamentos do Fluxo de Caixa Operacional	
Receita operacional (exceto vendas canceladas)	
(+) Duplicatas a receber em 31.12.X0	
(-) Duplicatas a receber em 31.12.X1	
Entrada Pelas Vendas	
Imposto sobre Vendas	
(+) Obrigações Fiscais em 31.12.X0	
(-) Obrigações Fiscais em 31.12.X1	
Saídas pelos Impostos sobre Vendas	
Custos dos Produtos Vendidos	
(+) Despesas sobre Vendas	
(+) Despesas Administrativas	
(+) Outras Despesas Operacionais	
(-) Estoques em 31.12.X0	
(+) Estoques em 31.12.X1	
(-) Despesas Antecipadas em 31.12.X0	
(+) Despesas Antecipadas em 31.12.X1	
(+) Fornecedores 31.12.X0	
(-) Fornecedores 31.12.X1	
(+) Obrigações Trabalhistas 31.12.X0	
(-) Obrigações Trabalhistas 31.12.X1	
(-) Depreciação	
Saídas por Custos e Despesas Operacionais	
Fluxo de Caixa Operacional	
Demonstrativo do Fluxo de Caixa – Forma Direta	
Operações	$$$.$$$

Entradas pelas Vendas	$$$.$$$
Saídas pelos Impostos sobre Vendas	$$$.$$$
Saídas pelos Custos e Despesas Operacionais	$$$.$$$
Fluxo de Caixa Operacional	$$$.$$$
Despesas Financeiras Líquidas	$$$.$$$
Imposto de Renda	$$$.$$$
Financiamentos	$$$.$$$
Junto a Bancos (curto prazo)	$$$.$$$
Dividendos	$$$.$$$
Investimentos	$$$.$$$
Resultado não Operacional	$$$.$$$
Aplicações no Ativo Permanente	$$$.$$$
Demais Contas a Receber e a Pagar	$$$.$$$
No Longo Prazo	$$$.$$$
Fluxo de Caixa e das Aplicações Financeiras	$$$.$$$
Disponibilidades	$$$.$$$
Aplicações Financeiras	$$$.$$$

Como pode ser examinado, toda a riqueza permitida pela análise da situação econômica – financeira da empresa através do "modelo de análise de balanços" constitui-se, em última instância, numa abordagem ao comportamento do fluxo de caixa. Além disso, com grande praticidade é possível preparar um demonstrativo do fluxo de caixa a partir dos relatórios de análise do modelo.

Em síntese, um demonstrativo de "fluxo de caixa doente" ou "fluxo de caixa saudável" é, antes de qualquer coisa, o resultado de um comportamento das entradas e saídas afetado por fatores ou decisões que impactarão as variáveis empresariais NLCDG – Necessidade Líquida de Capital de Giro, T – Tesouraria, LP – Longo Prazo e CDG – Capital de Giro.

"Com o modelo sugerido podemos analisar algumas situações, entre elas, em caráter elucidativo":

a. *excelente geração de caixa operacional, sendo o caixa das operações correspondente a XX% da receita operacional bruta, o fluxo de caixa operacional é favorecido pela redução das necessidades de recursos para o giro;*
b. os custos financeiros apresentaram-se reduzidos em relação ao fluxo de caixa operacional, revelando fraca dependência de capitais onerosos no financiamento das atividades e, portanto, apresentando capacidade de endividamento para enfrentar uma fase de crescimento;
c. os financiamentos obtidos no período formam concentrados em sócios e interligadas e em volume compatível com a fonte de recursos operacionais;
d. as decisões de investimento não afetaram a situação financeira da empresa, de vez que foram financiados recursos gerados no exercício, como recursos próprios e com recursos de longo prazo.

Capítulo 31

Exercícios

31.1. Exercício 1

Abaixo mencionadas estão as transações da Cia Lunkes SA, correspondente ao mês de janeiro/fevereiro e março de 2001.

1. Registro do contrato social da Empresa Cia Lunkes S/A em 05/01/2001; com capital social subscrito de R$ 100.000,00; com integralização no ato de R$ 60.000,00 em dinheiro e mais um imóvel avaliado em R$ 10.000,00.
2. Aplicação de parte do dinheiro em caixa R$ 20.000,00 no Banco Floripa S/A em CDB por 40 dias.
3. Abertura de conta corrente no Banco Floripa S/A no valor de 1.000,00 e concessão de empréstimo à Cia Lunkes S/A no valor de R$ 50.000,00.
4. Compra de mercadorias a prazo para revenda no valor de R$ 60.000,00.
5. Venda à vista das mercadorias em estoque no valor de R$ 80.000,00, com depósito no banco.
6. Compra à vista de mercadorias para venda por R$ 80.000,00, com emissão do cheque nº 1 do Banco Floripa S/A.
7. Compra a prazo de um veículo no valor de R$ 20.000,00.
8. Pagamento dos salários do mês de janeiro e fevereiro, através do cheque nº 2 no valor de R$ 40.000,00.
9. Venda de 50% do estoque à vista no valor de R$ 100.000,00.
10. Pagamento de despesas de venda – R$ 4.000,00, financeiras – R$ 5.000,00, administrativas – R$ 5.000,00 todas pagas em dinheiro.
11. Pagamento em dinheiro de contas a pagar – R$ 12.000,00.
12. Pagamento em dinheiro a fornecedores – R$ 40.000,00.
13. Aviso do Banco Floripa S/A, que a aplicação venceu e os juros pagos somam o montante de R$ 6.000,00; sendo que os recursos ficam aplicados no Banco por mais 40 dias.
14. Apropriação de salários do mês de março no valor de R$ 20.000,00 a serem pagos no dia 06/04/2001.

Pede-se:

a. Efetuar todos os lançamentos necessários conforme o Livro Diário;
b. Transcrever esses lançamentos usando Razonetes em T;
c. Elaborar a Demonstração do Resultado do Exercício e o Balanço Patrimonial, findo em 31/03/2001.

31.2. Exercício 2

Abaixo mencionadas estão as transações da Cia ABC SA, correspondente ao mês de março de 2001.

1. Registro do contrato social da Empresa Cia ABC S/A em 01/03/2001; com capital social subscrito de R$ 300.000,00; com integralização no ato de R$ 100.000,00 em dinheiro e mais um terreno avaliado em R$ 50.000,00, um veículo de R$ 20.000,00 e móveis e utensílios de R$ 10.000,00.
2. No dia 02/03, foram compradas mercadorias a prazo para revenda no valor de R$ 100.000,00.
3. No dia 04/03, foram compradas à vista, mercadorias para venda por R$ 100.000,00.
4. Em 05/03, venda à vista das mercadorias no valor de R$ 120.000,00 (50% do estoque).
5. Em 06/03, compra à vista de mercadorias para revenda por R$ 80.000,00.
6. Em 07/03, compra a prazo de mercadorias no valor de R$ 20.000,00.
7. Venda em 07/03, a prazo, de mercadorias avaliadas em R$ 100.000,00 por R$ 150.000,00.
8. Venda de 50% do estoque à vista no valor de R$ 100.000,00 em 09/03.
9. Pagamento de despesas de venda – R$ 10.000,00, financeiras – R$ 15.000,00, administrativas – R$ 15.000,00 todas pagas em dinheiro em 10/03.
10. Recebimento de contas a receber no valor de R$ 150.000,00 em 12/03.
11. Em 13/03, pagamento em dinheiro de fornecedores – R$ 100.000,00.
12. Em 14/03, pagamento em dinheiro a fornecedores – R$ 20.000,00.
13. Venda à vista em 16/03 de mercadorias do estoque (R$ 50.000,00) por R$ 80.000,00.
14. Compra em 20/03 de mercadorias a prazo no valor de R$ 200.000,00.
15. Venda em 28/03 a prazo, de mercadorias no valor de R$ 200.000,00, que corresponde a 80% do estoque.

Pede-se:

a. Efetuar todos os lançamentos necessários conforme o Livro Diário;
b. Transcrever esses lançamentos usando Razonetes em T;
c. Elaborar a Demonstração do Resultado do Exercício e o Balanço Patrimonial, findo em 31/03/2001.

31.3. Exercício 3

a. Abaixo mencionadas estão as transações da Cia Floripa SA, correspondente aos meses de janeiro e fevereiro de 2001.
b. Registro do contrato social da Empresa Cia Floripa S/A em 10/01/2001; com capital social subscrito de R$ 400.000,00; com integralização no ato de R$ 150.000,00 em dinheiro e mais um imóvel avaliado em R$ 60.000,00, um caminhão no valor de R$ 50.000,00 e máquinas e equipamentos de R$ 10.000,00.
c. No dia 15/01, foram comprados materiais do almoxarifado para uso da empresa em suas operações no valor de R$ 2.000,00.
d. Em 16/01, foram adquiridos móveis para a empresa começar a operar no valor de R$ 10.000,00.

e. Em 18/01, foram compradas à vista, mercadorias para revenda por R$ 120.000,00.
f. No dia 20/01, foram compradas mercadorias a prazo para revenda no valor de R$ 300.000,00.
g. Em 28/01, venda à vista das mercadorias no valor de R$ 300.000,00 (50% do estoque).
h. Em 06/02, compra à vista de mercadorias para revenda por R$ 290.000,00.
i. Em 07/02, compra a prazo de mercadorias no valor de R$ 500.000,00.
j. Venda em 10/02, a prazo, de mercadorias por R$ 380.000,00 (essa venda refere-se a 25% do estoque).
k. Venda de 50% do estoque à vista no valor de R$ 400.000,00 em 15/02.
l. Pagamento de despesas com salários – R$ 20.500,00, luz e água – R$ 1.000,00, telefone – R$ 500,00 todas pagas em dinheiro em 27/02.
m. Recebimento de contas a receber no valor de R$ 380.000,00 em 28/02.
n. Em 28/02, pagamento em dinheiro de fornecedores – R$ 300.000,00.

Apropriação de salários do mês de fevereiro no valor de 25.000,00, para serem pagas em 06/03/2001.

Pede-se:

- Efetuar todos os lançamentos necessários conforme o Livro Diário;
- Transcrever esses lançamentos usando Razonetes em T;
- Elaborar a Demonstração do Resultado do Exercício e o Balanço Patrimonial, findo em 28/02/2001.

31.4. Exercício 4

Abaixo mencionadas estão as transações da Cia Decisão SA, correspondente ao mês de janeiro/fevereiro e março de 2002. A empresa vende DVDs, e seu controle do estoque é efetuado pelo método PEPS (Primeiro a Entrar Primeiro a Sair).

1. Registro do contrato social da Empresa Cia Decisão S/A em 05/01/2002; com capital social subscrito de R$ 100.000,00; com integralização no ato de R$ 60.000,00 em dinheiro e mais um imóvel avaliado em R$ 10.000,00.
2. Aplicação de parte do dinheiro em caixa R$ 20.000,00 no Banco Floripa S/A em CDB por 40 dias.
3. Abertura de conta corrente no Banco Floripa S/A no valor de 1.000,00 e concessão de empréstimo à Cia Decisão S/A no valor de R$ 50.000,00.
4. Compra de 120 DVDs a prazo para revenda no valor de R$ 60.000,00.
5. Venda à vista de 60 DVDs em estoque no valor de R$ 80.000,00, com depósito no banco.
6. Compra à vista de 80 DVDs para venda por R$ 50.000,00, com emissão do cheque nº 1 do Banco Floripa S/A.
7. Venda de 70 DVDs do estoque à vista no valor de R$ 100.000,00.
8. Venda a prazo de 20 DVDs no valor de R$ 25.000,00.
9. Compra a prazo de um veículo no valor de R$ 20.000,00.
10. Aviso do Banco Floripa S/A, que a aplicação venceu e os juros pagos somam o montante de R$

6.000,00; sendo que os recursos ficam aplicados no Banco por mais 40 dias.

11. Apropriação de salários do mês de março no valor de R$ 20.000,00 a serem pagos no dia 06/04/2002.

Pede-se:

- Efetuar todos os lançamentos necessários;
- Transcrever esses lançamentos usando Razonetes em T;
- Apurar o lucro da empresa e elaborar o Balanço Patrimonial, findo em 31/03/2002.

31.5. Exercício 5

A partir das contas abaixo, elabore o Balanço Patrimonial do DECISÃO S/A (ANO XX), conforme a Lei 10.303/01 - Lei das S/A.

CONTAS	VALOR R$
DEPÓSITOS JUDICIAIS	20
FORNECEDORES	35
INSTITUIÇÕES FINANCEIRAS (Vencimento 5 meses)	5
CAPITAL SOCIAL	100
DISPONÍVEL	40
IMOBILIZADO	85
CLIENTES	15
OBRIGAÇÕES SOCIAIS A PAGAR	2
RESERVAS DE CAPITAL	5
ESTOQUES	22
INVESTIMENTOS	8
OBRIGAÇÕES TRIBUTÁRIAS A PAGAR	12
IMPOSTOS A RECUPERAR	5
RESERVAS DE LUCROS	10
DESPESAS PAGAS ANTECIPADAMENTE	4
DIFERIDO	1
AÇÕES EM TESOURARIA	2
EMPRÉSTIMOS E FINANCIAMENTOS (Vencimento 5 anos)	23
CONTAS A PAGAR	10

31.6. Exercício 6

A partir das contas abaixo, elabore o Balanço Patrimonial do DECISÃO S/A (ANO XX), conforme a Lei 10.303/01 - Lei das S/A.

CONTAS	VALOR R$
IMÓVEIS (PARA USO FUTURO)	10.000
FORNECEDORES	5.000
CAPITAL SOCIAL	97.260
SALÁRIOS E ENCARGOS A PAGAR	3.500
CAIXA E BANCOS	10.500
PESQUISA E DESENVOLVIMENTO	800
IMPOSTOS E CONTRIBUIÇÕES A PAGAR	300
FINANCIAMENTOS E EMPRÉSTIMOS (2 ANOS PARA PAGAR)	25.000
EQUIPAMENTOS	5.000
PARTICIPAÇÕES EM OUTRAS EMPRESAS	10.000
APLICAÇÕES FINANCEIRAS	33.000
ESTOQUES	780
IMPOSTOS A RECUPERAR	40.000
MÓVEIS E UTENSÍLIOS	10.930
LUCROS ACUMULADOS	5.600
RESERVAS DE CAPITAL	25.000
VEÍCULOS	5.000
CONTAS A PAGAR	2.500
RESERVAS DE LUCROS	3.850
CONTAS A RECEBER	13.000
DEPÓSITOS JUDICIAIS (LONGO PRAZO)	2.000
DESPESAS PAGAS ANTECIPADAMENTE	12.000
AÇÕES EM TESOURARIA	1.000
EMPRÉSTIMOS E FINANCIAMENTOS (VENCIMENTO 10 MESES)	1.000
IMÓVEIS	15.000

31.7. Exercício 7

A partir das contas abaixo, elabore o Balanço Patrimonial e a Demonstração do Resultado do Exercício do DECISÃO S/A (ANO XX), conforme a Lei 10.303/01 - Lei das S/A.

CONTAS	VALOR – R$
VENDA DE PRODUTOS	2.000
CAIXA E BANCOS	1.200
FORNECEDORES	5.000
EMPRÉSTIMOS E FINANCIAMENTOS (6 ANOS)	500
CAPITAL SOCIAL	15.000
INVESTIMENTOS	1.500
PROVISÃO PARA DEVEDORES DUVIDOSOS – ATIVO	100
IMOBILIZADO	15.000
DESPESAS ANTECIPADAS A APROPRIAR	200
EMPRÉSTIMOS E FINANCIAMENTOS (11 MESES)	350
OUTRAS OBRIGAÇÕES A PAGAR	50
CONTAS A RECEBER DE CLIENTES	800
RESERVA DE LUCROS	600
DESPESAS COMERCIAIS	1.000
DESPESAS FINANCEIRAS	200
ESTOQUES	2.200
LUCROS (PREJUÍZOS) ACUMULADOS	100
IMPOSTOS A RECUPERAR	50
IMÓVEIS DESTINADOS A VENDA (LONGO PRAZO)	650
RECEITAS FINANCEIRAS	20
PROVISÃO PARA IMPOSTO DE RENDA	202
DIFERIDO	100
IMPOSTOS SOBRE PRODUTOS	20
RECEITAS NÃO OPERACIONAIS	2
CMV	500

31.8. Exercício 8

Elabore a partir das contas abaixo: o Balanço Patrimonial e o Demonstrativo do Resultado do Exercício conforme Lei No. 10.303/01. EMPRESA DECISÃO S/A 31-12-XX.

CONTAS	VALOR R$
CAPITAL SOCIAL	25.559.184
FORNECEDORES	3.275.312
VENDAS	1.222.200
HONORÁRIOS DA ADMINISTRAÇÃO	23.100
VENDA DE IMOBILIZADO	21.520
FINANCIAMENTOS E EMPRESTIMOS (VENCIMENTO 6 MESES)	3.427.384
ESTOQUES	8.256.810
DIFERIDO	499.438,50
SALÁRIOS E ENCARGOS SOCIAIS A PAGAR	926.141
RESERVAS DE CAPITAL	7
RECEITAS FINANCEIRAS	29.600
CMV	455.250
IMPOSTOS CONTRIBUÍÇÕES SOCIAIS A PAGAR	289.613
IMPOSTOS SOBRE VENDAS	281.106
RESULTADOS DE EXERCÍCIOS FUTUROS	146.055
DESPESAS COM VENDAS	255.400
FINANCIAMENTOS E EMPRESTIMOS (VENCIMENTO 5 ANOS)	4.257.852
RESERVAS DE LUCROS	928.427
OUTRAS DESPESAS OPERACIONAIS	12.730
IMOBILIZADO	23.944.609
DEMAIS ATIVOS CIRCULANTES	118.871
CAIXA E BANCOS	187.206
DESPESAS GERAIS E ADMINISTRATIVAS	152.900
DEMAIS CONTAS A PAGAR	48.111
LUCROS (PREJUÍZOS) ACUMULADOS	69.625,50
APLICAÇÕES FINANCEIRAS	955.468
CONTAS A RECEBER	3.628.212
INVESTIMENTOS	57.956
IMPOSTOS A RECUPERAR	380.954
DEPOSITOS JUDICIAIS (ARLP)	333.025
IMPOSTO DE RENDA	23.208,50
VALORES A RECEBER (3 ANOS)	565.162

31.9. Exercício 9: DRE – DLPA e BP

A Cia BONS SERVIÇOS, constituída em 11.06.2001, é especializada na prestação de serviços de assessoria contábil e financeira. Seu "Capital Social" subscrito e integralizado monta em $10.000,00, conforme definido no contrato social. Por conveniência, a Cia BONS SERVIÇOS adotou o exercício social coincidente com o ano civil. Sua política de distribuição de "Dividendos" prevê a distribuição de 25% do lucro do período, depois de constituída a "Reserva Legal" de 5%.

O BP apresentado a seguir, foi elaborado imediatamente antes da apuração e destinação do resultado do seu primeiro exercício social. Para todos os efeitos, as informações constantes no BP estão rigorosamente corretas.

CIA BONS SERVIÇOS
BALANÇO PATRIMONIAL (em 31.12.2001)

ATIVO		PASSIVO	
CIRCULANTE	**7.700,00**	**CIRCULANTE**	**3.300,00**
Caixa	2.500,00	Fornecedores (02 Duplicatas)	1.000,00
Duplicatas a Receber	5.000,00	Salários a Pagar	800,00
Material de Expediente	200,00	Empréstimos Bancários	1.500,00
ARLP	**0**	**PELP**	**0**
PERMANENTE	**11.800,00**	**PATRIMÔNIO LÍQUIDO**	**16.200,00**
Imobilizado	11.800,00	Capital Próprio	10.000,00
Móveis e Utensílios	4.300,00	Receita de Serviços Prestados	9.000,00
Veículos	7.500,00	"Despesas com Salários"	(1.500,00)
		Despesas Mat. Expediente	(500,00)
		Despesas com Aluguel	(600,00)
		Despesas de Depreciação	(200,00)
TOTAL DO ATIVO	**19.500,00**	**TOTAL DO PASSIVO**	**19.500,00**

Com base nas informações supra, pede-se:

a. A Demonstração do Resultado do Exercício em 31.12.2001, segundo a Lei 10.303/01;
b. A Demonstração dos Lucros ou Prejuízos Acumulados do Exercício em 31.12.2001, segundo a Lei 10.303/01; e,
c. O Balanço Patrimonial em 31.12.2001, segundo a Lei 10.303/01.

Em seguida, assinale com V as afirmativas verdadeiras e com F as falsas. (Justifique suas respostas).

1. ( ) Dos $1.500,00 de "Despesas com Salários", $ 800,00 ainda não foram pagos.
2. ( ) Dos $9.000,00 de receitas auferidas pela Cia BONS SERVIÇOS no seu 1º exercício social, $5.000,00 ainda não foram recebidos.
3. ( ) A Cia BONS SERVIÇOS receberá $5.000,00 em 15.01.2002.
4. ( ) As despesas de depreciação foram integralmente pagas no 1º exercício social.
5. ( ) Das despesas com "Material de Expediente", $200,00 ainda não foram gastas.
6. ( ) Das despesas com "Material de Expediente", $200,00 ainda não foram pagas.
7. ( ) Parte das receitas auferidas pela Cia BONS SERVIÇOS no seu 1º exercício social, já foram recebidas.
8. ( ) A Cia BONS SERVIÇOS auferiu $9.000,00 em receitas em 31.12.2001.
9. ( ) Em algum momento entre 11.06.2001 e 31.12.2001, a Cia BONS SERVIÇOS pode ter sido proprietária de $1.000,00 em "Material de Expediente".
10. ( ) No período entre 11.06.2001 e 31.12.2001, a Cia BONS SERVIÇOS incorreu em "Despesas com Salários" de $1.500,00.
11. ( ) Parte das despesas incorridas pela Cia "BONS SERVIÇOS", no seu 1º exercício social já foi paga.
12. ( ) Das Receitas auferidas ao longo do 1º exercício social, todas tiveram como fator gerador a prestação de serviços.
13. ( ) O saldo de $1.000,00, existente na conta Fornecedores em 31.12.2001, resultou de vendas a prazo.

31.10. Exercício 10 – Analise Gerencial

Todas as Demonstrações estão Reclassificadas Redistribuindo o não Circulante

BALANÇO PATRIMONIAL - R$ MIL

ATIVO	2015	2014	2013	2012	2011	2010
CIRCULANTE	**263.793**	**286.990**	**247.938**	**238.521**	**243.611**	**252.211**
DISPONÍVEL	**1.116**	**270**	**2.503**	**1.379**	**451**	**313**
Caixa e Bancos	1.116	270	2.496	1.361	449	88
Tits.Vinc.Mercado Aberto	-	-	7	18	2	225
CRÉDITOS	**237.404**	**269.371**	**231.522**	**225.279**	**231.160**	**242.573**
Clientes	77.875	79.157	28.154	42.623	36.193	91.241
Aplicações Financeiras	141.412	162.848	185.826	145.872	165.348	135.369
Créditos de Impostos	12.366	16.811	12.201	26.658	14.424	8.561
Adiantamentos a Fornecedores	3.589	8.488	2.683	8.450	12.910	3.158
Dividendos a Receber	-	935	1.816	105	644	2.666
Outros Créditos	2.162	1.132	842	1.571	1.641	1.578
DESP.EXERCÍCIO SEGUINTE	**928**	**990**	**972**	**457**	**1.998**	**336**
ESTOQUES	**24.345**	**16.359**	**12.941**	**11.406**	**10.002**	**8.989**
REALIZÁVEL A LONGO PRAZO	**14.939**	**6.743**	**4.828**	**3.970**	**32.811**	**42.382**
Clientes	-	-	-	-	26.636	39.930
Créditos Fiscais Diferidos	2.235	2.780	2.818	-	-	-
Empresas Colig./Controladas	11.195	2.130	1.476	2.704	6.001	2.341
Títulos e Valores Mobiliários	605	1.189	10	915		
Outros Créditos	904	644	524	351	174	111
PERMANENTE	**86.182**	**83.772**	**69.634**	**87.229**	**80.016**	**76.448**
INVESTIMENTOS	**30.266**	**33.938**	**33.500**	**50.933**	**47.047**	**43.921**
Empresas Colig./Controladas	18.373	22.619	23.475	43.492	39.778	36.695
Outras Empresas	11.031	10.500	9.236	6.693	6.568	6.568
Outros Investimentos	862	819	789	748	701	658
IMOBILIZADO	**55.831**	**49.772**	**36.133**	**36.265**	**32.904**	**32.424**
INTANGÍVEL	**85**	**62**	**1**	**31**	**65**	**103**

BALANÇO PATRIMONIAL - R$ MIL

PASSIVO	2015	2014	2013	2012	2011	2010
CIRCULANTE	**98.580**	**112.207**	**73.605**	**73.227**	**99.036**	**125.660**
Fornecedores Nacionais	6.151	8.339	3.968	8.189	12.473	3.874
Fornecedores Estrangeiros	-	376	5.332	3.652	3.988	8.393
Instituições Financeiras	2.775	1.436	1.104	10.505	16.099	25.008
Salários e Encargos Sociais	1.873	1.813	1.372	1.190	1.754	1.624
Impostos e Taxas a Recolher	260	930	387	212	4.420	831
Adiantamentos de Clientes	66.034	67.421	39.284	19.705	37.260	68.131
Prov. Imp.Renda/Contr.Social	1.655	6.148	-	7.052	3.107	605
Prov. p/Participação Diret/Empreg.	706	3.410	2.445	2.311	2.239	1.143
Prov. p/ Férias e Encargos	3.741	3.096	2.685	2.760	3.732	3.331
Juros s/Capital Próprio/Dividendos	9.824	11.671	11.434	10.682	10.240	12.288
Outros Débitos	5.561	7.567	5.594	6.969	3.724	432
EXIGÍVEL A LONGO PRAZO	**21.877**	**16.913**	**6.109**	**22.948**	**31.984**	**31.360**
Instituições Financeiras	6.319	5.515	564	-	1.129	1.955
Fornecedores Estrangeiros	-	-	-	3.445	6.252	-
Impostos Diferidos	13.981	-	-	19.493	24.581	29.383
Provisão p/ Contingências	1.577	9.718	5.432	-	-	-
Outros Débitos	-	1.680	113	10	22	22
PART.MINOR.CAPITAL,RES. E DIVIDENDOS	-	-	-	-	-	-
RESULTADO DE EXERCÍCIOS FUTUROS	-	-	-	-	-	160
PATRIMÔNIO LÍQUIDO	**244.457**	**248.385**	**242.686**	**233.545**	**225.418**	**213.861**
Capital Social	116.800	114.100	110.800	108.000	101.000	82.500
Reservas de Capital	15.368	14.847	14.570	12.193	12.067	12.067
Reservas de Lucros	18.210	18.210	17.267	16.273	15.267	14.177
Lucros Não Distribuidos	94.079	101.228	100.049	97.079	97.084	105.117
TOTAL DO PASSIVO	**364.914**	**377.505**	**322.400**	**329.720**	**356.438**	**371.041**

DEMONSTRAÇÃO DE RESULTADOS DOS EXERCÍCIOS - R$ MIL

	2015	2014	2013	2012	2011	2010
RECEITA BRUTA DE VENDAS E SERVICOS	**237.420**	**158.838**	**101.792**	**167.057**	**153.642**	**94.953**
Deduções de Vendas	(32.252)	(17.873)	(14.669)	(19.590)	(31.314)	(7.836)
RECEITA LÍQUIDA DE VENDAS E SERVICOS	**205.168**	**140.965**	**87.123**	**147.467**	**122.328**	**87.117**
CUSTO DOS PRODUTOS VENDIDOS	(186.032)	(114.387)	(79.512)	(142.288)	(106.405)	(95.738)
LUCRO BRUTO	**19.136**	**26.578**	**7.611**	**5.179**	**15.923**	**(8.621)**
DESPESAS COM VENDAS	(11.610)	(13.310)	(18.008)	(15.054)	(14.815)	(7.965)
RECEITAS/DESPESAS FINANCEIRAS	5.567	13.841	22.099	26.089	30.944	16.744
Despesas Financeiras	(10.366)	(4.165)	(14.320)	(2.997)	(2.912)	(5.009)
Variações Monetárias Passivas	-	0	-	(2.404)	(2.929)	(2.916)
Receitas Financeiras	27.133	30.346	49.539	43.327	36.332	22.597
Variações Monetárias Ativas			-	323	453	2.072
Juros s/Capital Próprio	(11.200)	(12.340)	(13.120)	(12.160)	-	-
DESPESAS ADMINISTRATIVAS	(11.066)	(10.706)	(9.440)	(9.600)	(14.567)	(18.383)
Honorários Diretoria/Conselho	(1.673)	(1.589)	(1.568)	(1.316)	(1.182)	(1.280)
Outras Desp. Administrativas	(9.393)	(9.117)	(7.872)	(8.284)	(13.385)	(17.103)
OUTROS RESULTADOS OPERACIONAIS	1.364	10	8.942	839	2.013	(25)
Outros Resultados Operacionais	1.111	(390)	(617)	654	2.225	796
Resultado Baixa de Bens	253	400	9.559	185	(212)	(821)
RESULTADO AJUSTES INVESTIMENTOS	(5.279)	445	1.691	5.392	3.570	28.489
Equivalência Patrimonial	(6.246)	244	1.269	5.068	3.427	28.443
Dividendos	967	201	422	324	143	46
LUCRO OPERACIONAL	**(1.888)**	**16.858**	**12.895**	**12.845**	**23.068**	**10.239**
LUCRO ANTES DO I.R./CONT.SOCIAL	**(1.888)**	**16.858**	**12.895**	**12.845**	**23.068**	**10.239**
PROVISÃO P/IMP.RENDA/CONT.SOCIAL	(2.311)	(6.594)	(3.532)	(1.962)	1.369	2.014
PARTIC.DIRETORIA/EMPREGADOS	(914)	(3.742)	(2.599)	(2.923)	(2.644)	(1.962)
REVERSÃO JUROS S/CAPITAL PRÓPRIO	11.200	12.340	13.120	12.160	-	-
LUCRO LÍQUIDO DO EXERCÍCIO	**6.087**	**18.862**	**19.884**	**20.120**	**21.793**	**10.291**
LUCRO POR AÇÃO (EM R$)	3,80	11,79	12,43	12,58	13,62	6,43

DEMONSTRAÇÃO DAS ORIGENS E APLICAÇÕES DE RECURSOS - R$ MIL

	2015	2014	2013	2012	2011
ORIGENS					
Lucro Liquido do Exercício	6.087	18.862	19.884	20.120	21.793
Participação Minoritária	-	-	-	-	-
Ajustes no Lucro líquido:					
Depreciações e Amortizações	5.406	4.452	3.824	3.896	3.888
Equivalência Patrimonial	6.246	(244)	(1.269)	(5.068)	(3.427)
Custo dos Bens Baixados	291	55	6.809	179	375
Custo dos Invest.Baixados	-	-	19.272	-	-
Lucro Liquído Ajustado	18.030	23.125	48.520	19.127	22.629
Reserva para Investimentos	521	277	2.377	126	-
Dividendos Colig./Controladas	-	1.100	2.014	1.355	644
Aumento Exigível a Longo Prazo	5.067	10.804	6.099	-	624
Redução do Realizável a Longo Prazo	1.129	39	2.133	29.933	9.571
Ajustes de Exercícios Anteriores	664	-	-	41	4
Efeitos da Alienação Invest.Empr.Controladas	-	-			
Participações Minoritárias (Dividendos)	-	-	-	-	-
TOTAL DAS ORIGENS	**25.411**	**35.345**	**61.143**	**50.582**	**33.472**
APLICAÇÕES					
Dividendos Propostos			-	-	10.240
Juros s/Capital Próprio	11.200	13.440	13.120	12.160	-
Aquisição de Imobilizado	11.779	18.207	10.471	7.403	4.706
Aumento de Investimentos	2.574	1.294	2.584	172	342
Aumento do Realizável a Longo Prazo	9.325	1.954	2.991	1.092	-
Redução Exigível a Longo Prazo	103	-	22.938	9.036	-
Realização Res.Exercícios Futuros			-	-	160
TOTAL DAS APLICAÇÕES	**34.981**	**34.895**	**52.104**	**29.863**	**15.448**
VARIAÇÃO DO CAPITAL CIRCULANTE	**(9.570)**	**450**	**9.039**	**20.719**	**18.024**
ATIVO CIRCULANTE	(23.197)	39.052	9.417	(5.090)	(8.600)
PASSIVO CIRCULANTE	(13.627)	38.602	378	(25.809)	(26.624)
CAPITAL CIRCULANTE LÍQUIDO	**(9.570)**	**450**	**9.039**	**20.719**	**18.024**

APURAÇÃO DA NLCDG - ***Necessidade Líquida de Capital de Giro***

		2.011	2.010	FONTE	APLICAÇÃO
+	Clientes				
+	Desp.Exercício Seguinte				
+	Estoques				
-	Fornecedores Nacionais				
-	Fornecedores Estrangeiros				
-	Salários e Encargos Sociais				
-	Impostos e Taxas a Recolher				
	= NLCDG-NEC.LÍQ DE CAP.GIRO				

APURAÇÃO DA TESOURARIA

		2.011	2.010	FONTE	APLICAÇÃO
+	Caixa e Bancos				
+	Títulos Vinc. Mercado Aberto				
+	Aplicações Financeiras				
+	Créditos de Impostos				
+	Dividendos a Receber				
+	Adiantamentos a Fornecedores				
+	Outros Créditos				
-	Instituições Financeiras				
-	Adiantamentos a Clientes				
-	Provisão p/ IR/C.Social				
-	Provisão p/ Participação Diret/Empreg				
-	Provisão p/ Férias e Encargos				
-	Dividendos Propostos				
-	Outros Débitos				
	= TESOURARIA				

TESOURARIA + NLDCG =			
CAPITAL CIRCULANTE LÍQUIDO =			
DIFERENÇA =			

AJUSTE NA TESOURARIA		2.011	2.010
-	Adiantamentos a Fornecedores		
+	Adiantamentos a Clientes		
+	Provisão p/ Participação Diret/Empreg		
+	Provisão p/ IR/C.Social		
+	Provisão p/ Férias e Encargos		
= TESOURARIA APÓS AJUSTE			

APURAÇÃO DO TERMÔMETRO		2.011	2.010
=	TESOURARIA		
=	NLCDG-NEC.LIQ. DE CAP. GIRO		
= TERMÔMETRO			
=	TESOURARIA		
=	NLCDG-NEC.LIQ. DE CAP. GIRO		
= TERMÔMETRO C/ AJUSTE			

APURAÇÃO DO CICLO FINANCEIRO

	2.011	2.010	VARIAÇÃO
DECOMPOSIÇÃO ANALÍTICA DO CICLO FINANCEIRO			
(NLCDG/VENDAS BRUTAS) X 360			
FINANCIAMENTO AOS CLIENTES			
PMR(DUPLS.REC./VDAS BRUTAS) X 360			
INVESTIMENTOS EM ESTOQUES			
PME (ESTOQUES/CPV) X 360			
X CPV/VENDAS BRUTAS			
ESTOQUE EM DIA DE VENDA			
ANTECIPAÇÃO DE DESPESAS			
(DESP. ANTEC./VENDAS BRUTAS) X 360			
CRÉDITO DE FORNECEDORES			
PMC (FORNECEDORES/COMPRAS) X 360			
X COMPRAS/VENDAS BRUTAS			
FORNECEDORES EM DIAS DE VENDAS			
OBRIGAÇÕES FISCAIS			
PMRI (OBRIGAÇÕES FISCAIS/IMP.FATURADO) X 360			
X IMP.FATURADO/VENDAS BRUTAS			
OBRIGAÇÕES FISCAIS EM DIAS DE VENDAS			
CRÉDITOS TRABALHISTAS			
(OBRIG. TRABALHISTAS/VENDAS BRUTAS) X 360			

COMPRAS = EF - EI + CPV		
(+) EF		
(-) EI		(12.766)
(+) CPV		
(=) COMPRAS		

VARIAVEL LP				
REALIZÁVEL A LONGO PRAZO	**1997**	**1996**	**FONTE**	**APLICAÇÃO**
Clientes				
Créditos de Impostos				
Empresas Colig./Controladas				
Títulos e Valores Mobiliários				
Outros Créditos				
Total				
EXIGÍVEL A LONGO PRAZO	**1997**	**1996**	**FONTE**	**APLICAÇÃO**
Instituições Financeiras				
Fornecedores Estrangeiros				
Impostos Diferidos				
Provisão p/ Contingências				
Outros Débitos				
Total				
Variavel - LP				

	2.011
CDG Inicial	
Fatores de Fortalecimento	
Lucro Operacional *(antes das despesas/receitas financeiras)*	
Depreciação/Amortização	
Equivalência	
Caixa Gerado pelas Operações	
Resultados Financeiros	
Resultado Não Operacional	
Resultado não Operacional	
Custos dos Bens Baixados	
Custos dos Investimentos Baixados	
Participações	
Provisão para o Imposto de Renda / Contr. Social	
Recursos Gerados no Exercício	
Recursos de sócios	
Fatores de Redução	
Aplicações no Ativo Permanente	
Dividendos	
Ajustes Contábeis	
CGD FINAL	
FLUXO	

DEMONSTRATIVO DO FLUXO DE CAIXA

Fluxo de Caixa

Variáveis empresariais				
	2.011	2.010	*FLUXO*	
NLCDG				
TESOURARIA				
LONGO PRAZO				
CDG				
DIFERENÇA (*)				

(*) Diferença igual a valor de Resultados Futuros

	Antes dos Ajustes	Após os Ajustes
Lucro/Prejuízo Operacional		
(-) Resultado Financeiras		
(-) Dividendos Recebidos		
(=) Prejuízo Operacional		
(+) Depreciação		
(-) Equivalência Patrimonial		
(=) CAIXA GERADO PELAS OPERAÇÕES		
(+) Fluxo da NLCDG		
(=) FLUXO DE CAIXA OPERACIONAL		
(+) Resultado Financeiro		
(+) IR e Contribuição Social		
(=) FLUXO DE CAIXA APÓS O RESULTADO FINANCEIRO		
(+) Resultado não Operacional		
(+) Fluxo do Longo Prazo		
(-) Realiz. Res. Ex. Futuros		
(+) Ajustes Contábeis (incentivos fiscais)		
(=) FLUXO DE CAIXA ANTES DA DECISÃO DE INVESTIMENTO		
(-) Aplicações no Ativo Permanente		
(=) FLUXO DE CAIXA ANTES DA DECISÃO DE DISTRIBUIÇÃO		
(-) Dividendos		
(-) Participações		
(=) FLUXO A SER COBERTO COM A TESOURARIA		

Demonstração do Fluxo da TESOURARIA:		
Caixa e Bancos		
Títulos Vinc. Mercado Aberto		
Aplicações Financeiras		
Créditos de Impostos		
Dividendos		
Adiantamentos a Fornecedores		
Outros Créditos		
Instituições Financeiras (JUNTO A BANCOS)		
Adiantamentos a Clientes		
Provisão p/ IR/C.Social		
Provisão p/ Participação Diret/Empreg		
Provisão p/ Férias e Encargos		
Outros Débitos		
Fluxo da T.Tesouraria		

AJUSTES		
IMPOSTO DE RENDA		
Fluxo Provisão para Imposto de Renda		
IR e Contribuição Social Diferido		
IR e Contribuição Social a Pagar		
(=) Imposto de Renda (Ajustado)		
DIVIDENDOS		
Dividendos		
Fluxo de Dividendos a Pagar		
(=) Dividendos (Ajustados)		
PARTICIPAÇÃO		
Participação		
Fluxo da Participação		
(=) Participação (Ajustados)		
TESOURARIA		
Junto a Bancos (Fluxo)		
Transferência do LONGO PRAZO		
(=) Junto a Bancos (Ajustado)		
NLCDG		
NLCDG		
Clientes		
(=) NLCDG (Ajustado)		
LONGO PRAZO		
Fluxo do LONGO PRAZO		
Clientes		
IR/CS Diferido		
Transferência para o Passivo Circulante		
(=) LONGO PRAZO (Fluxo Ajustado)		

ACERTO DO FLUXO DA NLCDG COM AS CONTAS DE RESULTADO

		AJUSTADO
RECEITA OPERACIONAL BRUTA		
(+)	Contas a receber em 31.12.2010	
(-)	Contas a receber em 31.12.2011	
(+)	Contas a receber em 31.12.2010 (RLP)	
(-)	Contas a receber em 31.12.2011 (RLP)	
ENTRADAS POR VENDAS		
IMPOSTO SOBRE VENDAS		
(+)	Impostos a recolher em 31.12.2010	
(-)	Impostos a recolher em 31.12.2011	
SAÍDA POR IMPOSTOS SOBRE VENDAS		
CUSTO DOS PRODUTOS VENDIDOS		
(+)	**Despesas : de vendas**	
	Administrativas e gerais	
	Honorários	
(-)	Estoque em 31.12.2010	
(+)	Estoque em 31.12.2011	
(+)	Fornecedores em 31.12.2010	
(-)	Fornecedores em 31.12.2011	
(+)	Fornecedores em 31.12.2010 (ELP)	
(-)	Fornecedores em 31.12.2011 (ELP)	
(-)	Despesas do exercício seguinte 2010	
(+)	Despesas do exercício seguinte 2011	
(+)	Salários e contribuições em 31.12.2010	
(-)	Salários e contribuições em 31.12.2011	
(+/-)	**Outras despesas/recitas Operacionais**	
(-)	Depreciação	
SAÍDA POR CUSTOS E DESPESAS OPERACIONAIS		

OPERAÇÕES	
Prejuízo Operacional	
Depreciação/Amortização	
Equivalência	
CAIXA DAS OPERAÇÕES	
Fluxo das contas que integram a NLCDG	
FLUXO DE CAIXA OPERACIONAL	
Resultado Financeiro Líquido	
Imposto de Renda no Exercício	
FINANCIAMENTOS	
De Curto Prazo	
Demais Contas do Circulante	
Participações Diretores/Empregados	
Dividendos	
Fluxo do Longo Prazo	
INVESTIMENTOS	
Resultado Não Operacional	
No Ativo Permanente	
Ajuste de Exercícios Futuros	
Ajustes Contábeis	
VARIAÇÃO LÍQUIDA DO DISPONÍVEL	

VENDAS	
IMPOSTOS	
CUSTOS E DESPESAS OPERACIONAL	
FLUXO DE CAIXA OPERACIONAL	

Caixa e Bancos	
Títulos Vinc. Mercado Aberto	
Aplicações Financeiras	
VARIAÇÃO LÍQUIDA DO DISPONÍVEL	

31.10.1. Modelos Resolvidos 2010 e 2011

BALANÇO PATRIMONIAL - R$ MIL			
ATIVO	2011	IDENT	2010
CIRCULANTE	**243.611**		**252.211**
DISPONÍVEL	**451**		**313**
Caixa e Bancos	449	4A	88
Tits.Vinc.Mercado Aberto	2	5A	225
CRÉDITOS	**231.160**		**242.573**
Clientes	36.193	1A	91.241
Aplicações Financeiras	165.348	6A	135.369
Créditos de Impostos	14.424	7A	8.561
Adiantamentos a Fornecedores	12.910	8A	3.158
Dividendos a Receber	644	9A	2.666
Outros Créditos	1.641	10A	1.578
DESP.EXERCÍCIO SEGUINTE	**1.998**	2A	**336**
ESTOQUES	**10.002**	3A	**8.989**
REALIZÁVEL A LONGO PRAZO	**32.811**		**42.382**
Clientes	26.636	11A	39.930
Créditos de Impostos	-	12A	-
Empresas Colig./Controladas	6.001	13A	2.341
Títulos e Valores Mobiliários		14A	
Outros Créditos	174	15A	111
PERMANENTE	**80.016**		**76.448**
INVESTIMENTOS	**47.047**		**43.921**
Empresas Colig./Controladas	39.778		36.695
Outras Empresas	6.568		6.568
Outros Investimentos	701		658
IMOBILIZADO	**32.904**		**32.424**
DIFERIDO	**65**		**103**
TOTAL DO ATIVO	**356.438**		**371.041**

BALANÇO PATRIMONIAL - R$ MIL			
PASSIVO	**2011**		**2010**
CIRCULANTE	**99.036**	IDENT	**125.660**
Fornecedores Nacionais	12.473	1P	3.874
Fornecedores Estrangeiros	3.988	2P	8.393
Instituições Financeiras	16.099	5P	25.008
Salários e Encargos Sociais	1.754	3P	1.624
Impostos e Taxas a Recolher	4.420	4P	831
Adiantamentos de Clientes	37.260	6P	68.131
Prov. Imp.Renda/Contr.Social	3.107	7P	605
Prov. p/Participação Diret/Empreg.	2.239	8P	1.143
Prov. p/ Férias e Encargos	3.732	9P	3.331
Juros s/Capital Próprio/Dividendos	10.240	10P	12.288
Outros Débitos	3.724	10P	432
EXIGÍVEL A LONGO PRAZO	**31.984**		**31.360**
Instituições Financeiras	1.129	12P	1.955
Fornecedores Estrangeiros	6.252	13P	-
Impostos Diferidos	24.581	14P	29.383
Provisão p/ Contingências	-	15P	-
Outros Débitos	22	16P	22
RESULTADO DE EXERCÍCIOS FUTUROS	-		160
PATRIMÔNIO LÍQUIDO	**225.418**		**213.861**
Capital Social	101.000		82.500
Reservas de Capital	12.067		12.067
Reservas de Lucros	15.267		14.177
Lucros Acumulados	97.084		105.117
TOTAL DO PASSIVO	**356.438**		**370.881**

DEMONSTRAÇÃO DE RESULTADOS DOS EXERCÍCIOS - R$ MIL			
	IDENT	2011	2010
RECEITA BRUTA DE VENDAS E SERVICOS	1R	**153.642**	**94.953**
Deduções de Vendas	2R	(31.314)	(7.836)
RECEITA LÍQUIDA DE VENDAS E SERVICOS		**122.328**	**87.117**
CUSTO DOS PRODUTOS VENDIDOS	3R	(106.405)	(95.738)
LUCRO BRUTO		**15.923**	**(8.621)**
DESPESAS COM VENDAS	7R	(14.815)	(7.965)
RECEITAS/DESPESAS FINANCEIRAS	4	**30.944**	**16.744**
Despesas Financeiras		(2.912)	(5.009)
Variações Monetárias Passivas		(2.929)	(2.916)
Receitas Financeiras		36.332	22.597
Variações Monetárias Ativas		453	2.072
Juros s/Capital Próprio		-	-
DESPESAS ADMINISTRATIVAS		**(14.567)**	**(18.383)**
Honorários Diretoria/Conselho	4R	(1.182)	(1.280)
Outras Desp. Administrativas	5R	(13.385)	(17.103)
OUTROS RESULTADOS OPERACIONAIS	6R	2.225	796
RESULTADO AJUSTES INVESTIMENTOS		**3.570**	**28.489**
Equivalência Patrimonial		3.427	28.443
Dividendos	5	143	46
LUCRO OPERACIONAL	3	**23.280**	**11.060**
RESULTADOS NÃO OPERACIONAIS	12	(212)	(821)
LUCRO ANTES DO I.R./CONT.SOCIAL		**23.068**	**10.239**
PROVISÃO P/IMP.RENDA/CONT.SOCIAL	16	1.369	2.014
PARTIC.DIRETORIA/EMPREGADOS	15	(2.644)	(1.962)
REVERSÃO JUROS S/CAPITAL PRÓPRIO	JCP	-	-
LUCRO LÍQUIDO DO EXERCÍCIO		**21.793**	**10.291**

DEMONSTRAÇÃO DAS ORIGENS E APLICAÇÕES DE RECURSOS - R$ MIL		
	IDENT	**2011**
ORIGENS		
Lucro Líquido do Exercício		**21.793**
Ajustes no Lucro líquido:		
Depreciações e Amortizações	7	3.888
Equivalência Patrimonial	8	(3.427)
Custo dos Bens Baixados	13	375
Custo dos Invest.Baixados	14	-
Lucro Líquido Ajustado		**22.629**
Reserva para Investimentos	4	-
Dividendos Colig./Controladas	21	644
Aumento Exigível a Longo Prazo		624
Redução do Realizável a Longo Prazo		9.571
Ajustes de Exercícios Anteriores	4	4
Participações Minoritárias (Dividendos)		-
TOTAL DAS ORIGENS		**33.472**
APLICAÇÕES		
Dividendos Propostos	21	10.240
Juros s/Capital Próprio	21	-
Aquisição de Imobilizado	20	4.706
Aumento de Investimentos	20	342
Aumento do Realizável a Longo Prazo		-
Redução Exigível a Longo Prazo		-
Realização Res.Exercícios Futuros		160
TOTAL DAS APLICAÇÕES		**15.448**
VARIAÇÃO DO CAPITAL CIRCULANTE		**18.024**
ATIVO CIRCULANTE		(8.600)
PASSIVO CIRCULANTE		(26.624)
CAPITAL CIRCULANTE LÍQUIDO		**18.024**

APURAÇÃO DA NLCDG - *Necessidade Líquida de Capital de Giro*

		2.011	2.010	IDENT	FONTE	APLICAÇÃO
+	Clientes	36.193	91.241	1A	55.048	-
+	Desp.Exercício Seguinte	1.998	336	2A	-	1.662
+	Estoques	10.002	8.989	3A	-	1.013
-	Fornecedores Nacionais	-12.473	-3.874	1P	8.599	-
-	Fornecedores Estrangeiros	-3.988	-8.393	2P	-	4.405
-	Salários e Encargos Sociais	-1.754	-1.624	3P	130	-
-	Impostos e Taxas a Recolher	-4.420	-831	4P	3.589	-
	= NLCDG-NEC.LÍQ DE CAP.GIRO	**25.558**	**85.844**	SOMA	**67.366**	**7.080**

APURAÇÃO DA TESOURARIA

		2.011	2.010	IDENT	FONTE	APLICAÇÃO
+	Caixa e Bancos	449	88	4A	-	361
+	Títulos Vinc. Mercado Aberto	2	225	5A	223	-
+	Aplicações Financeiras	165.348	135.369	6A	-	29.979
+	Créditos de Impostos	14.424	8.561	7A	-	5.863
+	Dividendos a Receber	644	2.666	8A	2.022	-
+	Adiantamentos a Fornecedores	12.910	3.158	9A	-	9.752
+	Outros Créditos	1.641	1.578	10A	-	63
-	Instituições Financeiras	-16.099	-25.008	5P	-	8.909
-	Adiantamentos a Clientes	-37.260	-68.131	6P	-	30.871
-	Provisão p/ IR/C.Social	-3.107	-605	7P	2.502	-
-	Provisão p/ Participação Diret/Empreg	-2.239	-1.143	8P	1.096	-
-	Provisão p/ Férias e Encargos	-3.732	-3.331	9P	401	-
-	Dividendos Propostos	-10.240	-12.288	10P	-	2.048
-	Outros Débitos	-3.724	-432	11P	3.292	-
	= TESOURARIA	**119.017**	**40.707**	SOMA	**9.536**	**87.846**

TESURARIA + NLDCG =	**144.575**	**126.551**		**76.902**	**94.926**
CAPITAL CIRCULANTE LÍQUIDO =	**144.575**	**126.551**			
DIFERENÇA =	**0**	**0**			

APURAÇÃO DO CICLO FINANCEIRO

	2011	2010	VARIAÇÃO	M	MELHOROU
				P	PIOROU

DECOMPOSIÇÃO ANALÍTICA DO CICLO FINANCEIRO

	2011	2010	VARIAÇÃO	
CF = (NLCDG/VENDAS BRUTAS) X 360	60	325	266	M
PMR(DUPLS.REC./VDAS BRUTAS) X 360	85	346	261	M

INVESTIMENTOS EM ESTOQUES

	2011	2010	VARIAÇÃO	
PME (ESTOQUES/CPV) X 360	34	34		
X CPV/VENDAS BRUTAS	69%	101%		
= ESTOQUE EM DIA DE VENDA	23	34	11	M

ANTECIPAÇÃO DE DESPESAS

	2011	2010	VARIAÇÃO	
(DESP. ANTEC./VENDAS BRUTAS) X 360	5	1	(3)	P

CRÉDITO DE FORNECEDORES

	2011	2010	VARIAÇÃO	
PMC (FORNECEDORES/COMPRAS) X 360	55	48		
X COMPRAS /VENDAS BRUTAS	70%	97%		
= FORNECEDORES EM DIAS DE VENDAS	39	47	(8)	P

OBRIGAÇÕES FISCAIS

	2011	2010	VARIAÇÃO	
PMRI (OBRIGAÇÕES FISCAIS/IMP.FATURADO) X 3	51	38		
X IMP.FATURADO/VENDAS BRUTAS	20%	8%		
= OBRIGAÇÕES FISCAIS EM DIAS DE VENDAS	10	3	7	M

CRÉDITOS TRABALHISTAS

	2011	2010	VARIAÇÃO	
(OBRIG. TRABALHISTAS/VENDAS BRUTAS) X 360	4	6	(2)	P

COMPRAS = EF - EI + CPV		
(+) EF	10.002	8.989
(-) EI	(8.989)	(12.766)
(+) CPV	106.405	95.738
(=) COMPRAS	107.418	91.961

	AJUSTE NA TESOURARIA	**2.011**	**2.010**
	= TESOURARIA ANTES AJUSTE	**119.017**	**40.707**
-	Adiantamentos a Fornecedores	-12.910	-3.158
+	Adiantamentos a Clientes	37.260	68.131
+	Provisão p/ Participação Diret/Empreg	2.239	1.143
+	Provisão p/ IR/C.Social	3.107	605
+	Provisão p/ Férias e Encargos	3.732	3.331
	= TESOURARIA APÓS AJUSTE	**152.445**	**110.759**

APURAÇÃO DO TERMÔMETRO

		2.011	**2.010**
=	TESOURARIA /	119.017	40.707
=	NLCDG-NEC.LIQ. DE CAP. GIRO	25.558	85.844
	= TERMÔMETRO	**466%**	**47%**
=	TESOURARIA /	152.445	110.759
=	NLCDG-NEC.LIQ. DE CAP. GIRO	25.558	85.844
	= TERMÔMETRO C/ AJUSTE	**596%**	**129%**

	2011	2010	IDENT	FONTE	APLICAÇÃO
REALIZÁVEL A LONGO PRAZO					
Clientes	26.636	39.930	11A	13.294	-
Créditos de Impostos	-	-	12A	-	-
Empresas Colig./Controladas	6.001	2.341	13A	-	3.660
Títulos e Valores Mobiliários	-	-	14A	-	-
Outros Créditos	174	111	15A	-	63
SOMA	**32.811**	**42.382**	SOMA	**13.294**	**3.723**
EXIGÍVEL A LONGO PRAZO				**FONTE**	**APLICAÇÃO**
Instituições Financeiras	1.129	1.955	12P	-	826
Fornecedores Estrangeiros	6.252	-	13P	6.252	-
Impostos Diferidos	24.581	29.383	14P	-	4.802
Provisão p/ Contingências	-	-	15P	-	-
Outros Débitos	22	22	16P	-	-
SOMA	**31.984**	**31.360**		**6.252**	**5.628**
LP - Longo Prazo = ELP - RLP	**(827)**	**(11.022)**	SOMA	**19.546**	**9.351**

CDG - CAPITAL DE GIRO 2011

(=)	CDG Inicial	137.413	1	1 = PL - AP (IMOB+INV+INTANG) DE 2010
(=)	Fatores de Fortalecimento	22.629	2	2 = 17+18
(+/-)	Lucro/Prejuízo Operacional	23.280	3	DRE
(+/-)	Resultado Financeiras (SINAL INVERTIDO)	-30.944	4	DRE
(-)	Dividendos Recebidos (SINAL INVERTIDO)	-143	5	DRE
(=)	Lucro Operacional *(antes das despesas/receitas financeiras)*	-7.807	6	6 = +-3+-4+5
(+)	Depreciação/Amortização	3.888	7	DOAR
(+/-)	Equivalência	-3.427	8	DOAR
(=)	Caixa Gerado pelas Operações	-7.346	9	9 = 6+7+-8
(+/-)	Resultados Financeiros	31.087	10	10 = 4+5+ JCP
(=)	Resultado Não Operacional	163	11	11 =+-12+13+14
(+/-)	Resultado não Operacional	-212	12	DRE
(+)	Custos dos Bens Baixados	375	13	DOAR
(+)	Custos dos Investimentos Baixados	0	14	DOAR
(-)	Participações	-2.644	15	DRE
(-)	Provisão para o Imposto de Renda / Contr. Social	1.369	16	DRE
(=)	Recursos Gerados no Exercício	22.629	17	17 = +-9+-10+-11-15+-16
(+)	Recursos de sócios	0	18	DOAR
(=)	Fatores de Redução	-14.640	19	19 = -20-21+-22
	Aplicações no Ativo Permanente	-5.048	20	DOAR
	Dividendos	-9.596	21	DOAR
(+/-)	Ajustes Contábeis	4	22	DOAR
(=)	CGD FINAL	145.402	23	23 = +-1+-2+-19
	FLUXO	7.989	24	24 = 23 - 1

AJUSTES

IMPOSTO DE RENDA				
Provisão p/ IR/C.Social	2.502			DFT
IR e Contribuição Social Diferido	(4.802)			LP
IR e Contribuição Social a Pagar	1.369			DPFC
(=) Imposto de Renda (Ajustado)			**(931)**	AJ - 1
DIVIDENDOS				
Dividendos	(9.596)			DPFC
Fluxo de Dividendos a Pagar	(26)			DFT
(=) Dividendos (Ajustados)			**(9.622)**	AJ - 2
PARTICIPAÇÃO				
Participação	(2.644)			DPFC
Provisão p/ Participação Diret/Empreg	1.096			DFT
(=) Participação (Ajustados)			**(1.548)**	AJ - 3
TESOURARIA				
Instituições Financeiras (JUNTO A BANCOS)	(8.909)			DFT
Transferência do LONGO PRAZO	(826)			LP
(=) Junto a Bancos (Ajustado)			**(9.735)**	AJ - 4
NLCDG				
NLCDG	60.286			DPFC
Clientes LP	13.294			LP
(=) NLCDG (Ajustado)			**73.580**	AJ - 5
LONGO PRAZO				
Fluxo do LONGO PRAZO	10.195			DPFC
Clientes (SINAL INVERTIDO)	(13.294)			LP
IR/CS Diferido (SINAL INVERTIDO)	4.802			LP
Transferência para o PC(SINAL INVERTIDO)	826			LP
(=) LONGO PRAZO (Fluxo Ajustado)			**2.529**	AJ - 6

DEMONSTRATIVO DO FLUXO DE CAIXA

Fluxo de Caixa

Variáveis empresariais	2011	2010	*FLUXO*		
NLCDG	25.558	85.844	60.286	F	FLNLCDG
TESOURARIA	119.017	40.707	-78.310	A	
LONGO PRAZO	(827)	(11.022)	10.195	F	FLLP
CDG	145.402	137.413	7.989	F	
DIFERENÇA (*)	0	160	-160	A	FUTURO

(*) Diferença igual a valor de Resultados Futuros

DPFC - Demonstrativo Preliminar do Fluxo de Caixa

	Antes dos Ajustes	IDENT	Após os Ajustes	
Lucro/Prejuízo Operacional	**23.280**	3	**23.280**	
(-) Resultado Financeiras	(30.944)	4	(30.944)	
(-) Dividendos Recebidos	(143)	5	(143)	
(=) Prejuízo Operacional	***(7.807)***		***(7.807)***	
(+) Depreciação	3.888	7	3.888	
(-) Equivalência Patrimonial	(3.427)	8	(3.427)	
(=) CAIXA GERADO PELAS OPERAÇÕES	***(7.346)***		***(7.346)***	
(+) Fluxo da NLCDG	60.286	FLNLCDG	73.580	AJ - 5
(=) FLUXO DE CAIXA OPERACIONAL	***52.940***		***66.234***	
(+) Resultado Financeiro	31.087	10	31.087	
(+) IR e Contribuição Social	1.369	16	(931)	AJ - 1
(=) FLUXO DE CAIXA APÓS O RESULTADO FINANCEIRO	***85.396***		***96.390***	
(+) Resultado não Operacional	163	11	163	
(+) Fluxo do Longo Prazo	10.195	FLLP	2.529	AJ - 6
(-) Realiz. Res. Ex. Futuros	(160)	FUTURO	(160)	
(+) Ajustes Contábeis (incentivos fiscais)	4	22	4	
(=) FLUXO DE CAIXA ANTES DA DECISÃO DE INVESTIMENTO	***95.598***		***98.936***	
(-) Aplicações no Ativo Permanente	(5.048)	20	(5.048)	
(=) FLUXO DE CAIXA ANTES DA DECISÃO DE DISTRIBUIÇÃO	***90.550***		***93.878***	
(-) Dividendos	(9.596)	21	(9.622)	AJ - 2
(-) Participações	(2.644)	15	(1.548)	AJ - 3
(=) FLUXO A SER COBERTO COM A TESOURARIA	***78.310***		***82.708***	

DFT - Demonstração do Fluxo da TESOURARIA:

	Antes dos Ajustes	IDENT	Após os Ajustes	
Caixa e Bancos	-361		-361	
Títulos Vinc. Mercado Aberto	223	FL T	223	
Aplicações Financeiras	-29.979	FL T	-29.979	
Créditos de Impostos	-5.863	FL T	-5.863	
Dividendos	-26	FL T		
Adiantamentos a Fornecedores	-9.752	FL T	-9.752	
Outros Créditos	-63	FL T	-63	
Instituições Financeiras (JUNTO A BANCOS)	-8.909	FL T	(9.735)	AJ - 4
Adiantamentos a Clientes	-30.871	FL T	-30.871	
Provisão p/ IR/C.Social	2.502	FL T		
Provisão p/ Participação Diret/Empreg	1.096	FL T		
Provisão p/ Férias e Encargos	401	FL T	401	
Outros Débitos	3.292	FL T	3.292	
Fluxo da T.Tesouraria	**(78.310)**		**(82.708)**	

AFN - ACERTO DO FLUXO DA NLCDG COM AS CONTAS DE RESULTADO

	AJUSTADO	IDENT	
RECEITA OPERACIONAL BRUTA	153.642	1R	DRE
(+) Contas a receber em 31.12.2010	91.241	1A	NLCDG
(-) Contas a receber em 31.12.2011	-36.193	2A	NLCDG
(+) Contas a receber em 31.12.2010 (RLP) (FONTE LP)	39.930	11A	LP
(-) Contas a receber em 31.12.2011 (RLP) (FONTE LP)	-26.636	12A	LP
(=) ENTRADAS POR VENDAS	**221.984**	⇒	DFC DIR
IMPOSTO SOBRE VENDAS (Ded Vendas)	31.314	2R	DRE
(+) Impostos a recolher em 31.12.2010	831	4P	NLCDG
(-) Impostos a recolher em 31.12.2011	-4.420	4P	NLCDG
(=) SAÍDA POR IMPOSTOS SOBRE VENDAS	**27.725**	⇒	DFC DIR
CUSTO DOS PRODUTOS VENDIDOS	106.405	3R	DRE
(+) Despesas: de vendas	**14.815**	7R	DRE
(+) Administrativas e gerais	**13.385**	4R	DRE
(+) Honorários	**1.182**	5R	DRE
(-) Estoque em 31.12.2010	-8.989	3A	NLCDG
(+) Estoque em 31.12.2011	10.002	3A	NLCDG
(+) Fornecedores em 31.12.2010	12.267	1P + 2P	NLCDG
(-) Fornecedores em 31.12.2011	-16.461	1P + 2P	NLCDG
(+) Fornecedores em 31.12.2010 (ELP) (APLICAÇÃO LP)	0	13P	LP
(-) Fornecedores em 31.12.2011 (ELP) (APLICAÇÃO LP)	0	13P	LP
(-) Despesas do exercício seguinte 2010	-336	2A	NLCDG
(+) Despesas do exercício seguinte 2011	1.998	2A	NLCDG
(+) Salários e contribuições em 31.12.2010	1.624	3P	NLCDG
(-) Salários e contribuições em 31.12.2011	-1.754	4P	NLCDG
(+/-) Outras despesas/recitas Operacionais (SINAL INVERTIDO)	-2.225	6R	DRE
(-) Depreciação	-3.888	7	DOAR
(=) SAÍDA POR CUSTOS E DESPESAS OPERACIONAIS	**128.025**	⇒	DFC DIR

DFC - *DEMONSTRATIVO DO FLUXO DE CAIXA*
Formas Direta e Indireta

	INDIRETO	
OPERAÇÕES	**96.390**	
Prejuízo Operacional	-7.807	DPFC
Depreciação/Amortização	3.888	DPFC
Equivalência	-3.427	DPFC
CAIXA DAS OPERAÇÕES	-7.346	DPFC
Fluxo das contas que integram a NLCDG	73.580	DPFC
(=)FLUXO DE CAIXA OPERACIONAL	**66.234**	
Resultado Financeiro Líquido	31.087	DPFC
Imposto de Renda no Exercício	-931	DPFC
(=)FINANCIAMENTOS	**-61.232**	
De Curto Prazo	-9.735	DFT
Demais Contas do Circulante	-42.856	DFT
Participações Diretores/Empregados	-1.548	DPFC
Dividendos	-9.622	DPFC
Fluxo do Longo Prazo	2.529	DPFC
(=)INVESTIMENTOS	**-5.041**	
Resultado Não Operacional	163	DPFC
No Ativo Permanente	-5.048	DPFC
Ajuste de Exercícios Futuros	-160	DPFC
Ajustes Contábeis	4	DPFC
(=)VARIAÇÃO LÍQUIDA DO DISPONÍVEL	**30.117**	
Caixa e Bancos	-361	DFT
Títulos Vinc. Mercado Aberto	223	DFT
Aplicações Financeiras	-29.979	DFT
(=)VARIAÇÃO LÍQUIDA DO DISPONÍVEL	**-30.117**	

	DIRETO	
ENTRADAS POR VENDAS	221.984	AFN
SAÍDA POR IMPOSTOS SOBRE VENDAS	-27.725	AFN
SAÍDA POR CUSTOS E DESPESAS OPERACIONAIS	-128.025	AFN
FLUXO DE CAIXA OPERACIONAL	**66.234**	

Referências

ATKINSON, Anthony A. et al. Contabilidade gerencial. São Paulo: Atlas, 2000.

ASSAF NETO, Alexandre. **Estrutura e Análise de Balanços**: Um Enfoque Econômico-Financeira. 5ª ed. São Paulo: Editora Atlas, 2000.

BLATT, Adriano. Contabilidade para quem não Entende do Assunto. Editora Negócio, 2000.

BRAGA, Hugo Rocha. Demonstrações Contábeis – Estrutura, Análise e Interpretação. 4ª ed. São Paulo: Atlas, 1999.

COPELAND, Tom, KOLLER, Tim & MURRIN, Jack. *Avaliação de empresas "Valuation": Calculando e gerenciando o valor das empresas*. São Paulo: MAKRON Books,1995.

EHRBAR, Al. **EVA Valor Econômico Agregado**. Rio de Janeiro: Editora Qualitymark, 1999.

FRANCO, Hilário. **Estrutura, Análise e Interpretação de Balanços**. 15ª ed. São Paulo: Editora Atlas, 1992.

FEA/USP, Contabilidade Introdutória. 9ª ed. São Paulo: Atlas, 1998.

GOMES, Josir Simeone. Contabilidade para MBAs – Textos e Casos. Rio de Janeiro: Campus, 2000.

FILHO, Armando de Santi, OLINQUEVITCH, José Leônidas. **ANÁLISE DE BALANÇOS PARA CONTROLE GERENCIAL.** 4ª ed. São Paulo: Atlas, 2004

HIRASHIMA, T. e MARTINS, Eliseu. Harmonização Internacional dos Princípios e Normas Contábeis. 12ª Convenção dos Contabilistas do Estado de S.Paulo, Santos, 1991.

HOLZER, H.P. e SCHOENFELD, H.M. Managerial Accounting and Analysis in Multinational Enterprises. Ed. De Gruyter, Berlin, 1986.

HENDRIKSEN, E.S., BREDA, M.F.V. Teoria da Contabilidade. 5ª ed. São Paulo: Atlas, 1999.

HORNGREN, Charles T. et al. Contabilidade de Custos. Rio de Janeiro: LTC, 2000.

IASB-International Accounting Standards Board, atualizado anualmente.· IBRACON-Instituto Brasileiro de Contadores. Normas Internacionais de Contabilidade. Ed. Melhoramentos, 1998.

ICÓ, José Antônio & BRAGA, Rosalva Pinto. *EBITDA: lucro ajustado para fins de avaliação de desempenho operacional*. Revista Pensar Contábil, Novembro de 2000/ Janeiro de 2001.

IUDÍCIBUS, Sérgio de, et al. Manual de Contabilidade das Sociedades por Ações: Aplicável às Demais Sociedades. 5ª ed. São Paulo: Atlas, 2000.

.... **Análise de Balanços**. 7ª Ed. São Paulo: Editora Atlas, 1998.

LEITE, Hélio de Paula. **Contabilidade para Administradores.** 4. ed. São Paulo: Atlas, 1997.

MARION, José Carlos. **Contabilidade Empresarial**. 6ª ed. São Paulo: Editora Atlas, 1997.

.... Contabilidade Básica. 6ª ed. São Paulo: Atlas, 1998.

MARTINS, Eliseu. Contabilidade de Custos. São Paulo: Atlas.

MATARAZZO, Dante C. **Análise Financeira de Balanços**: Abordagem Básica e Gerencial. 4ª ed. São Paulo: Editora Atlas, 1997.

MOTT, Graham. **Contabilidade para Não-Contadores** – Manual Prático para Não-Especialistas em Contabilidade. São Paulo: Editora Makron Books, 1996.

PAGLIATO, Wagner, SANTOS, Aldomar Guimarães dos. Curso de Auditoria. 1ª ed. Rio de Janeiro: Editora Freitas Bastos, 2007.

PAGLIATO, Wagner. Manual de Auditoria. 1ª ed. Rio de Janeiro: Editora Ciência Moderna, 2011.

PAGLIATO, Wagner. DEMONSTRAÇÕES CONTÁBEIS – ANALISE DA GESTÃO FINANCEIRA E GERENCIAL. 1ª ed. Rio de Janeiro: Editora Ciência Moderna, 2009.

PADOVEZE, Clóvis Luís. **Contabilidade Gerencial**: Um Enfoque em Sistemas de Informação Contábil. 2ª ed. São Paulo: Editora Atlas, 1997.

.... Análise do Índice de Liquidez sob o Conceito de Avaliação Econômica da Empresa. **Revista Brasileira de Contabilidade**. No. 124, JUL/AGO/2000.

REIS, Arnaldo Carlos de Resende. **Estrutura e Análise das Demonstrações Financeiras**. 2ª ed. São Paulo: Editora Saraiva, 1985.

RIBEIRO, Osni Moura. **Estrutura e Análise de Balanços:** fácil. São Paulo: Editora Saraiva, 1997.

.... Contabilidade Geral – Fácil – Para Cursos de Contabilidade e Concursos em Geral. 3ª ed., 2 tiragem. Saraiva, 2001.

SAVYTZKY, Taras. **Análise de Balanços**. Curitiba: Editora Sigma, 1987.

SCHMIDT, Paulo. História do Pensamento Contábil. Porto Alegre: Bookman, 2000.

WERNKE, Rodney, LEMBECK, Marluce. Valor Econômico Adicionado (EVA). **Revista Brasileira de Contabilidade**. No. 121, JAN/FEV/2000,

Impressão e acabamento
Gráfica da Editora Ciência Moderna Ltda.
Tel: (21) 2201-6662